吴志强 傅泽平 著

Sichuan Qiuling Diqu Fazhan
Xiandai Nongye Yanjiu

四川丘陵地区
发展现代农业研究

西南财经大学出版社
Southwestern University of Finance & Economics Press

图书在版编目(CIP)数据

四川丘陵地区发展现代农业研究/吴志强,傅泽平著.—成都:西南财经大学出版社,2011.3

ISBN 978 - 7 - 5504 - 0192 - 1

Ⅰ.①四… Ⅱ.①吴…②傅… Ⅲ.①农业经济—经济发展—研究—四川省 Ⅳ.F327.71

中国版本图书馆 CIP 数据核字(2011)第 028672 号

四川丘陵地区发展现代农业研究

吴志强　傅泽平　著

责任编辑:涂洪波

封面设计:杨红鹰

责任印制:封俊川

出版发行	西南财经大学出版社(四川省成都市光华村街55号)
网　　址	http://www.bookcj.com
电子邮件	bookcj@ foxmail.com
邮政编码	610074
电　　话	028 - 87353785　87352368
印　　刷	成都现代印务有限公司
成品尺寸	185mm×260mm
印　　张	13
字　　数	260 千字
版　　次	2011 年 3 月第 1 版
印　　次	2011 年 3 月第 1 次印刷
书　　号	ISBN 978 - 7 - 5504 - 0192 - 1
定　　价	42.00 元

目　录

第一章　现代农业与农业现代化

现代农业与农业现代化的进程密切联系。在我国，发展现代农业必须认真研究我国农业现代化的基本特征、我国农村经济改革和发展历程，把握社会主义新农村建设的历史任务。研究四川丘陵地区的新农村建设和发展现代农业与农业现代化，促进四川丘陵地区农业持续、稳定、健康发展，有必要深化对现代农业与农业现代化的认识，提出四川丘陵地区加快建设社会主义新农村、推进和发展现代农业的对策思路。

一、现代农业和农业现代化

（一）农业发展的历程和阶段

现代农业是农业发展史上的一个重要阶段。农业的进步是按不断演进的阶段进行的，学者们把世界农业的整个发展历程划分为几个阶段。在国内，主要有"三分法"和"四分法"。

1. 三分法

"三分法"把农业发展史划分为原始农业、传统农业和现代农业三个阶段。①原始农业出现在新石器时期。其基本特征是：人类使用简陋粗糙的工具，采用刀耕火种和轮垦种植的耕作制度，依靠长期休耕的方法去恢复地力，而不是靠人工的栽培耕作技术去提高土壤肥力。②传统农业是农业发展史上的第二个阶段。其基本特征是：一是使用的生产工具有了提高，人类在冶铁术和畜力使用的基础上发明了耕犁，极大地提高了生产效率；二是利用和改造自然的能力有了提高，改变了在原始农业阶段只靠自然力去恢复地力的状况，创造了利用人工施用有机肥来提高土壤肥力的办法，发明了用选择农作物和牲畜良种来改善农作物和牲畜性状的技术。此外，还创立了间作、套种等复种制度。③现代农业是农业发展的最新阶段。其基本特征是：现代农业是用工业技术装备的、受实验科学指导的、以商品生产为主的一种农业。"三分法"的另一种观点则认为，可以把农业发展史划分为古代农业、近代农业和现代农业三个阶段。①古代农业指的是资本主义生产方式在农业中出现之前的农业。其特征是：使用的生产工具简单，以人力、畜力为动力，靠单纯的经验积累起来的生产技能进行自给自足的小农经营的生产，经营规模狭小，没有多少分工。②近代农业指的是资本主义生产方式开始出现到 19 世纪末 20 世纪初这段时期的农业。其特征是：作业实现了半机械化，较为复杂的畜力农机具得到广泛运用，自然科学也开始应用于农业，经营规模和商品生产逐渐扩大，生产处于工场手工业阶段。③现代农业指的是 20 世纪特别是第二次世界大战以来在各发达国家所出现的高度发达的农业。其特征是：实现了全面机械化，各种现代科学技术在农业中广泛应用，生产经营达到高度社会化、集约化、专业化和企业化，农业生产结构发生了根本变化，农业劳动生产率得到大幅度提高。

2. 四分法

"四分法"则是将农业发展史划分为原始农业、古代农业、近代农业和现代农业四个阶段。①原始农业大体上是指石器时代以来的农业。②古代农业大体上相当于奴隶社会直至封建社会时期的农业。其特征有四：一是以人力、畜力为主要动力；二是以传统的生产经验积累为农业生产技术的主要内容；三是在经济形态上处于自给自足状态；四是大多数劳动力从事农业生产。③近代农业大体上是指从 19 世纪中叶至 20 世纪 40 年代一些经济发达国家的农业。其基本特征是：半机械化和机械化的农机具在农业生产中占据了统治地位，其他各种农用生产资料在农业生产中的应用日益增多，农业技术开始采用近代自然科学的成果，农业生产从以自给自足为主转化为商品化、社会化的生产，农业的发展速度加快，而农业产值与农民数量在国民经济和总就业人数中的比重开始下降。④现代农业是指第二次世界大战以来的农业，此时发达国家的农业已经达到了很高的水平，普遍采用现代化工业成果来装备农业，以机械化作业替代手工操作并广泛使用化工产品和大型农业设施，这些国家用现代科学技术改造和发展农业，用现代经济、管理科学来经营和管理农业，提高了农业的专业化、集约化和市场化水平，农业劳动生产效率得到空前提高，农产品的产量大幅度增加，农业与农村的面貌发生了根本性的变化。

发展经济学关于发展中国家农业进步的理论，从农业进步的阶段提出发展中国家的农业进步一般要经历传统农业、多种经营农业（混合农业）、现代化农业（专业化农业）三个阶段的演进，其各阶段有本质的差异和不同的特点。①传统农业的基本特征是：农业的投入要素是土地和劳动力，依靠大量的劳动力的投入，对土地进行精耕细作来实现产出的增长；无化学肥料、化学农药、农业机械、农业基础设施等资本性投入要素；农业劳动生产率较低、产出低，农产品基本上只能满足于农村自己消费、农产品基本上无剩余；在农产品基本上无剩余的情况下，由于作为商品的农产品的交易量较少，因而基本上无农产品的交易市场；由于无资产性商品的投入和农产品的市场交易，进而不需要为农业提供各种服务的支持性体制——农村社会化服务体系，即无资产投入、无产品剩余、无交易市场、无支持性体制。②多种经营农业（混合农业）的基本特征是：有不断增长的化学肥料、化学农药、农业机械、农业基础设施等资本性要素的投入；生产的农产品除能满足于农村自己消费外，还能满足城市和工业的需要；在农产品有剩余的情况下，由于作为商品的农产品的交易的需要，必须建立与之相适应的市场。③现代化农业（专业化农业）的基本特征是：农业生产和经营的投入要素主要是资本性要素，对农业生产和经营是一种资本性经营；农业生产和经营是一种专业化、规模化、集约化、市场化的经营；农业生产和经营完全依赖各具功能的市场；农业生产和经营完全依赖各种支持性体制的服务，即资本性经营、专业化生产、依赖市场、依赖支持性体制。

（二）现代农业和农业现代化的理论内涵

1. 现代农业的内涵

从生产力的发展水平和历史的角度，农业可以划分为原始农业、传统农业和现代农业三个发展形态。现代农业作为一个特定和动态的概念，它是按照当代农业生产力发展水平，对农业最新发展的一种表述，具有鲜明的时代特征。现代农业就是以保障农产品供给、增加农民收入、促进可持续发展为目标，用现代工业力量装备、用现代科学技术武装，以现代管理理论和方法经营，生产效率达到当代世界先进水平，农工贸紧密衔接、产加销融为一体、多元化的产业形态和多功能的新型产业体系。对中国现实而言，现代农业发展的进程也即是改造传统农业的过程，就是要用现代物质条件装备农业，用现代科学技术改造农业，用现代产业体系提升农业，用现代经营形式推进农业，用现代发展理念引领农业，用培养新型农民发展农业，提高农业水利化、机械化和信息化水平，提高土地产出率、资源利用率和劳动生产率。

现代农业是建立在现代发展理念、现代科学技术、现代物质装备和现代组织形式的基础之上的、富有活力的、效益较高、符合可持续发展要求的新型产业。现代农业就是要全面发展农、林、牧、渔业以及与农产品相关的加工业、流通业、服务业，增强和发挥农业的食物营养、就业增收、生态保障、旅游观光、文化传承、生物能源等多种功能。同时，现代农业又是一个不断演化的概念。相对于传统农业而言，现代农业应具备以下五个特征：①市场化程度日趋成熟。市场经济体制是现代农业发展的制度基础，它在资源配置中起着主导作用，现代农业的主要目的不在于自给，而在于为市场提供商品以实现利润最大化。②工业装备普遍采用。工业装备是现代农业的硬件支撑，随着现代工业的发展，农业生产各个环节和整个过程，逐步由播种机、脱粒机、饲草收割机、水利灌溉设备等现代机械取代人力、畜力及手工工具。③先进的科技得到广泛应用。先进的科技是现代农业发展的关键要素，与科技运用相适应，农业劳动者素质也得到普遍提高，先进的科技不断从潜在生产力转化为现实生产力，正成为推动现代农业发展的强大动力。④产业体系日臻完善。完善的产业体系是现代农业的重要标志。⑤生态环境受到重视。注重农业经济与生态环境的协调发展是现代农业发展的基本趋势。农业的可持续发展已经受到广泛的关注和重视，正成为全球农业发展的新理念和新趋势。

2. 农业现代化的内涵

农业现代化是相对于传统农业而言的，它是建立在现代科学技术基础上的，把传统的不发达的农业转变为现代农业、广泛地把现代科学技术成果直接或间接地应用到农业生产中、具有当代世界先进水平的发达农业的过程。

狭义的农业现代化仅指农业生产部门现代化，是一种从生产领域的角度，侧重现代科学技术在农业上的应用，把传统不发达的农业转变为具有当代世界先进水平的发达农业的过程。其主要内容包括：①农业经济形态的转变，即由传统的自给自足的自然经济转变为社会化、分工协作的、在市场经济条件下的商品经济；②农业生产手段的转变，即农业生产工具由传统的简单手工工具、人力、畜力转变为广泛使用机械和电力，实现农业机械化和电器化；③农业生产管理方式的转变，即由单家独户、分期经营、小块耕作转变为农业生产经营实现分工基础上的产业化、专业化、商品化和服务社会化，土地经营规模显著扩大，实现农业的现代化管理。

广义的农业现代化不仅包括农业生产部门的现代化，还应把农业看成整个经济社会文明进步的一个重要组成部分，从而包括与农业相关联的方方面面的现代化，如农村城镇化等；农村自然生态环境、土壤环境的保护制度、农业可持续发展能力以及农民物质文化生活水平的不断提高等。这主要是因为在现代经济社会发展的条件下，虽然农业生产相对独立，又存在比较明显的城乡差别和城乡制度性隔离，但农业与工业以及商业、服务业等第二产业、第三产业相互渗透、交叉、融合，形成了互为原料、互相"消费"，结合紧密的经济链。因此，只有从更为广泛、更加深入的角度去理解农业以及农业现代化才更客观、更真实。

3. 农业现代化的实现标准

农业现代化是一个动态的过程，但其实现与否则有其评判的基本标准。归纳起来就是农业生产力的现代化、农业生产关系的现代化及农村社会的现代化。

农业生产的现代化包括农业生产力的现代化和农村生产关系的现代化。农业生产力的现代化首先是农业生产资料的现代化，即农业生产工具的现代化，主要是实现农业整体机械化，从而促进农业新技术、新工艺的采用，带来劳动生产率、产品质量的提高。同时，农业生产条件、农业生产基础设施的现代化，即建立和完善为现代农业服务的农用工业、农业技术、化肥、农药、农用特殊材料等，从而满足农业生产发展的需要；加强农业基础设施建设，如机电排灌设施、农田水利工程、农村交通、运输网络等。其次是农业劳动者的现代化。现代化的过程归根到底是人的现代化的过程，是人的素质现代化的过程。现代化农业中的劳动者不仅要掌握现代农业技术、农业专业知识、农用机械知识，而且还要有现代市场观念、现代市场意识和现代管理才能。再次是农业生产技术的现代化。这方面的内容包括：一是良种化。应用现代生物技术、基因工程技术、杂交育种技术、人工授粉技术等现代科学技术培育良种，为种植对气候、土壤的适应性的提高和产品品质的提高创造条件。二是施肥科学化。在推广配方施肥技术和有机复合肥料以及保证绿色农业、无公害的同时，保持土壤肥力。三是农业组织管理的现代化。在大力推行农业产业化经营，使农工商、贸工农一体化的同时，借鉴和推行现代管理新成果，遵从经济规律和市场竞争规则，提高农业竞争能力和农业生产率。

农业生产关系的现代化作为广义的农业现代化的重要内容，主要是指农业生产过程中发生的人与人之间的生产、分配、交换与消费关系的现代化。农业生产以市场化、产业化、专业化为主要内容，农业收益分配则在贯彻效率优先原则的前提下实现市场化、公平化；农产品交换主要是指其交换方式、交易手段的现代化；农民消费的现代化则不仅包括消费结构的更趋科学合理，更包含开辟农民需求的新消费市场等。

农业现代化作为一个整体概念，农村经济的持续现代化还要有农村社会的现代化。只有这样，才可能调节生产力和生产关系的关系，使农村上层建筑与农村经济社会的发展相适应，打破城乡二元结构格局，改革户籍制度，健全农村法律制度，繁荣和丰富农村文化生活，促进农村政治文明建设。

农业现代化的衡量标准有其历史相对性。农业现代化是一个动态变化过程，其实质内涵与衡量标准随着时代的发展与科学技术的进步而不断更新，农业现代化具有目标与实现手段的统一性。在现代科技还没能使农业摆脱对自然的依赖，而且它的作用的发挥还要受制于自然条件和动植物本身的情况下，农业现代化是农业生产手段的现代化与农业目标现代化的统一，两者是否相统一是衡量农业现代化的恰当指标。农业现代化具有实现模式的地方性、内容的全面性。不同的国情将产生不同的农业现代化建设道路与模式。一个国家、地区或民族要推行农业现代化进程，首先要明确自身所处的社会与农业发展阶段，正确判断社情、民情、区情等的特殊性，从而制定正确的现代化建设方案。另外，农业现代化又是一个系统工程，它是国民经济和社会文化现代化的重要组成部分，它随着社会、经济现代化的进步而发展，本质上是农村现代化。因此，我们要注重农业现代化推进的全面性、协调性、可持续性。

4. 我国农业现代化的基本特征

农业现代化是从传统农业转变到现代农业的历史过程。从国外发达国家来看，过去通过"石油农业"来实现农业现代化，现在向有机农业、生态农业和生物技术农业发展。从我国来看，学术界对农业现代化的认识也有一个逐步发展的过程。在 20 世纪 50 年代，我国开始现代化建设的初期，学习苏联模式，把农业现代化理解为农业"四化"，即农业机械化、农业化学化、农业水利化、农业电气化。在 20 世纪 70 年代末和 80 年代初，我国总结了过去的历史经验，对农业现代化的理解进一步延伸到了经营管理，提出农业实现"三化"，即农业基本建设现代化、农业生产技术现代化、农业经营管理现代化。在 20 世纪 90 年代中后期，我国全面推进改革开放，建立社会主义市场经济体制，在广泛地吸收了国内外农业现代化经验教训的基础上，对农业现代化的理解有了明显的新发展，提出要实现六个方面的现代化，即农民生活消费现代化、农业经济结构现代化、农业基础设施现代化、农业科学技术现代化、农业经营管理现代化和农业资源环境现代化。

人类对自然规律的认识是无止境的，科学技术的进步也是无止境的。随着人类对自然界认识的深入和科技成果不断地应用于农业，对农业现代化的理解和要求不断提高，不可能有一个绝对的、固定的现代化的标准和模式。我国基本实现农业的现代化，本质上是从根本上改造传统农业，缩小与发达国家农业的差距，达到世界先进水平，在总体上大体接近发达国家的水平。不能拿发达国家几十年前的标准作为我国未来现代化的标准。但是，无论科学技术如何发展，农业现代化的本质是一样的，这就是具有发达的基础设施、先进的科学技术、高效的组织方式和完善的服务体系，土地产出率、劳动生产率和资源利用率相统一的先进农业发展状态。

农业现代化的过程是农业生产率逐步提高的过程，也是农民收入和生活水平逐步提高的过程。首先，农业现代化表现为较高的农业劳动生产率。在迅速提高农业物质技术装备，实现农业的机械化、电气化，改变农业生产条件和生产手段的前提下，每个农业劳动者在单位时间内所生产的农产品产量达到一个较高的水平。这是农业现代化最重要的标志。其次，农业现代化表现为较高的土地生产率。在广泛地推广应用诸如现代生物技术、化学技术、种养技术的基础上，具有较高水平的单位面积产量或产值。土地生产率是对集约经营水平的反映，土地生产率愈高，也就意味着农业生产力愈高。我国人多地少的农业国情，更对提高土地生产率有着特殊要求，因此提高土地生产率更为重要。再次，农业现代化表现为较高的农产品商品率。农业现代化是农业在专业化、社会化的基础上不断地由自然经济走向市场经济的过程。现代农业是高度发达的商品农业，农业现代化就是农产品商品率不断提高的过程。最后，农业现代化表现为较高的农民收入水平和消费水平。农业现代化要使农民的人均收入接近乃至超过城市居民，农民的住房、福利等得到极大改善，消费水平有较大的提高。城镇居民和乡村农民的生活差别在现代化农业的发展过程中逐步消失。从目前世界现代农业发展的趋势和我国的社会经济基础看，我国的农业现代化具有以下特征：

（1）生产条件现代化

农业生产条件现代化，就是用现代的物质技术装备农业，改变传统、落后的生产手段，在农业中广泛使用机械和电力，实现农业机械化、农业电气化、农业园林化、农业水利化。①农业机械化是指运用先进设备代替人力的手工劳动，在产前、产中、产后各环节中大面积采用机械化作业，从而降低劳动者的体力强度，提高劳动效率。所谓全过程的机械化，应包括选种、育秧、耕地、播种、施肥、除草、灌溉、收割、脱粒、烘干、仓储、加工、包装、运输等所有环节的机械化操作。机械化不等于现代化，但它在现代化的构成中确实占有重要的地位，它是实现现代化的基础，或者说是充分的必要条件。没有机械化的支持，也就不可能有农业现代化。②农业电气化是指在农业中广泛使用电力从事生产的过程。农业电气化实质上是以电力为能源的机械化，是农业机械化的高级阶段，要实现农业的高产、优质、高效，没有电气化是不行的。农业机械化、农业自动化不能离开农业的电气化。③农业水利化是指在农业生产中，兴修水利工程和设施，调节和控制农业用水，达到兴水利、除水害，创建高产稳产农田，增强旱涝保收能力。④农业园林化就是对土地的利用进行全面规划，使山、水、田、林、路得到综合治理，为实现农业机械化、农业电气化、农业水利化、采用现代科学技术以及提高农业生产社会化程度创造条件，并使我国农村的自然面貌、农民生活环境变得日益美好。

（2）生产技术科学化

农业生产技术科学化，是指把先进的科学技术广泛应用于农业，从而收到提高产品产量、提升产品质量、降低生产成本、保证食用安全的效果。实现农业现代化的过程，其实就是先进科技不断注入农业的过程，不断完善农业的基础科研、应用科研及推广体系，不断提高科技对增产贡献率的过程。21世纪是科技的世纪，新技术、新材料、新能源的出现，将使农业现状发生巨大的变化，科技将在对传统农业的改造过程中发挥至关重要的作用。就目前而言，农业生产技术科学化包括：①通过基因工程、细胞工程、遗传工程和发酵工程等先进科学成就，为种植养殖业培育出高产、优质、种类多、适应和利用自然能力强和抗逆性强的优良品种实现良种化；②利用土壤肥料学的成就，改善土壤的物理、化学性能，提高土壤的团粒结构；③防止动植物病虫害和杂草的危害，生物防治与药物防治相结合；④运用耕作栽培学、畜牧学和水产学等科学成就，建立先进的耕作制度，采用科学的栽培方法和饲养管理方法；⑤积极地研究和运用其他各种现代化技术，诸如电子技术、原子能技术、遥感技术、激光技术等，进一步提高农业技术现代化水平。

（3）生态环境可持续化

大量事实表明，我国在推进农业现代化过程中，不仅不能重走一些发达国家

"先污染、先破坏、后治理"的路子，而且一开始就要把农业可持续发展作为推进农业现代化的先决条件和基本准则。一要严格控制人口数量、努力提高人口质量；二要严格保护耕地，下决心扭转耕地减少过快的局面；三要发展生态农业，下决心治理环境污染；四要大力发展林业，真正把林业作为农业现代化建设的重要组成部分予以重视和加强。

（4）经营管理科学化

农业经营管理科学化是指在农业生产力与生产关系之间、农业生产部门之间、农业生产各环节之间和产前、产中、产后各部门之间等全部经营管理活动中，采取先进的管理手段和科学的管理方法。具体内容包括：①管理思想和管理方法现代化，把人的主观能动性发挥出来；②管理组织的系统化，职责分明，协调运转；③管理工具的自动化，提高管理效率。实行了科学的现代化管理，将会使农业资源在人类的干预下得到更合理的开发利用，生产资料、资金、劳动力等生产要素得到更有利的组合，从而使农业生产稳定发展。

（5）生产组织社会化

生产组织就是对微观经济单元的组合布局进行引导、对社会分工进行协调，对专业化生产进行管理的实施过程。它意味着农业生产与流通活动的各个部门、各个环节，必须和社会上的有关部门、市场主体有机地联系起来，并要随着现代化的不断推进提高这种依赖程度，以达到扬长避短、优势互补、提高劳动生产率的目的。现代化的生产应该是社会化大生产。它排斥生产的小而全和封闭型经营状态，青睐按专业化分工组织生产，要求走开放式经营的道路。生产的专业化、生产组织的合理化、流通范畴的洲际化，构成了社会化大生产的"三要素"。这是实现农业现代化过程中刻意追求的发展方向。

二、我国农村经济改革和发展历程与社会主义新农村建设的历史任务

我国是一个以小规模家庭经营为基础、农业人口众多的发展中国家。我国的二元经济结构特别突出，农村劳动力严重过剩，耕地和水资源短缺，农民组织化程度很低，农业现代化的总体水平还很低。农业现代化是我国农业发展的基本方向。按照邓小平同志"三步走"战略的设想，第一步是解决温饱，第二步是进入小康，第三步是基本实现现代化。从21世纪开始，我国开始实施现代化建设第三步战略部署，进入加快推进社会主义现代化的新的发展阶段。中共十五届三中全会作出了"没有农业的现代化就没有整个国民经济的现代化"的正确判断，并提出"有条件的地方要率先基本实现农业现代化"。这标志着在加快推进我国现代化的进程中，农业现代化是整个国民经济现代化的重点，也是难点，必须重

点突破，大力推进。

（一）我国农村经济改革和发展的历程

从1952年土地改革完成到中共十六届五中全会提出"建设社会主义新农村"，我国的农村经济改革经历了曲折发展的过程。

1."合作化"和"人民公社化"阶段

在向社会主义和计划经济过渡中优先发展重工业的工业化路线，促成了对农产品的"统购统销"。农业合作化的社会主义高潮在1955年后迅速升级，达到75.3万个高级社，最终形成了"一大二公"、"政社合一"的人民公社体制。在这种产权制度中，"公社"统一经营，统一分配，统负盈亏。而带来的后果是：农村农产品产量的极度下降，人均粮食产量和消费量极低，农产品严重短少和严重饥荒，农村受到前所未有的震荡。在极度困难的情况下，中央调整了农业政策，实行"三级所有，队为基础"，使农村有所缓解，但收益极低，农民缺乏生产积极性，难以养家糊口，更无储蓄可言。

2."包产到户"和"家庭承包经营制"的普及

"合作化"和"公社化"使农民失去了对农业经济的控制权和对自己劳动剩余的收益权。政社合一的制度限制了农民的自由，他们的人力资本无从发挥，同时，"包工、包产和包干"的"大包干"形式一度被指责成"复辟资本主义的纲领"和"走资本主义的道路"，也受到严厉的批评，十年浩劫使中国的农村及整个社会的政治经济千疮百孔。"文化大革命"结束，中央调整了对农村的政策。大规模的农村家庭承包经营制，重新使农村焕发出蓬勃生机，农民焕发出积极性，农村发生了翻天覆地的变化。农村改革也成为中国经济改革的始点和推动力量，对我国经济制度乃至政治制度都产生了重大影响。

3.乡镇企业迅速发展

随着城乡交流的不断扩大，剩余的农村劳动力逐步转化为发展农村工业的主力军。并扩展到工业生产的方方面面，不断发展壮大，现在有的已成为我国的知名品牌，从而推动着我国经济的发展和繁荣。

4.与农业相配套的各项改革措施相继出台

一是针对家庭承包经营后统购统销造成的生产体制和流通体制之间的矛盾，国家下发了《关于进一步深化粮食流通体制改革的决定》，完善购销政策，保护粮农利益。二是实行"两放开，一调整"，下发了《关于进一步深化粮食流通体制改革的意见》，使粮食流通体制迈入市场化轨道。三是完善了土地承包制度。两次延长土地承包合同，出台了《中华人民共和国农村土地承包法》，使土地承包方可依法、自愿、有偿地对土地经营权进行流转。四是进行了农村税费制度的改革。从2000年试点逐步取消乡统筹费、教育附加费、屠宰税，到取消义务工、农业特产税，直至2005年全部免除农业税。我国几千年的"皇粮国税"在农村中没有了，一届又一届的中央政府给予了农村更多的休养生息政策。前几年中每年的中央 1 号文件都是针对农业、农村、农民（以下简称"三农"）的发展问题，各省市相继出台了相关政策并建立了农产品绿色通道。

（二）社会主义新农村建设是农村经济改革促发展的继续，是 21 世纪一项重大历史任务

党的十六届五中全会提出了"生产发展，生活宽裕，乡风文明，村容整洁，管理民主"的社会主义新农村建设要求。这是我国农村经济改革促发展的继续，是从党和国家事业发展全局出发确定的一项重大历史任务。按照社会主义新农村建设的要求，我们必须大力构建新农村建设的良好机制，大力统筹城乡发展，大力改善农村基础条件，大力培育新农民，大力发展特色产业，大力推进农业现代化。

1. 全方位构建新农村建设的良好机制

农村经济改革的重点是解决城乡体制分割、城乡要素分配不均、农村管理方式滞后等突出问题。要破除体制性障碍，一是要转变政府职能，牢固树立服务"三农"的意识。做到人员、资金、技术、信息、基础条件的支持到位。二是要加强农村民主政治建设。健全和完善农村民主选举、民主决策、民主管理、民主监督的村民自治机制。健全村务公开制度，使村民拥有知情权、参与权、选择权和监督权。建好农村基层党组织，为新农村建设提供坚强的组织保障。三是要积极推进农村保障体制。通过对农村医疗保障、低保制度和培训制度的开展，改善农村生产生活状况。四是要健全考核表彰机制。抓好对农村各项建设的责任落实，通过激励机制推进新农村建设。

2. 统筹城乡发展，完善政策支持，使农村与大城市对接

在"五个统筹"中，统筹城乡发展为第一。一是要打破城乡二元经济结构，有计划地发展农村工业，形成小城镇企业集群，把小农业经济和城市工业经济结合起来，发展新型的农村工业部门经济。二是要在农业产前、产后服务的各个环节上建立农民自己的合作经济组织。这种合作经济组织是村民的利益共同体，提供市场需求信息和技术信息，是农户规避市场风险的重要途径。逐步使这种组织走上规范化、专业化、职业化的轨道，实现自我发展、自我壮大，实现小农业与大市场的对接。三是要制定给予市民和农民、乡村和城镇同等待遇的政策，使广大农村在教育、文化、卫生、公共服务、信息和保障上享有同等的待遇，改变封闭的农村经济社会环境。

3. 改善农村基础条件，大力培育新农民，发展特色产业

一是根据自然和基础条件的不同，着力改善农村发展的"硬环境"。实施山、水、林、田、路、电综合治理，使农产品能走得出去，先进科技能引得进来，使人背马驮成为历史。二是大力推广科学种养，提高土地、草场、林地等的

利用率、产出率和商品率。三是通过多种途径提高农村人口的科技文化素质，培养农民适应市场的能力。四是建立农产品和劳动力的大市场，形成城乡产品互动机制，使城乡劳动者有平等的就业机会。五是把农业产业化、建设现代农业作为重点研究。因势利导发展粮食经济作物，适时发展农产品加工业，增加附加值，延伸产业链，推出新、特、优绿色环保品牌，这是农业发展的最大优势。六是构建现代生态农业、观光农业和特色新村。我国丰富的民族民间文化和风情，浓厚的地方乡土特色，广博的历史传承和现代文明等都是发展特色经济的基础。如此丰富多彩的乡风民俗，正是发展旅游产业、生态农庄的良好条件。

（三）建设社会主义新农村，必须大力推进传统农业向现代农业转变，大力发展现代农业

大力推进传统农业向现代农业转变，大力发展农业现代化，在新世纪、新阶段的我国经济发展和农村经济发展中意义十分重大，农业现代化关系到整个国民经济能否可持续发展，是推进城市化、转变二元经济结构的客观要求。我们要建设社会主义新农村、实现社会主义新农村建设的要求，必须改造传统农业，实现发展方式的转变，合理配置农村资源，大力发展特色经济，提高农业经济效益，不断增强国际竞争力。

1. 农业现代化关系到整个国民经济能否可持续发展

我国多数人口在农村，农民收入水平提高的速度直接关系到我国有效需求能否扩大，关系到非农产业能否持续发展，关系到城市工商业能否持续发展。我国庞大的工业体系，如果没有农民需求的支撑，要持续发展是很难想象的。提高农民收入首先要提高农业劳动生产率。目前，我国农业经营规模较小，农业生产手段落后，产品成本增加较快，农产品加工增值链条较短，农业劳动生产率较低，制约了农民收入的提高，要从根本上解决这些问题，必须发展现代农业，积极稳妥地推进农业现代化。

2. 农业现代化是推进城市化、转变二元经济结构的客观要求

城市化是工业化的必然结果，也是实现现代化的重要标志。城市是现代经济活动的基本环境，是建立现代生产和消费关系的基础。只有推进农业现代化，提高土地生产率和农业劳动生产率，才能在工业化过程中满足日益增长的农产品需求，才能保证有限的土地既满足非农产业和城市化的需要又支撑农业的增长。因此，农业现代化是工业化和城市化的必然结果，也是工业化和城市化的前提条件。在农业发展新阶段，我们要逐步推进农业现代化进程。但是由于我国生产力发展水平还比较低，二元经济结构特别突出，最终实现农业现代化将是一个相当长的历史过程。所以，农业现代化不能脱离当地的经济发展水平，不能急于求成，只能逐步发展。对待农业现代化要防止两种倾向：一是对农业现代化的态度"过冷"，消极对待；二是对农业现代化的态度"过热"，急于求成。在农业发

新阶段，要根据不同地区经济发展的水平和农民的实际承受能力，采取不同的途径和办法，逐步推进农业现代化，既积极稳妥，又符合当地经济发展水平。

3. 建设社会主义新农村，实现经济发展方式的转变，必须推进传统农业向现代农业转变

我国经济发展方式转变，是现阶段我国经济改革与发展的主题。农业更不例外。农业的长远发展，"三农"问题的解决同样依赖于市场经济体制的建立和完善，以及农业发展方式的转变。没有规范、完善的市场经济体制，就没有现代农业的发展，更不可能有效地解决"三农"问题；没有农业增长方式，就没有农业现代化，也不可能产生良好的农业生态效益、经济效益和社会效益。实现传统农业向现代农业转变，使千家万户的农民与千变万化的市场结合起来，需要一系列宏观和微观的组织制度与运行机制的变革与创新。实现农业集约型增长，是一个技术经济问题，同时也有赖于制度的创新与机制的转换。传统农业向现代农业转变适应现代市场经济的要求，在转变中合理配置农业生产要素，并对农业生产经营方式进行新的组织变革与制度创新。可见，传统农业向现代农业的转变是现代农业发展方式的最佳选择。

4. 建设社会主义新农村，转变经济发展方式，必须合理配置农村资源，提高农业经济效益

农村资源就是农业生产所必须具备的自然要素、物质要素、技术要素、人力要素。没有资源的合理配置，农业生产则无法进行，发展现代农业更无从谈起。要实现对农业资源的优化配置，从而使农业产业化经营得以进行，就必须培育和完善农业产业化经营的要素市场，建立合理的农业产业结构，采用先进的农业科学技术，实行专业化生产，扩大农业系统的开放性，建立有利于资源配置和使用高效化的机制，改革不利于要素流动的制度与限制。如果没有土地规模经营，科技水平不高，就谈不上走农业现代化之路；如果没有城乡一体化的劳动力市场，农村剩余劳动力转移不出去，新的生产要素也进不来，农业生产要素的配置就会形成低效率甚至无效率的均衡结构。传统农业向现代农业的转变客观上要求农业资源的优化配置与农业经济效益的提高，因此，传统农业向现代化农业的转变是优化农村资源配置和提高农业经济效益的重要手段。

三、四川丘陵地区要转变经济发展方式，必须加快推进现代农业发展

四川丘陵地区无论从人口、耕地还是从经济总量的比重来看，在四川省经济发展全局中都占有至关重要的位置，而四川丘陵地区农业和农村经济发展的关键，则是必须加快发展现代农业。在四川丘陵地区，推进传统农业向现代农业跨

越，是解决四川丘陵地区"三农"问题，尽快缩短四川丘陵地区同东部的差距的根本大计；是实施西部大开发战略，促进区域协调发展的客观要求；是突破传统农业增长方式的根本出路；是创抓农业发展机遇的必然选择。发展现代农业是四川丘陵地区新农村建设的根本点，是农民持续增收的立足点，是构建新型工农城乡关系的切入点，是全面加快农业现代化建设的支撑点。

（一）四川丘陵地区发展现代农业，要深化农业结构战略性调整，推进农业结构优化升级

发展现代农业的过程就是改造传统农业，转变农业增长方式，发展农村生产力的过程。社会主义新农村建设的主要目标是生产发展，而发展生产的方向是发展现代农业。发展现代农业关键在于构建现代农业产业体系。四川丘陵地区只有对农业结构进行战略性调整，以信息化推动农村新型工业化和农业现代化，才能实现农业结构优化升级。四川丘陵地区只有推进农业结构优化升级，才能真正转变农业增长方式，完善现代农业产业体系，实现传统农业向现代农业跨越。

四川丘陵地区农业结构优化升级要以农业结构的合理化、高度化、高效化等为标准。四川丘陵地区农业结构优化升级要以提升农业的产业关联度、形成以先进适用技术为主的生产技术结构、具有生机和活力的产业组织结构、能够发挥专业化分工协作优势的企业规模结构、农业新产品的开发、品牌创新作为判断基准。要根据社会主义市场经济体制下需求、供给、竞争因素对农业结构演进的影响，确定四川丘陵地区农业结构升级的目标，确定四川丘陵地区农业结构优化中产业素质升级目标、产业组织升级目标、产业开放度升级目标、产业效率目标。要努力构筑优质粮食、高效经济作物和园艺、健康养殖、农业产业化和农产品加工、生物质和生态、农业服务产业体系。

（二）四川丘陵地区发展现代农业，要合理地、有效地利用各种资源，全面发展各类产业

四川丘陵地区发展现代农业中要全面发展农、林、牧、渔业以及与农产品相关的加工业、流通业、服务业，增强和发挥农业的食物营养、工业原料、就业增收、生态保障、旅游观光、文化传承、生物能源等多种功能。要积极地开发粮食食物和非粮食食物，特别是要增加动物性的食物供给。提高绿色食品、有机食品所占的比重。不仅要合理利用耕地、林地、淡水、生物、光热等各种自然资源，而且要合理地利用市场、信息、技术、法规、体制、机制等各种社会资源，不断向资源利用的广度和深度进军。发展现代农业必须把生态保护和建设放在突出位置。要充分发挥林、草等植被的生态屏障作用，继续推进退耕还林，重视发挥自然界生态系统的自我修复功能，搞好水土保持治理，推进废弃物的减量化、无害化、资源化，发展循环农业、集约农业，不断改善外部生态环境，实现农业的可持续发展。

（三）四川丘陵地区发展现代农业，要做好区域农业布局规划，处理好农业规划与市场化配置农村资源的关系

农业规划能弥补市场经济配置农村资源的缺陷。农业规划经济在对资源的利用和加工的过程中能降低成本。在四川丘陵地区现代农业发展中，要做好农业新产品的开发和四川丘陵地区农村区域农业布局规划，合理配置农村的自然资源和人力资源。落实科学发展观，提出本区域现代农业发展的目标，明确现代农业发展的方向。

（四）四川丘陵地区发展现代农业，要构建现代农业发展的机制，提高地方政府的能力

政府要积极引导农民参与农业结构调整。要打造农产品集中发展区，培育产业集群。要制定现代农业发展的优惠扶持政策。完善奖惩激励机制。尽快建立健全农产品市场体系和农产品质量标准体系，要更新观念，吸取传统的经验教训，根据本区域的农村自然资源、人力资源、区位优势、国内外市场需求来确定调整思路，选择主导产业和支柱产业。切实提高农业的质量和综合经济效益，推进传统农业向现代农业跨越。要进一步扩大对外开放，通过招商引资落实项目，实施可持续发展战略，努力降低消耗，节约资源，保护环境。要完善农业信息服务体系，建立农业科技研发和推广系统，充分发挥农村专业合作经济组织的作用，规范管理农业服务市场。

（五）四川丘陵地区发展现代农业，要大力提高科技创新水平，提高生产经营效益

在发展现代农业中，要培育技术创新主体，形成产学研紧密结合、相互协调的技术创新体系，加快科技成果向产品转换，不断提升企业自主创新能力。紧紧围绕农业结构优化升级，推进企业技术改造和技术进步，重点抓好企业扩能、提质、增效和产业链填充、延伸的重大技术改造，促进企业壮大生产规模，提升装备水平，提高生产经营效益。实施品牌战略，加大政府支持力度，鼓励企业提升传统知名品牌，打造一批优势名牌产品。要以协调生态环境与产业发展关系为重点，大力发展节水农业、生态农业和特色农业，以及具有地方风味和传统的农产品加工业，不断推进农产品的特色化、产业化和规模化生产。

（六）四川丘陵地区发展现代农业，要大力构建农村工业加工产业链

在发展现代农业中，要构建一条在四川丘陵地区地域上延伸于城市和农村两个地域单元，在工业产业上链接加工业、制造业、服务业和农业，以市场需求和经济效益为导向、农副产品加工和轻工业为主体、订单农业为基础的工业加工产业链，在四川丘陵地区农村工业中大力打造具有相对优势的行业和主导产业，实现城乡经济统筹发展、农业结构优化升级。

（七）四川丘陵地区发展现代农业，要大力调整农业产业组织结构

在发展现代农业中，要扩大农业产业的组织规模，注重培育现代知识型农民和农村专业合作经济组织，加快中小企业经济管理者队伍建设，推进农业产业化经营。通过农业产业组织结构调整，形成多方共促、众力并举、有机联系、协调发展的格局。

第二章 四川丘陵地区发展现代农业的战略路径选择

四川丘陵地区现代农业发展的基本趋势已经显现出来，如何突破其发展中的诸多制约因素，推动现代农业持续、健康发展，是四川丘陵地区现代农业发展中需要完成的重大战略任务。

一、四川丘陵地区的地理范围、资源禀赋与经济特征

（一）丘陵地区

从地理上讲，丘陵地区是指与山地、平原、盆地和高原等地形地貌相对应的地理区域。《辞海》把丘陵定义为："高低起伏、坡度较缓、连绵不断的低矮山丘。海拔大致在500米以下，相对高度一般不超过200米。"我国丘陵较多，特别在东部地区分布广泛。我国广袤领土上的适合人们居住和从事经济活动的空间有限，人口分布极不平衡。我国的平原和丘陵面积分别占总土地面积的12.0%和9.9%，合计只有21.9%，在我国2356个县（市、区）中，平原占33.9%，丘陵占26.5%，山区占39.6%，三种类型地区农村人口分别占40.2%、31.1%、28.6%。

（二）四川丘陵地区的地理范围、资源禀赋与经济特征

四川丘陵区域的划分与我们通常所说的丘陵有一点微小的差异。四川丘陵地区集中分布在四川盆地的底部，西起龙泉山，东至华蓥山，海拔一般不超过800米，相对高度不超过200米。南部多中低丘，北部以深丘占优势，在平昌、巴中和苍溪、剑阁一带，分别有桌状低山和单面低山分布，在丘陵地区和西南部有龙泉山和荣威窿穹低山；并以县为基本单位，不打破县级行政区划的完整性，基本原则以自然条件和自然资源的组合差异为基础，凡是自然条件和自然资源组合相近似的，面积达到全县面积50%以上的，即确认为丘陵县（市、区），列入丘陵地区。按此标准，四川丘陵地区共由68个丘陵县（市、区）组成，包括龙泉驿区、金堂县、蒲江县、自流井区、贡井区、大安区、沿滩区、荣县、富顺县、江阳区、纳溪区、龙马潭区、泸县、中江县、罗江县、三台县、盐亭县、梓潼县、游仙区、安居区、蓬溪县、射洪县、大英县、船山区、内江市中区、东兴区、乐

至县、安岳县、威远县、资中县、简阳市、隆昌县、雁江区、五通桥区、仁寿县、犍为县、井研县、青神县、丹棱县、顺庆区、高坪区、嘉陵区、南部县、营山县、蓬安县、仪陇县、西充县、阆中市、翠屏区、宜宾县、南溪县、江安县、长宁县、高县、通川区、达县、宣汉县、开江县、大竹县、渠县、名山县、华蓥市、岳池县、广安区、武胜县、邻水县、巴州区、平昌县。其中，仁寿县、安岳县、三台县、简阳市、中江县、渠县、资中县、巴州区、达县、南部县、广安区、宣汉县、岳池县、仪陇县、大竹县、雁江区、泸县、富顺县、射洪县、平昌县、宜宾县 21 个县是百万人口大县。它们大都处于成渝两个大城市的中间地带，是成渝两大中心城市共同的经济腹地。同时，南充、遂宁、自贡、泸州、宜宾、内江、乐山等中等城市镶嵌其间，成渝、宝成、达成、兰渝铁路以及 108 国道、南渝、遂渝、成渝公路纵横交错，岷江、沱江、涪江、嘉陵江、渠江流经其间。

丘陵地区在四川的经济与社会发展过程中占有举足轻重的地位。2009 年，四川丘陵地区的国内生产总值占全省的 48.6%。四川丘陵地区有 68 个县（市、区），占全省县（市、区）总数的 36.6%，辖区面积 8.9 万平方千米，占全省面积的 18.2%；耕地面积 229 万公顷，占全省面积的 58.7%。以不到全省 20% 的面积，却承载了 60% 的人口，其土地和资源承载力十分有限。

从自然资源禀赋看，丘陵地区的极少数地区经济资源相对丰富，尤其是川南、川东北的丘陵地区，煤、铁、天然气等资源相对丰富，而其他地区相对较少。丘陵地区竹类、生猪、水禽、牛奶、蚕桑、蔬菜、油菜、茶叶、蚕茧、柑橘、棉花、麻类等资源相当丰富。丘陵地区气候特征促使其盛产水稻、玉米、小麦、土豆、红薯等农产品。水果资源在丘陵地区比较丰富。气候多样、土地肥沃，物产丰富是丘陵地区普遍的特点。但令人遗憾的是，这些自然资源没有完全转化为当地的经济优势，丘陵地区的资源利用程度不高。从种类上看，丘陵地区的土地具有土壤肥沃、光热充足、无霜期长，适宜种植多种作物的特点。从结构上看，在丘陵地区土地资源中，耕地约占 42%，园地占 2%，林地约占 19%，牧草地约占 7%，非农用地约占 24%，其他用地占 6%；人力资源丰富与人力资本缺乏并存。人口密度每平方千米 572 人，但人口文化素质相对较低，文盲人数占总人口的比重达 7.0%，比平原地区高 2.4 个百分点，中专以上人数仅占总人口的 3%，比平原地区低 7 个百分点；资本十分稀缺。由于经济落后与金融体系不发达，丘陵地区资本十分稀缺。如果从人均来看，丘陵地区农村劳动力人均耕地仅 0.67 亩（1 亩 = 0.0667 公顷，下同），比全省平均水平低 0.05 亩。水利、矿产、生态资源匮乏。现有探测结果表明，丘陵地区的铁矿保有量，仅占全省铁矿探明储量的 1%；铜矿仅占 0.3%；硫铁矿占 7%；铝、锡等有重要工业价值的矿产资源则几乎是空白。与此同时，多数丘陵县"十年九旱"，甚至多灾并发，全省 3756 个旱山村丘陵地区就占了 90%；水土流失面积达 20 261 平方千米，约占了总面积的56%。

从经济特征来看，首先，四川丘陵地区经济发展十分不平衡，经济发展落后。城乡发展不平衡，城市相对发达，而乡镇落后；大城市和中等城市邻近的经济水平较高，而偏远丘陵地区的经济发展水平滞后；资源丰富的地区经济相对发达，而资源贫乏地区的经济发展相对落后；丘陵地区的经济与平原地区相比，十分落后。经济的非均衡性和经济的二元性特征十分明显。其次，从丘陵地区与全省的比较来看，丘陵地区的落后状况更可见一斑。丘陵地区经济发展水平低，经济发展不平衡，工业经济总量小，对经济增长的贡献率低。另外，丘陵地区三次产业结构不合理，农业的种养加结合不协调，工业的组织结构、企业规模结构、产品结构等有待优化。

二、四川丘陵地区现代农业发展的现状及存在的主要问题

（一）四川丘陵地区现代农业发展的现状分析

党的十六届五中全会以来，四川丘陵地区加大了现代农业生产基地建设工作力度，现代农业生产基地建设闯出了新路子，创造了新机制，取得了新成果，现代农业生产基地建设取得新进展。四川丘陵地区加快推进现代农业生产基地建设，至2010年，各级各类产业基地已达1349个，基地面积1033.6万亩。基地建设主要围绕优质粮油、马铃薯、水果、蔬菜、茶叶、中药材等优势特色种植业进行，更加突出资源优势和本土特色，主导产业优势凸显。在1349个产业基地中，优质水稻基地227个，占总数的16.8%；水果基地250个，占总数的18.5%；油菜基地188个，占总数的13.9%；蔬菜基地176个，占总数的13.1%。基地建设使水果、蔬菜等经济作物产量持续增加，价格上升，效益增长。2010年夏季水果产量60.14万吨，比2009年增加3.11万吨，产值18.04亿元，比2009年增加1.31亿元；春茶产量2.09万吨，比2009年增加0.31万吨，产值10.48亿元，比2009年增加3.05亿元；食用菌65.22万吨，比2009年增加11.39万吨，产值22.83亿元，比2009年增加0.2亿元；春季蔬菜产量411.52万吨，比2009年增加36.5万吨，产值61.73亿元，比2009年增加6.47亿元；中药材产量12.69万吨，比2009年增加1.64万吨，产值17.73亿元，比2009年增加0.84亿元。目前，四川丘陵地区已形成了一些各具特色的产业带，资阳、遂宁、南充、广安、内江、自贡、泸州形成了粮油、生猪、水果产业带，名山县、乐山、宜宾形成了茶叶、林竹产业带；龙泉驿区、金堂县、三台县、盐亭县、中江县、仁寿县、丹棱县形成了奶牛、水产、蔬菜、花卉苗木产业带；巴州区、达州形成了食用菌、中药材、干果产业带。还有安岳的柠檬、名山的绿茶、龙泉驿的水蜜桃和枇杷、资阳的黄羊、隆昌的家禽、金堂的石榴、大竹的苎麻，

规模和品质在全国均名列前茅。标准化生产继续推进,新认定无公害农产品基地275万亩,绿色食品基地29万亩。

稳定的利益联结机制是现代农业基地建设成败的关键,对基地内的农民采取"土地租金收益+返园务工收入+年终效益管理分红"模式,对订单生产农户采取"订单收购保护价+售后利润分成+年终分红"模式。在尊重农民拥有的土地和劳动力两大生产要素的基础上,为保证利益分配的科学合理,建立一个由公司和农民共同组建的合作公司,公司和农民专业合作社以及农民个体都能在这个利益共享平台上各取所需。保证质量安全要通过先进的技术来实现。龙泉驿区黑金果业葡萄基地成功引进"巨玫瑰"、"早凤凰"等7个优良品种,跳出了一般产品的恶性竞争。有好产品还要有好营销,该基地将订单农户的果品一律纳入基地产品统一品牌,对外销售,2010年实现销售收入1.2亿元,创外汇1756.8万美元。基地在施肥、田间管理、药剂使用和灌溉调控等方面精心操作,实现了无公害生产技术管理,葡萄优质率达到80%以上。

近年来,遂宁市按照调优结构、调高效益的原则,紧跟市场扩大高效作物种植面积,现已形成优质水果、精品蔬菜、优质棉花、中药材、蚕桑、茶叶、九叶青花椒等优势产业和特色产品。2009年,遂宁市特色水果面积达50万亩,总产量达12万吨;无公害蔬菜面积达61.8万亩,总产量达12.3亿千克;优质棉花种植面积达18.3万亩,总产量达1.21万吨;中药材面积达8万亩,产值达1.2亿元;优质蚕桑面积达10万亩,生产鲜茧达30万千克;油菜面积达52.2万亩,总产量达9.3万吨;花生面积达23万亩,总产量达3.5万吨;马铃薯面积达11.9万亩,总产量达3万吨;茶叶种植面积达2万亩。船山区、射洪县被列入四川省特色效益农业(中药材)支持重点县,蓬溪县、大英县被批准为四川省首批优势产业基地强县培育县。遂宁市已初步形成了区域性、规模化的农业产业化生产格局。

遂宁市采取"土地流转合作社"、"土地寄种"、"委托流转"等土地流转经营新模式,走"公司+合作社+农户"的新路子,开发建设了水果、茶叶、蔬菜、食用菌、花卉、中药材、九叶青花椒、花生等无公害绿色农产品种植基地158万亩。在现代农业产业基地上,遂宁市重点建设了"八大"基地(柑橘产业基地、中药材基地、绿色蔬菜基地、优质水稻基地、优质油菜基地、马铃薯基地、优质蚕桑基地、林业产业基地)。目前,遂宁市已建成"四大"柑橘产业带,面积达20万亩(甜橙产业带、优质名柚产业带、优质杂柑产业带、优质柠檬产业带),优质蔬菜基地60万亩,优质水稻基地60万亩,优质油菜基地50万亩,马铃薯基地20万亩,优质蚕桑基地10万亩,特色中药材基地8万亩,食用菌基地2万亩,优质抗虫杂交棉基地18万亩,高效经济林基地13万亩,花卉苗木基地1万亩,茶叶基地2万亩。同时为规模化、标准化养殖打下了基础,农业产业结构正朝着规模化、产业化方向发展。

近年来，南充市积极坚持推动园区建设，加快各种要素集聚发展，推进农业产业化经营由小规模、低水平向现代化、高效化转变，有力地促进了农业农村经济的又好又快发展。2009 年，南充市粮食总产量再创历史最好水平，达到 324.6 万吨，居全省第一位；实现农业增加值 180.1 亿元，农、林、牧、渔业总产值达 301.3 亿元，同比分别增长 3.9%、4.4%；农民人均纯收入同比增加 436 元，增长 11.3%。

南充市强化现代农业园区建设，提高农业产业化基地水平，构建以"政府引导、企业带动、协会组织、金融支撑、农民主体"的运作模式，激发农民快速发展的原动力，闯出一条丘陵地区推进农业集约化、规模化、标准化经营，提升农业产业化水平的路子。目前，南充市共建成各类现代农业园区 452 个。大力推广现代农业园区建设模式，推进生猪、蚕桑、柑橘、速丰林等特色产业基地由点状发展向带状、块状经济突破。先后启动实施了"千万头生猪工程"、蚕桑"百万（栽桑 100 万亩、产茧 100 万吨、产值 100 亿元）工程"、果蔬"双百（万吨）工程"和速丰林"百万（亩）工程"等产业工程，南充市建成了 6 个百万头生猪大县、4 个柑橘基地县、沿嘉陵江 100 万亩速丰林以及 260 多个万亩以上的蚕桑、蔬菜、中药材等集中成片优质农产品基地，成为全国重要的猪、蚕、果、粮生产基地。园区内设施完备、技术配套、市场健全，企业、业主、农民发展产业愿望强烈，成为现代畜牧、蚕桑、果蔬等特色产业规模发展的良田沃土。通过基础设施的有效改造和市场环境的改善，配以适当优惠政策，催化、发酵、扩散园区的先机效应，引导土地、资金、技术、人才等各种生产要素集中向园区集聚。龙头企业通过品牌、技术和销售参与产业园建设。园区农户生产出来的产品由龙头企业统一购买，园区成为企业产业链条的重要组成部分，实现了园区各种要素的有效聚集。目前，南充市建成的现代农业园区带动了 200 多个特色产业示范乡镇建设，园区农民人均纯收入较一般农户高出 50% 以上，解决了农民致富无门路、无资金、无技术等难题。

在建设现代农业基地中打造特色品牌。独特的农产品品种成为抢占市场的"法宝"。岳池县三安蔬菜专业合作社注册的银特蔬菜品牌成功打响，用户忠诚度大幅提高，合作社蔬菜配送用户超过 3000 户，还与重庆两大龙头企业签订了稳定的购销合同。必须确保农产品的质量安全。南充市高坪区万亩优质柑橘核心示范区安排科技人员给龙头企业做项目秘书，提供全天候、保姆式服务。南充市高坪区万亩优质柑橘核心示范区组织了 180 多人的专业营销队伍，南拓北引，抢占市场。蒲江县万亩优质猕猴桃示范区借助外力发展的机制，引进四川中新农业科技有限公司作为基地建设主体，同时还引进了中科院武汉所的科技力量做支撑。蒲江县先后出台了 16 个地方特色农业标准，农业产业基地、县内的万亩优质猕猴桃示范区种植基地全部获得无公害认证，绿色认证面积3600亩，有机食品认证基地2300亩，县内的优质茶叶产业基地核心示范区也全部通过有机食品认证和GAP认证。华蓥山市黄花梨基地位于禄市镇和双河、古桥办事处，面积2万余亩，现已被评为全国首批农业旅游示范点，全国科普示范基地，国家级农业标准化示范区。华蓥山市黄花梨基地的翠冠、西子绿、薛清等品种梨在2004年四川省农业厅组织的川梨评比中包揽前了三名，"翠冠梨"、"黄金梨"被评为"最畅销产品"，富硒SOD香梨在重庆卖价达到每个15元。华蓥山黄花梨基地以西南大学、四川省农科院、四川省林科院为依托，先后引进、试验、栽种早熟梨品种48个，筛选适宜本地的"黄金梨"、"长寿"、"西子绿"、"翠冠"、"薛清"等品种20余个，引进示范美国加州大学商业栽培模式，加大梨园综合利用，提高经济效益。

内江市加快农业结构调整，做大特色优势产业、加强农村基础设施建设，推进农业产业化经营，培育品牌农产品，加快现代农业园区和新农村建设，引领内江市农业走上了现代农业的发展之路。2009年，内江市农、林、牧、渔总产值实现162亿元，农业增加值达到98亿元，增长4.2%，农民人均纯收入增加362元，增长8.2%，均高于全省水平。

近年来，内江市围绕种植业"五子"（米袋子、油瓶子、菜篮子、果盘子、茶杯子）建设，全力抓好现代农业示范园区建设，力争把现代农业示范园区建成科技先进、特色明显、产业高效、绿色生态的特色农业展示区。各县（区）相应出台了支持鼓励园区建设发展的优惠政策，吸引了大批优秀的业主投资兴业。目前，内江市已建立现代农业园区5个。市中区在永安、朝阳镇规划建设1.3万亩，建设核心区5100亩；东兴区以田家镇5大平坝为中心，建设核心区4008亩；资中县规划建设1.2万亩，建设核心区1546亩；威远县在龙会镇建设核心区1100亩；隆昌县在周光镇建设核心区2000亩。5个现代畜牧业示范园区建设核心区1246亩。

在建设园区的同时，内江市加快无公害农产品和绿色食品基地建设与产品认证。目前，内江市已建成无公害农产品基地97个，面积120.6万亩；推广示范各类标准和生产技术规程96个。制定了塔罗科血橙、韩国指天椒、"双低"油菜、无公害柠檬等5个具有地方特色的产品生产技术操作规程。目前，资中周萝卜、复立茶叶正积极申报农产品地理标志认证。

发挥市场引导，做强优势特色产业。内江市在稳定粮、油传统产业的基础上，大力开展农业结构调整，加快畜牧强市的步伐。2009年，出栏生猪412万头；家禽产业快速发展，出栏家禽3939万只，新增出栏小家禽1万只以上的规模户110户；水产业稳步发展，完成渔业经济总产值15.06亿元。同时，狠抓粮油、蔬菜、水果、蚕桑、茶叶、中药材六大特色产业基地建设。目前，新建水果面积 1.52 万亩、蔬菜 2.26 万亩；引进水果、蔬菜新品种 5 个。以"一村一品"建设为中心，开展无公害蔬菜、柠檬等标准化基地建设，已新建专业村 10 个，面积达 4 万余亩。初步形成了区域化布局、专业化生产、规模化经营的特色产业格局。

四川丘陵地区农业产业化经营经过多年的努力，取得了长足发展，正在发生一系列深刻变化，呈现出可喜的趋势。随着农业产业化从局部发展转入整体推进，呈现出你追我赶、竞相发展的良好势头。平原地区龙头企业保持着强劲的发展态势，丘陵地区一批规模较大的龙头企业脱颖而出，一批特色优势明显的龙头企业快速成长。随着农业区域化、标准化的推进，农产品基地建设水平不断提高。龙头企业更加注重突出特色建基地，依托市场兴产业，农业区域布局得到优化，一批优势产业带逐步形成，无公害、绿色食品的生产规模不断扩大。随着利益联结机制的逐步完善，产业化带动能力不断增强。龙头企业与农户形成了多种行之有效的利益联结方式，产加销一体化的利益共同体开始出现；农村专业合作经济组织发展更为规范，桥梁纽带作用更加突出；产业化经营机制不断完善，助农增收的功能大大增强。农业产业化经营步伐加快，新农村建设进一步发展。通过培育龙头企业，推动农业产业化发展，促进农产品加工增值，龙头企业辐射带动作用明显增强，进一步促进农民增收。

四川丘陵地区对解决"三农"问题的思路非常清晰，思想认识和政策取向逐步深化。建设社会主义新农村，要求立足农村发展，着眼农民致富，核心问题是要缩小城乡差别，改变"发达的城市、落后的农村"这种状况，构筑新型城乡关系，建设现代文明的农村。四川丘陵地区建设新农村得益于国家实行以工支农、以城带乡的政策，宏观环境十分有利。

农村基础条件得到一定改善。在国家丘陵地区大开发政策的支持下，四川省组织实施了农网改造、林业生态建设、人畜饮水改造、县乡道路建设、农村中小学校舍建设等一批基础设施项目建设，使农村的基础条件有所改善。农村社会事业发展取得初步成效。近年来，四川各地加大了对教育的投入，办学条件得到改善。300 多万贫困学生得以享受"两免一补"政策。农村合作医疗试点扩大到 21 个县（市、区），176 个县（市、区）建立了农村医疗救助制度，134 个县（市、区）建立了农村最低生活保障制度。

（二）四川丘陵地区现代农业发展中存在的主要问题

1. 工业反哺农业、城市支持农村的条件尚未完全具备

四川丘陵地区工业化尚处于初期向中期推进阶段。丘陵地区城镇化水平比全国低 10 个百分点。工业化水平比全国低，工业增加值占 GDP 的 34%，低于全国 12 个百分点。丘陵地区财政收入同生产总值不相称，所占比例较低。因此，四川丘陵地区工业反哺农业的能力较弱，城市支持农村的力量有限。

2. 四川丘陵地区农业产业化经营发展中还存在许多问题和不足

龙头企业总体实力不强，外向型企业不多。规模以上龙头企业产业链条较短，精深加工不够。部分龙头企业带动意识不强，助农增收作用不够突出。农村专业合作经济组织合作的内容比较单一，组织形式较为松散。农产品基地建设滞后，优质专用原科生产不适应发展的需要。

3. 农业经营的规模小

人均耕地少和地块零碎是农业小规模经营的自然成因，而土地的产权结构则成为其制度成因。我国推行的土地家庭承包经营制使得农户成为独立的生产经营单位，因此，农业经营必然呈现出小规模化的特点。小规模的农业经营使得农业生产的区域化、专业化布局、农业科技的应用、农业的机械化都难以进行，农业的经济效益也无法大幅度提高。

4. 农业资源紧缺，农业综合生产能力弱

四川省土地资源绝对数量大，人均占有量小。四川省人均耕地仅为 0.67 亩，比联合国粮农组织要求的人均 0.8 亩的警戒线还低。土地利用以林木为主，有效耕地面积小，耕地后备资源不足。

5. 基础设施建设严重滞后

四川丘陵地区的农业基础设施仍然十分脆弱，农村行路难、饮水难等问题非常突出。水利设施抗灾能力不强，骨干工程少，全省大中型水库只有 109 座（大型水库 6 座、中型水库 103 座），不及湖北、广东省水库的 1/3，干旱等自然灾害仍然严重影响着四川省的农业生产。

6. 农村教育、科技滞后，剩余劳动力转移难度大

农民工已经成为中国城乡建设的一支庞大队伍。随着教育体制的改革和就业政策的调整，大批大中专及以上毕业生同样栖身于外出就业务工的大潮中，这给农村低文化素质、低技能素质、低道德法律素质的农民工带来很大的冲击。农村科技成果转化慢，含量不高，科技带动作用不强，农户在自有耕地上实现的增加值太低。加强农村人口的教育培训成为当务之急。

7. 风险防范能力弱

农业发展的风险防范能力较弱，体现在自然和市场两个方面。从自然的角度看，农业生产还无法摆脱受天气、水文、土壤条件变化影响的局限，农业生产因自然条件影响波动大。从市场的角度看，农业生产还不能较好地适应市场需求的变化，农业生产还不能主动地创造和引导市场，更多的是被动地受制于市场。农业保险体系的发育滞后则无益于改善农业风险防范能力弱的状况。

三、四川丘陵地区由传统农业向现代农业转变的目标和任务

（一）四川丘陵地区由传统农业向现代农业转变的目标

以市场为导向，合理配置农业资源，农业结构调整取得重大进展，农业布局得到优化，优势特色农业产业带基本形成。高产、优质、高效、生态、安全农业得到长足发展。耕地得到有效保护，粮食生产形势稳定，农业社会化服务体系不断健全，农业科技自主创新能力不断提高，农业技术得到广泛应用，农业机械化水平大幅提高。农业产业化经营中的龙头企业不断增加，农村专业合作经济组织的作用得到充分发挥。农产品加工业得到快速发展。农产品商品率和加工率大幅提高。畜牧业产值占农业总产值的比重不断提高。大力发展特色经济，提升市场竞争能力。

（二）四川丘陵地区由传统农业向现代农业转变的任务

全面贯彻落实科学发展观，按照构建和谐社会的根本要求，统筹城乡经济社会发展，实行工业反哺农业、城市支持农村和多予、少取、放活的方针，切实加大对"三农"的投入，围绕增加农民收入，着力推进现代农业建设，大力实施"转变、拓展、提升"战略，继续调整农村经济结构，加快发展农业产业化经营，强化农业科技支撑，改善农村基础设施，深化农村综合改革，培养现代新型农民，发展农村社会事业，确保社会主义新农村建设继续取得新的进展。

要坚持把发展现代农业作为推进新农村建设的首要任务，用现代物质条件装备农业，用现代科学技术改造农业，用现代产业体系提升农业，用现代发展理念引领农业，加快转变农业增长方式，不断提高农业整体素质、效益和市场竞争力。

进一步解放和发展农村生产力，促进粮食稳定发展，农民持续增收；要尊重农民的主体地位，充分调动农民的积极性；要着力解决农民生产和生活中最迫切的实际问题，让农民得到实惠；坚持科学规划、因地制宜、分类指导、量力而行，有步骤、有计划、有重点地逐步推进；要发挥各方面的积极性，引导社会力量共同参与，形成以政府主导、农民为主体、社会参与的格局。建设具有较强市场竞争力、可持续发展的现代农业，建设让农民能够享受现代文明生活的新村庄；培育有文化、懂技术、会经营和具有良好道德风尚的新农民，形成城市和农村协调发展、共同繁荣的新格局。

1. 扩大农业生产规模，进一步拓展农业生产领域

随着农业劳动力进一步向非农产业转移，农业科技水平进一步提高，农业区域化和专业化布局不断形成，不同类型的农业适度规模经营形式将得到越来越快的发展，并逐步成为农业经营方式的主体。在此基础上，农业将实现机械化、标

准化的商品生产，农业的市场竞争能力将进一步增强，比较效益不断得到提高。

现代农业的发展要求其生产领域不断得到扩展，这主要体现在以下三个方面：①农业基本生产资料由耕地向草地、森林、水面延伸；②初级农产品生产向食品、医药、绿色化工、生物质等多种产品生产方向拓展；③农副产品综合和多层次开发将成为蕴含极大潜力的农业新的生长点。农业生产领域的拓展过程是伴随着农业产业化发展的，在此过程中传统的农业内涵逐步改变，工业和农业的界限渐趋模糊，农业也将分享更多的利润。

2. 坚持农业生产科技创新

在经济全球化发展格局下，世界各国发挥比较优势参与国际市场分工和经济竞争。农业发展的国际化趋势对各国农业既是挑战又是机遇，各国只有调整农村经济结构，优先吸纳先进技术，才能适应国际市场的发展形势。农业日益商品化、国际化的趋势是农业采用高新技术的强大动力，它把各国的农业逐步推向世界市场。

高新技术成为现代农业发展的强大动力。现代农业与传统农业不同，它是建立在全面应用科技基础之上的高效农业。目前，现代农业科技正迅速地向宏观和微观两个领域全面发展，由生物技术占主导地位引起的农业科技革命促进农业面貌发生根本性变化。

3. 坚持可持续发展，农产品向多品种、高品质、无公害方向发展

有限的农业资源和日益增长的人口重负，在客观上要求扼制对农业资源的掠夺式开发，从根本上转换以过度消耗资源和破坏生态环境为代价的传统生产方式，科学、合理地协调好农业与资源、环境之间的关系。从发展的角度看，现代农业将实现更有质量的增长过程，在节约能源、降低消耗、减少废物、提高效益、改变传统的农业生产和消费模式的同时，高度重视控制环境污染，改善生态环境，保护生物多样性，保证以持续方式使用可再生资源，走可持续农业的发展道路。

质量和品种成为农产品竞争的首要因素。现代农业不仅能满足人们追求物质生活的需要，同时还能给人们提供健康上的保障及精神上的享受，"无公害"、"无污染"、"反季节"的"绿色"水果蔬菜以及工艺型、观光型、保健型农产品应运而生，为农业开发和农业科技的应用展现出诱人的前景。

四、四川丘陵地区发展现代农业的战略选择

（一）实行市场化发展战略

传统农业是自给型农业，生产的目的主要在于满足生产者自身的需求。现代农业是商品农业，生产经营的目的是在满足市场需要的前提下实现市场交换。经

济体制的市场化改革必然要求确立市场化的农业价值取向，农产品市场环境的巨大变化则为农业市场化提供了重要的物质条件。

近年来，尽管农业的市场化发展有了很大进步，但从总体上看，农产品商品率不高，竞争力不强，农业资源的配置空间较窄，农业的市场化程度还不高。农业经营者对市场经济反应不灵敏，市场意识不强。因此，促进现代农业发展的首要战略选择就是大力推进农业市场化的发展战略。

1. 树立经营者的商品意识

在中国，小农经济的传统观念和生产方式延续至今，不少农业经营主体的商品意识还不强。因此，发展现代农业，必须克服"以产定销"、生产什么卖什么的思维定势，树立"为卖而产、为赚而卖"的意识，把农业生产定位于商品生产，在市场交换中获取利润；克服"重生产、轻市场"的观念，树立"销售为先、以销定产"的现代营销观念，随时关注市场变化，着力争取市场订单，围绕市场转，盯着市场干；克服"以产量论英雄"的观念，树立"以效益为核心"的意识，把效益作为农业生产经营的根本标准，比较机会成本，细算投入产出，力求利润最大化。

2. 树立竞争意识

优胜劣汰是市场经济的重要特征。现代农业的市场竞争，是指包括生产手段、质量品牌、经营方式甚至体制环境在内的综合性、全方位竞争。唯有创造优势产品、拥有优势品牌，才能避免被淘汰的结局。为此，必须树立"市场优势才是现实优势"的意识，加快资源优势向市场优势的转变；冲破"盲目求大"的观念，树立"做强做优"的意识，注重发展优质产品和特色产业，把一般农产品做优、优势农产品做强、强势农产品做大；树立"现代营销"的意识，注重细分市场、主动出击，依托有竞争力的优势产品，着力开拓市场空间，不断扩大市场份额。

3. 树立效益观念

在发展农业生产时要坚持效益原则，农业经营的首要目的是获取经济效益。努力通过发展农业生产来达到农业增效、农民增收的目的。现代农业的发展应当着力强化产业化开发，实现资源综合利用、产品多层次增值，从根本上摆脱传统农业低效益的特点，获取同工商业同等的盈利能力。

4. 建立市场化的制度基础

建立完整的市场制度体系首先是培育农户、企业等市场主体，使之具有独立的经营权和决策权；其次是进行产权制度创新，明晰各主体之间的产权关系；最后是构建市场监管制度，确保规范有序的市场运行。

（二）以科技进步促进现代农业发展，实施全球化经营战略

农业现代化说到底就是农业科技化。没有现代科技成果的不断开发和应用，

就谈不上农业现代化。只有靠科技才能实现高产、优质、高效，只有靠科技才能提高劳动生产率和资源利用率，只有靠科技才能提高市场竞争力。因此，要把增加对农业科研的投入作为增加农业投入的重点，要把对研究尤其是基础性研究的投入作为对农业科技投入的重点，要在继续深化政府农业推广体系改革的基础上，逐步形成以企业、专业协会、专业合作社和各种产业化组织为主的多元农业科技推广体系。

全球化是经济发展的大趋势，也是促进中国现代农业的必然途径。现代农业是注重外向开拓的农业。由于现代农业包含着农业生产技术的现代化、农业生产手段的现代化、农业生产管理的现代化，所以，它与自给自足的传统农业有着质的区别。现代农业不仅表现为有较高的农业劳动生产率、土地产出率和资金利用率，而且有较高的产品商品率。更重要的是它既瞄准国内市场，满足国内人民日益增长的农产品需求，又注重国外消费者的消费心理和需求，不断扩大农产品出口，将更多的名优特新农产品打入国际市场，不断增加农产品的出口创汇能力。我国加入世界贸易组织后，农产品保护政策逐渐取消，这既是挑战又是机遇，应当充分利用这一契机发挥比较优势，加快优势特色农业发展，积极开拓海外农产品消费市场。

1. 立足全球市场调整产业结构

现代农业发展应按照比较成本理论，面向市场，注重发挥区域比较优势，采用先进技术，集中发展特色种植、养殖，逐步形成规模，打造区域品牌，培育国内外知名度高的品牌。这些优势特色产品量大质优，一方面大大提高了市场竞争力；另一方面又促进了相关加工行业的发展，延长了农产品的增值链。

2. 建立稳定投入机制

现代农业发展的过程，是农业生产力由低级到高级、由量变到质变的过程，其间需以大量资金投入为保障。发展现代农业，必须有稳定的投入机制，越是加速发展，越要有资金投入的保障机制。在增加政府财政对现代农业发展投入的基础上，还加大招商引资力度，通过外商外资的大规模进入来拉动当地国内现代农业的发展。

3. 发展招商农业

树立开放视野，引进国外资本是我国现代农业发展的重要途径之一。这要靠增量、靠外资、靠外力来迅速促进现代农业发展。

（三）坚持可持续发展战略，构建循环农业模式

可持续农业采取管理和保护自然资源的方式，以及实行技术变革和体制性改革，以确保当代人及其后代对农产品的需求得到满足，这种发展包括农业、林业和渔业的可持久的发展，能维护土地、水、动植物遗传资源，并不造成环境退化；同时，这种发展在技术上是适当的，在经济上是能维持下去的，并能够为社

会接受的。可见，可持续农业的实质在于运用可持续发展的原理和方法寻求农业生物与其环境的关系，建立相应的农业技术体系和农业资源综合管理战略，以提高农业的综合生产力、稳定性和持续性，实现农业可持续发展。在现代农业发展中必须坚持可持续发展战略。为此需要从以下三个方面做起：

1. 推进农业安全化生产

农产品的安全化生产是现代农业发展的基本要求。有机食品、绿色食品和无公害食品是农产品安全化的主要标志，它与病虫害防治、转基因和饲料添加剂等技术息息相关。我国加入世界贸易组织后，农产品质量安全指标也要求与国际标准接轨。为此，必须在我国建立健全国际通行的农产品质量安全体系，进一步满足城乡居民不断升级的消费要求，逐步增加无公害农产品、绿色农产品和有机农产品的比重。

2. 注重保护生态环境

注重生态环境保护，采取生态农业的模式，尽可能地逐步按无公害农产品和绿色食品的技术规范进行生产经营，以适应现代农业发展及更高层次的社会需求，确保农业可持续发展。发展现代农业时不能造成对自然资源的过度开发，要改变传统的粗放型开发方式，走集约农业之路，建设节约型社会。通过合理开发和使用各种自然资源、因地种植、合理轮作、植树种草、防风固沙等措施，可以不断地提高生态和自然界进行物质循环和能量转化的效率，进而获得最好的生态效果。

3. 积极发展循环农业

循环农业以资源的高效利用和循环利用为目标，以"减量化、再利用、资源化"为原则，以低消耗、低排放、高效率为基本特征，是符合经济可持续发展理念的增长模式。循环农业是科学地安排不同生物质在系统内部的循环、利用或再利用，最大限度地利用农业环境条件，以尽可能少的投入得到更多更好的产品。

（四）坚持以家庭承包经营为基础、统分结合的双层经营体制，施行组织制度创新战略

1. 以家庭承包经营为基础、统分结合的双层经营体制是三十多年农村改革最重要的成果

实践证明，它符合农业生产自身的特点，符合生产关系要适应生产力发展的规律，能够极大地调动农民的积极性。在家庭承包经营的基础上既不改变以家庭承包经营为基础、统分结合的双层经营体制，又能实现农业商品化、专业化、社会化，是中国农业现代化面临的最重大的课题。在家庭承包经营的基础上实现农业现代化，必须在转移农村剩余劳动力的过程中逐步发展规模经营。

2. 要以加强基础设施建设和产业化组织建设为条件

"小生产、大市场"的矛盾在我国表现得尤为突出。因此，必须通过产业化的链条，通过各种新型的合作社等农民自己的组织，将农户与市场更好地连接

起来。

3. 现代农业要以市场机制为基础

我国以农户为经营单位的家庭组织制度已难以适应现代农业的发展需要，农业小生产与大市场之间的矛盾日益尖锐。因此，要对现有的农村组织制度进行创新，提高农户的组织化程度，加强农业经营的合作化水平。

4. 要完善和改造农业产业组织结构

传统农业是以家庭为微观基础的生产型组织，现代农业则是以管理企业化为特征的产业型组织。这种组织，既包括以龙头企业为核心的企业组织，又包括以农村专业合作经济组织为重心的市场组织。现代农业组织的构成主体跨越产业界限，活动空间突破城乡限制，运行效益体现综合性的特点。当前，在我国很多地方，企业组织发展已形成一定基础，但市场组织发育较迟、发展滞后，这在一定程度上阻碍了农民有组织地进入企业加工和市场营销领域，制约了生产要素在产业之间的合理流动，影响了各个市场主体间形成协同发展的"利益共同体"。因此，应在继续发展壮大企业组织的同时，按照"自我组织、自我管理、自我服务、自我受益"的原则，加大力度发展农民专业协会或农民专业合作社等市场组织，在农户与企业、农户与市场之间建起桥梁，不断提高农民的自组织程度，使其在现代农业的产业联动中发挥重要作用。

（五）实施人才兴农战略

现代农业是知识密集型和技术密集型产业。资源和现代技术必须通过农业劳动者才能转换成为各种农产品，因此，高素质的农业劳动者是现代农业发展不可或缺的条件。教育是人力资本投资的最重要形式，各发达国家对农业教育都十分重视，有着完善的农业教育体系。荷兰各类农业院校的学生共有 6 万人，相当于农业劳动力的 29%；在丹麦的农民中有 85% 是大学毕业生；在法国有继承权的农场主子女，在接受基础教育之后，还要再上五年农校，再经过三年学徒期，考试合格后才能取得从事农业经营的资格。几十年来，发达国家农业就业人数大幅度减少，而农业生产却大幅度增长，这与农民素质的提高密切相关。

中国总体上农村劳动力资源丰富，但是素质较低。高素质的农民是高效农业的根本，而人力资本的较高投入则是造就高素质农民的关键。我国要建设现代农业，尤其应注重这一问题，应通过政策鼓励、舆论引导、教育投入等多种措施，实现农业人才的培训，培养千百万新型农民，适应建设现代农业的要求。

1. 在继续普及农村义务教育的同时，加快发展农村职业技术教育

教学内容上，农业技能和非农技能相结合，既帮助农民掌握先进实用的种植、养殖和农产品加工技术，又注重培养他们先进的经营理念和发展商品生产、提高市场营销的技能。依照"面向市场、创新机制"的思路，动员社团、社区、企业等社会力量，加快职业技术教育发展。按照"社会重视技能培养，政府负责

公共培训"的要求，加强对农民法律法规及道德方面的培训，帮助他们提高自强自立的能力。

2. 加强农民能力建设，发挥农村精英在社区中的作用

现代农业要求农民之间能够协作经营、共同发展，要求农民能够正确识别社区在农业发展上存在的问题和潜在优势。另外，要充分发挥农村能工巧匠增收致富的带动作用、科技应用的示范作用、新型农民的榜样作用。积极开发农村各类实用人才，以建立农村实用人才库、设立农村人才基金、颁发"绿色证"等不同方式，对农村的实用技术人才从技术资格上给予确认，从舆论上给予鼓励；对经营大户要从政策上给予扶持，从服务上给予便利，促进他们壮大规模，增强实力，进而在广大农民中形成"学技能、闯市场、做实业"的良好导向，带动更多农民掌握一技之长，学会经营本领。

（六）推行三次产业互动发展战略

推进现代农业发展要求走工业反哺农业、城市支持农村的均衡发展道路。纵观欧美、我国台湾等国家和地区的现代农业发展之路，可以发现一个重要的基本规律，它们都经历了由"农业支持工业"到"工业反哺农业"的战略转变。

1. 工商业支持和带动农业发展

当前，中国已初步进入工业化中期阶段，已经具备城市支持农村、工业反哺农业的基本能力，因此应当从财政、税收、信贷、科研等方面增大对农业的支持力度，实施城乡均衡发展战略。统筹城乡经济社会发展要转变发展战略和发展思路，从城乡分割差别发展转向城乡互通，协调发展，把工业化、城市化与农业、农村现代化紧密结合起来。从总体上看，城乡均衡发展体现在两个层面上：一方面是在空间上注重缩小城乡发展差距，推进城乡一体化发展；另一方面是合理调整城乡产业配置结构，大力促进现代农业发展。

2. 农业促进工商业发展

反观农业，它并非一味地被动接受工商业的援助和支持，从另一个角度上看现代农业的发展在客观上也有利于促进工商业的进一步发展。工商业内部的市场需求同无限增长的生产能力相比逐渐显现出不相适应的态势。而现代农业可以为工商业发展提供广阔的消费市场，与此同时现代农业还能为工商业作出要素贡献。比如，机械在现代农业中的大量运用可以为我国的机器制造业提供大量的产品订单。因此，三次产业之间不仅是工商业支持农业的单向关系，而且是产业间生产要素、产品相互流动的良性互动关系，也只有这样国民经济才可能实现均衡、健康和持续的发展。

3. 拓宽农业的发展领域，向产前和产后延伸，促进农产品加工增值转化是加快农业现代化建设的有效途径

要通过发展产业化经营，把现代工业、商业乃至运输、金融、保险等产业同

农业的种植业、养殖业紧密结合起来，构建利益共享、风险共担的企业共同体，使农业在家庭承包经营的基础上实现社会化、专业化和一体化，把农业的产前、产中、产后融为一体，并形成一套从生产初级产品到最终产品的销售管理体制和公平合理的利润分配制度，促进资源合理配置，有效地开拓市场空间，提高资源的利用率和产出率。

（七）采取企业化经营战略

现代农业的生产经营以市场需求为导向并参与到市场竞争当中。现代农业的产业链条也逐步向工商业延伸，特别是农业产业化经营使得农业发展具有了现代企业经营的基本特征。因而，采取企业化经营战略来促进现代农业发展是一条必然和可行的途径。采取企业化经营战略在现阶段主要体现在以下几个方面：

1. 加快农业标准化经营

现代农业以企业化经营为基本理念，追求规模经济、经济效益和质量安全，为此制定行业标准来规范和统一农产品的生产、加工、销售各环节就显得尤为必要。特别是在我国加入世界贸易组织后，必须加快推进农产品生产标准化。农业标准化是指运用统一、简化、协调、选优的原理，在农产品生产、加工、流通各个环节，执行相应的标准，实施生产、加工和管理，形成以适应市场需求为方向、以提高农产品质量水平为中心，获取最佳经济效益、社会效益和生态效益的综合运用体系。欧美、日本等发达国家都制定了一系列的农业标准化管理制度来促使本国农业的标准化经营。如日本农林水产省制定了《关于农林物质标准化及质量标识正确化的法律》，规定任何在日本市场上销售的农林产品及其加工品（包括食品）都必须接受《关于农林物质标准化及质量标识正确化的法律》制度的监管，遵守《关于农林物质标准化及质量标识正确化的法律》制度的管理规定。《关于农林物质标准化及质量标识正确化的法律》标准包括质量标准（如等级、成分）和生产技术操作规程。

2. 重视市场营销

现代企业的市场营销，已发展到创造性需求和绿色营销阶段。现代农业置身于激烈的市场竞争当中，农产品营销至关重要。工商业的市场营销策略对于现代农业的发展具有极其重要的借鉴意义。现代农业发展要善于创造市场需求，通过市场细分法，开发各种保健产品、安全食品、绿色食品，以此刺激顾客的购买欲望。建设无公害农产品生产基地，逐步提高无公害农产品、有机农产品生产比重。

3. 加强资本运营

现代农业是追求规模效益的农业，是技术资本密集型的农业，因而资本运营成为现代农业发展的关键性因素。在融资模式上，龙头企业要摆脱单一依赖政府扶持、财政拨款等传统观念，应用现代企业资本运营理念走企业重组、兼并、联合的路子，也可以组建各具优势的农业企业集团，不断提高核心企业竞争力。在资金运作方面可以通过发行企业债券，以及公司上市等途径来增强企业的融资能力。

（八）抓好品牌经营

好的品牌是企业的无形资产，也是企业的核心竞争力之一。现代农业发展同样需要树立市场知名度高的农产品品牌。作为农业产业化经营重要主体的龙头企业尤其需要培育名优特品牌。因而，应抓好品牌经营，发展壮大农业产业化龙头企业。如伊利集团的牛奶、山东"鲁花"花生油都是农产品名牌。农产品要做大，就必须是名牌，只有名牌才有市场竞争力，才有产品信誉。

五、四川丘陵地区发展现代农业的路径选择

（一）加快调整农村经济结构的步伐，构建发展现代农业的产业体系

四川丘陵地区经济要又好又快发展，必须树立传统农业向现代农业转变的观念，推进农业产业化经营，调整农业区域结构。农业产业化经营为农业结构调整提供了一种新机制，通过利益纽带，实行生产、加工、销售一体化经营，把农业生产结构、农村产业结构调整与市场消费结构的变化有机地联结起来，并使三者相辅相成，互为促进，顺应了农业结构调整的需要。四川丘陵地区各地自然资源条件、社会经济技术资源条件和历史上长期形成的生产基础有较大差异，在农业结构调整中，应本着发挥优势、突出特色的原则，发展最适宜各地的现代农业，在一定区域内形成有特色的现代农业专业生产带。

在发展现代农业、县域主导产业选择中，要把县域关联产业与基础性产业配套。在不同的县域，应把食品加工、机械、有特色的轻工业、旅游业、医药业、纺织业、水果业、畜牧业作为主导产业。在县域主导产业选择中，县域关联产业的配套就是根据一定的主导产业来合理规划、促进其相关产业的发展，从而使主导产业与关联产业之间形成相互联系和相互促进的发展关系。

关联产业要从以下五个方面来考虑与主导产业的配套：一是要以所选出的主导产业为核心，根据主导产业发展所衍生出的与其产业之间的经济技术联系和县域的具体情况来选择各个关联产业，为主导产业发展提供保障。二是以主导产业发展为起点，尽量延长产业链条，提高资源的利用效率。三是在主导产业发展规模确定之后，积极利用市场机制，引导关联产业以适度的规模发展。四是根据主导产业的空间布局状况，合理布局关联产业，保证主导产业与关联产业在空间上的合理布局，以获得集聚效益。五是在自愿、互利的前提下，促成关联产业与主导产业之间建立起较紧密的企业组织联系，避免关联产业之间的重复建设和过度竞争，保障县域经济顺利发展。当然，并不是所有的关联产业都要在县域内发展，本县域没有条件发展的关联产业，可以通过县域之间合作的方式来发展。

基础性产业是主导产业和关联产业发展的重要保障,所以,基础性产业的配套要根据主导产业及关联产业发展的需要,尽量为主导产业和关联产业创造良好的外部环境。同时,基础性产业的发展,还要为其他产业、为社会发展和为人民生活服务。所以,对基础性产业的发展要更多地依靠市场机制的调节,让其按照市场的要求合理发展,并给予更多的鼓励和保护。

(二) 以市场为导向,合理配置资源,明确区位优势,大力发展丘陵地区的特色经济

发展特色产业能有效地促进农村经济结构调整和农业结构优化,也是农民进入市场、富民强县、缩小区域经济差距、带动小城镇建设,以及实现城乡一体化进而缩小城乡差别的重要途径。特色产业作为新的经济增长点主要表现在:一是带动县域经济结构调整和发展的支柱,经济不发达县域脱贫致富选择的最佳途径;二是农民进入市场的载体;三是安置农村剩余劳动力的重要渠道等。各地的农业生产在自然条件、交通、资金、人才、技术、信息等方面都具有比较优势,在今后的发展中应注重以下几点:一是提高农业劳动生产率,符合农业现代化的一般规律,有利于提高农业经济效益和农民收入,有利于提高农业的市场竞争能力和自我发展能力。但是,由于我国人多地少、资源短缺,因此,增加农产品有效供给、确保国家粮食安全是一项长期的任务。因此,在推进农业现代化的进程中,必须兼顾土地生产率目标和劳动生产率目标。二是重视农产品流通,加强农产品市场化程度;建立农产品专业市场;积极开拓省外大中城市销售市场,扩大知名度。同时大力培养农民经纪人,鼓励农民从事运输业,积极发展个体私营经济。三是大力发展农产品深加工。要确保农业增产、农民增收,除了靠初级产品增产、降低投入和成本外,还要发展农副产品深加工,使农民分享到加工带来的增值利益。可建立蔬菜、水果的保鲜、脱水、腌制和速冻等系列加工企业。

(三) 加快工业化、城镇化进程,增强工业反哺农业、城市支持农村的能力

要以发展小城镇为重点,有步骤地发展中小城市,适当发展大城市。新农村建设同工业化、城镇化进程是紧密相连、互相促进的。建设新农村离不开工业的反哺、城市的支持和带动,因此,要认真贯彻四川省委、省政府"工业强省"战略,大力发展工业,因地制宜地把本地区的工业做大做强。坚持大中小城市和小城镇协调发展,加快提高城镇化水平。要大力发展县域经济,不断壮大县域经济实力,增加地方财政收入,改变"农业大县,财政穷县"的状况。不少县的产业结构不合理,农业比重很大,工业比重很小,有的地方几乎没有多少工业,财政收入不足,要依靠自身力量支持新农村建设难度很大,有些事想做而无力去做。因此,加快工业化、城镇化进程,既是整个国民经济发展的需要,也是发展现代农业、建设新农村、解决好"三农"问题的需要。

（四）推动现代农业发展，提高农产品科技含量

当前，推进现代农业发展，迫切需要进一步提高科技在农业中的应用。要使科技在农业中得以推广与应用，主要在于农民职业技能水平的提高和农业科技推广服务体系的完善。

农业科技推广的重点是在节本增效技术、动植物品质改良技术、农业环境保护技术等方面。要进一步完善农业科技推广服务体系，首先应稳定农业科技推广队伍；其次应建立农业科研机构、各类技术服务机构和涉农企业在内的农业科技推广服务网络；最后应因地制宜地选择科技推广模式，可采用"政府＋农户"模式，"协会＋农户"模式，或者"政府＋协会＋农户"组合模式，以及"公司＋农户"模式。

（五）强化建设现代农业的投入保障体系

首先，加大财政对"三农"的投入力度。切实把基础设施建设和社会事业发展的重点转向农村，落实好"三个继续高于"的要求，提高财政支农支出占财政总支出的比重，形成财政投入"三农"的稳定增长机制。其次，增加对"三农"的信贷投入。充分发挥农业发展银行、农业银行在农村金融中的骨干、支柱和保障作用，引导各类金融机构增加对"三农"的信贷投放，鼓励金融机构增加与国家农业产业政策和重点建设工程配套的中长期贷款，扩大农业信贷规模，提高农业信贷比重。最后，引导社会力量和农民增加投入。各地要研究制定政策措施，建立社会力量投入农业、农村的激励机制。综合运用税收补助、参股、贴息、担保等手段，引导社会力量投资建设现代农业。农业现代化需要大量资金投入。农民不仅要做农村经济组织的创新者和国家工业化的奉献者，而且要做农业现代化的主体建设者和所需资金的主要积累者。

（六）加强农村基础设施建设，改善农民生产条件和生活环境

以在全省实际"油路到乡"、"公路到村"、"硬路到户"为目标，加快农村道路建设，完善公路网络，改善农村交通状况，逐步解决群众"行路难"的问题，发挥交通在新农村建设中的先导作用。

必须按大中小微结合的方针，抓紧搞好水利建设，特别要修建一些大型水利工程。要解决农村饮水安全和局部地区饮水困难的问题。

（七）大力发展农村户用沼气，加快农村能源建设

根据条件积极推广天然气、秸秆气化、风能、太阳能等清洁能源。加快农村电力和电网设施建设。抓好农村生态和环境建设，搞好改圈、改厕、改灶等，改善村容村貌和生活环境。

（八）加强农村精神文明建设，培育新型农民

在农村开展"八荣八耻"教育。加强农民的科普知识教育和生产、经营技能培训，提高农民素质和生产经营能力。积极推进群众性精神文明创建活动，创

建和谐家庭、和谐村组。加强农村文化体育阵地建设。引导农民群众移风易俗，树立先进的思想观念和良好的道德风尚，提倡科学健康的生活方式，形成文明向上的社会风貌。

加强农村劳动力职业技能培训。培训方式可采取定期进行集中培训，由政府聘请科研人员，以一个乡镇或几个人口较多的村为一个教学单位，有针对性地讲授适合本地区发展和生产的农业技术。

加强技能培训，组织有序输出，维护民工权益，打造品牌劳务，鼓励回乡创业，提高劳务产业发展的质量和效益，促进农民向非农产业转移、向产业工人转变。加大思想道德、法律法规、科学技术、市场经济知识等在农村的宣传与普及力度，组织开展健康向上的群众性活动，倡导科学生产、文明生活的社会风尚，培养造就有文化、懂技术、会经营的新型农民。

（九）加快农村社会事业的发展，扩大农村公共服务覆盖范围

要把发展社会事业的重点转向农村。进一步办好农村义务教育，加强职业教育，提高农民综合素质。加强农村医疗卫生事业，切实解决群众看病难的问题。加快广播电视"村村通"工程建设，加强乡镇文化站建设，发展乡村体育事业。加快农村社会保障体系建设，建立和完善农村最低生活保障和养老保险制度。

第三章 四川丘陵地区农业产业化
经营与发展现代农业

改革开放以来，我国实行家庭联产承包责任制，农业和农村经济持续发展，连接分散的小农户生产与大市场的农业产业化经营组织形式适应我国市场经济的发展需要，悄然兴起，并逐渐发展壮大。农业产业化经营是农业社会化服务体系的重要组成部分，是我国农业的一种新型经营机制，对新阶段发展现代农业具有极其重要的作用。积极推进农业产业化经营发展，因地制宜地探索农业产业化经营的组织形式，提高农业产出效益，是我国现阶段发展现代农业、推进农业现代化的必然选择。

一、农业产业化经营的内涵与特征

农业、农村和农民问题是关系到中国现代化建设全局的重大问题，没有农业的现代化就没有中国的现代化。在农业现代化的进程中，农业产业化经营是一个重要的里程碑。

（一）农业产业化经营的内涵

1. 农业与农业经营

最初的农业仅指种植业，并且仅仅与自然经济相联系。农业的发展经历了原始农业、传统农业、现代农业过程。我国是一个传统农业国家，直到 20 世纪 70 年代，我国农业还是"小农业"。"小农业"概念就是把农业理解为种植业，甚至种植业也仅仅被理解为"粮、棉、油"的生产，我国世世代代的农民是典型的"庄稼人"。自 20 世纪 80 年代后期提出"大农业"概念后，农业的内涵才有了扩展，农业不仅指种植业，还包括林业、畜牧业、渔业。

农业虽是一个古老的产业，但真正把农业称为"产业"却是现代的事。最早把农业称为"产业"的是西方学者。澳大利亚学者费夏（A. G. Fisher）于 20 世纪 30 年代最先提出三次产业的分类，西方把农业称为第一次产业时，第二次产业和第三次产业都已发展了，而且农业早已脱离了自然状态，已"工业化"或"产业化"了。被称为"产业"的农业，并不是任何状态下的农业，而是与现代分工和社会化大生产相联系的农业。

农业经营是指农业的商品生产、市场经济的概念，其最终目标是利润的最大化，传统的自给自足的农业生产还谈不上完整意义上的"经营"。因为在自然经济情况下不存在社会性的为他人生产。

2. 农业产业化经营的内涵

在市场经济条件下，农业产业化经营由市场、组织载体、龙头企业、利益机制、主导产业等因素构成。其基本内涵是：以市场为导向——根据市场需求变化，开发既具有市场潜力又具有比较优势的产业和产品；实现经营一体化——要有一定的组织或载体联结，形成产前、产中、产后一条龙的产业链；实行利益互补机制——经营的关键是各主体间形成"利益均沾、风险共担"的机制；培植主导产业和龙头企业——从资源、技术、资金等优势出发，以市场为导向培植主导产业和龙头企业。农业产业化经营的中心和实质是"一体化生产经营体系"，农业产前、产中、产后的三领域整体化。

（二）农业产业化经营的特征

农业产业化经营尽管有多种模式，各地发展程度也参差不齐，但都具有以下特征：

1. 生产专业化、布局区域化

产业化经营是在一定区域内合理布局，形成专业化的商品批量生产，以期获得规模效益和有利于提高整个产业链的效率。

2. 一条龙经营

农业产业化经营的关键是将相关产业有机联结而成的龙形链，一环扣一环，实现一条龙的经营模式，使外部经济内部化，从而降低交易费用，提高整个产业系统的效益。

3. 产品商品化

农业产业化经营实行商品化生产，其提供的原料、初级产品、最终产品都作为商品投入市场，其商品率达90%以上。这是产业化经营与非产业化经营的一大区别。

4. 管理企业化

产业化经营主体通过一定的组织模式，对系统的营运、成本和效益实行企业化管理。

（三）农业产业化经营与发展现代农业的关系

农业产业化经营不等同于农业现代化，前者是后者的基本内容和本质要求，前者是过程、是手段、是战略措施，后者是结果。农业产业化经营是加快现代农业发展的有效途径，是我国农业现代化的必然选择。要实现农业现代化这个战略总目标，我们选择发展农业产业化经营的战略措施，既符合我国农业现状和发展的需要，又能达到战略目标。分析研究表明，我国国情和农业现状决定了我们既不能走美国那种农地集中的大规模经营走向现代化的路子，又不能走日本那种高投入、高补贴的提高型农业现代化路子，而应走农业产业化经营的现代化道路。在小规模、分散家庭经营的基础上，通过外部联系形成外部规模经济性，克服其自身的缺点，加快现代农业发展。

二、大力发展农业产业化经营有利于加快发展现代农业的步伐

全面建设小康社会的重要任务就是繁荣农村经济，增加农民收入，实现农业现代化。我国社会主义现代化建设的重点和难点都是农业现代化。作为一种全新的农业经营方式，农业产业化经营是促进我国农业由传统农业转变为现代农业的一个重要战略选择。科学地理解和准确地把握农业现代化进程及农业产业化经营的价值和作用，对于积极实施农业产业化经营战略，推进现代农业化进程具有重要意义。对于我国来说，农业产业化经营作为继农村家庭联产承包责任制之后，在社会主义市场经济条件下发展起来的一种全新的农业生产经营组织形式，它的产生和发展有其内在的理论基础和客观必然性。

（一）农业产业化经营是促进农业结构优化的必然要求

经济发展的重要前提是产业结构优化，而产业结构优化需要具备两个基础条件：一是产业结构优化设置应适应其自身演进规律；二是产业结构优化调整应以其自身变动趋势为基础。产业结构从低级到高级演化是在特定条件下存在的一种必然趋势。

长期以来，农业之所以属于弱势产业，是因为农业仅限于从事初级产品生产；滞留隐性失业即剩余劳动力过多。农业产业化经营通过从事集约高效的种植、养殖业，着重发展农产品加工业和运销业，可以吸纳相当多的劳动力就业；同时，城市里的农产品加工业及其他劳动密集型产业应当向农村区域转移，为农村发展第二产业和第三产业提供更多机会，乡镇企业要以着重发展农产品加工业和运销业为战略方向，适当集中，与小城镇建设结合起来，从而形成众多的强有力的经济增长点，转移更多的农业劳动力。在相同条件下，农业占用劳动力越少，农业劳动生产率就越高。这是现代农业发展的一般规律。

现代科学技术普遍地运用于一体化系统再生产的全过程，使农业生产率增长超过工业生产率的增长，大大提高了农业的比较效益，为农业由弱势产业向强势产业转变创造了广阔的空间和现实的前景。各地先行者们取得的良好绩效，以雄辩的事实证明，农业产业化经营是高效益的，农业可以转变为强势产业。尤其是养殖业农产品加工业越来越成为赚钱的领域，成为投资回报率很高的产业。产业发展理论给农业产业化发展提供的理论依据是，农业产业化经营是推进农业由低级向高级进步的重要手段。

（二）发展农业产业化经营有利于促进规模经济发展

发展适度规模经营是我国农业改革和发展追求的重要目标，规模经营就是要实现规模经济。马克思较早地提出了规模经济的观点，在其他条件不变时，商品价格的便宜取决于劳动生产率，而劳动生产率又取决于生产规模。规模经济是由以技术进步为主体的生产诸要素的集中程度决定的。农业生产技术和生产工具的进步，必然导致农业的生产规模不断扩大。农业产业化是实现农业规模经营的一条重要途径。它通过社会化、专业化、一体化生产形式，不仅有利于扩大经营主体的规模，还有利于形成关联产业群体的优势。从理论上讲，充分利用规模经济大致有两条途径：一是扩大经营主体的规模。可以通过建立合理的土地流转机制等途径，逐步推进适度规模经营。二是靠联合产业群体内各经济主体来实现。这种联合，本身不一定就是一个经济实体，而是通过各种组织形式把众多农户连接起来。在其内部，尽管单个农户规模小，但由于它参加了整个组织或系统的分工与协作，避免了独立进入市场的许多障碍，可以大大提高生产率，因而使整个产业系统获得系列效应或规模优势，取得良好的经济效益。

（三）农业产业化经营是社会主义市场经济发展的必然产物

1. 发展现代农业呼唤农业组织结构创新

现代农业是建立在现代发展理念、现代科学技术、现代物质装备和现代组织形式的基础之上的、富有活力的、效益较高、符合可持续发展要求的新型产业。现代农业就是要全面发展农、林、牧、渔业以及与农产品相关的加工业、流通业、服务业，增强和发挥农业的食物营养、就业增收、生态保障、旅游观光、文化传承、生物能源等多种功能。社会生产力的发展和进步客观上要求社会生产方式的不断调整和变化，农业产业化经营是适应市场经济发展要求的农业生产经营组织形式和制度的进步，是社会生产力和生产关系矛盾运动的必然结果。

2. 农业生产向广度、深度发展，必然要求优化农业资源配置，提高农业生产要素的利用率

优化资源配置，就是在工农业之间、地区之间、农业主体之间配置有限的资源，配置得好，农业生产效率就高，生产发展就快；反之，农业生产效率就低，生产发展就慢。农业产业化就是遵循市场经济规律，以国内外市场为导向，利用市场机制优化配置资源，最大限度地发挥农业资源的效力。

3. 农业专业化分工，需要进行农业产业结构调整，进而推进了农业产业化的形成

在市场经济体制下，农业企业要对投资的最终效果负责，这就迫使决策者必须深入市场调查，密切注视市场动态，根据市场需要来决定投资的方向和规模。作为宏观管理者的政府，也是根据市场供求关系变化的信息来制定调控的政策和措施，使调整的决策易与实际生产相吻合，这就可以有效地减少和避免产业发展

的盲目性，使农业产业结构大体上能保持动态的协调平衡，从而推进农业内部专业化生产的提高，进而推进农业产业化的进步与发展。

4. 农业生产的社会化和一体化，需要农业产业链各主体之间的合作

农业产业化经营就是在市场经济价值规律的作用下，使农业产业链各主体之间合理利用各种资源，节约人力、财力，提高资源利用率和劳动生产率的一种表现。

（四）农业产业化经营是我国农业由传统农业向现代农业转变，加快农业现代化进程的重要战略路径选择和有效的组织形式

现代农业与传统农业有着实质性的差别，而农业产业化经营也不等同于农业现代化，农业产业化经营既可以适用于现代农业，又可以适用于传统农业，是在对传统农业加大改造的基础上，引导传统农业向现代化转变，是实现我国农业现代化的一条重要途径。

（1）农业产业化经营促进和引导农民走向市场，克服农户分散、小规模经营与发展市场农业之间的矛盾。现在的家庭联产承包责任制所形成的小规模、分散经营方式不能适应市场发展的需要。而我国的国情又决定了难以在短期内普遍扩大农户的土地经营规模。农业的规模经营不仅指农户和农业生产单位的内部规模经营，而且包括由不同经营主体通过产业链的功能联系，产业组织间的利益联系，在一定范围内配置而产生的集聚效应的外部规模经营，从而创造新的经济增量，形式规模经济。同时，通过产加销、贸工农的一体化，促进和引导农民走向市场，将农业生产与市场有机结合起来，化解两者之间的矛盾。

（2）农业产业化经营可以推进现代工业技术、先进科研成果和科学管理知识在农业领域的应用，加快农业现代化进程。农业产业化经营促使农业和农民走向市场、走向规模化经营的路子，进而为了市场竞争和规模经济效益的需要，各类农业经营主体接受和采用各种先进技术、科研成果以及现代管理知识的积极性大大提高。同时，也进一步促进了农业生产的分工、专业化。如农业产业化经营主体聘请农业科技人员参与基地建设；龙头企业、中介机构等也从农业生产中派生出来。这些都是促进传统农业向现代农业转变的内在动力。

（3）农业产业化经营还有利于延长农业产业链，增强农产品加工产品的比重，改变农业只提供原料和初级产品、附加利润、深加工利润低的状况，提高农业的比较利益，增加农民收益。另外，还有利于提高农业生产经营组织程度、促进生产要素重组和产业结构调整，有利于农村市场及市场机制的建立，有利于产业升级和社会的全面进步。

（五）农业产业化经营可以加速农业市场化进程，增强农业市场竞争力，提高农业经济效益

我国改革开放后，农业由于包产到户、家庭联产承包责任制的推行，曾经一

度得到快速发展。由于与社会主义市场经济体制的建立和完善的不相适应，我国农业增速呈较长时间的逐步放缓，"三农"问题随之出现。为了适应新形势下经济发展的需要，20世纪80年代后期，我国各地农村逐渐兴起农业产业化经营的新模式。

农业产业化经营以种养加、农工商一体化经营，使分散生产经营的农户与相关的企业或组织联合起来，建立起利益共享、风险共担的新型合作关系。农业产业化经营是我国农业现代化进程中的重要战略选择，它在农业发展中已经体现出了明显的优越性。

我国传统农业由于我国国情决定的一些不能适应市场经济要求的缺陷影响和制约着农业自身的发展。农业的出路在于如何适应市场经济条件下的新的竞争的要求。这就有个农业和农民在新的形势和条件下如何重新定位的问题。农业产业化经营正是在这种历史时期，为了农业自身发展应运而生的更加适应需要的农业新型经营方式。主要表现为：农业生产者之间或与其产前、产后的关联企业或组织结合，形成一种紧密或松散的利益共享、风险共担的经济关系，共同打造一种产业，使农业走向市场，增强其市场竞争力，从而提高农业经济利益。

（六）大力发展农业产业化经营，才能解决二元经济结构与城乡一体化的矛盾

传统的城乡二元经济结构，已成为我国社会主义市场经济的一大障碍，影响着我国城乡一体化的进程。通过推进农业产业化，可以打破城乡壁垒，实现生产要素跨地区流动和组合，提高农业生产率，加快城乡一体化的进程。随着主导产业规模优势的形成和不断壮大，农业和农村的吸引力增强，城市的先进技术、科技人才、资金设备等都将向农村流动，与农村的土地、劳动力等资源实现优化组合，城市企业与农产品基地的农户结成利益共同体，进而提高农民劳动效率，并引导农业剩余劳动力向城市非农产业不断转移。

三、发达国家和地区发展农业产业化经营的经验及启示

农业产业化经营在国外称为"农业一体化"。农业产业化经营产生于第二次世界大战后的发达国家，它是在专业化和协作化的基础上，用现代科学技术和现代企业组织方式把农业有关的工业、商业、金融和科技等部门的经济技术管理同国家政策紧密联系在一起，既相互制约又相互促进发展的经济体制。从总体上看，第二次世界大战后发达国家农业发展的以下特点与农业产业化经营密切相关。

（一）管理一体化下使农业产业体系各部门协调发展

美国的食品生产水平高而稳固，它是建立在强大的多部门的国家食品综合体

制基础上的。国家食品综合体包括农业的主要部分和与其有关的包括食品生产与销售的经济部门，因此，食品综合体的规模比农业本身要大好几倍。在20世纪80年代美国最终食品产值约占国民生产总值的12%，其中农业比重达到3%，农业增产值在食品综合体最终产品价值中仅占10%左右。美国农业部在农业生产资料的供应、农业生产和农产品加工的供产销、农工贸的联结和协调上发挥了重要作用，成为推动农业一体化发展的管理中枢。

法国、荷兰的农业管理体制实际上由两个层次组成，一个是成员国层次，另一个是欧盟层次。①在成员国层次，实行"大农业"范围的行政管理，而不限于农业产业发展的部分环节。法国农业部对农业和相关产业作为一个完整的产业进行统筹考虑和协调安排，使农产品的生产、加工、销售等环节联结起来，促进农业协调发展；荷兰农业部的基本职能和管理范围与法国大体相同。②在欧盟层次，设有农业委员会，由各成员国委派代表组成，直接掌握农业预算，并制定各个成员国共同的农业发展政策、农产品价格、市场政策、农业补贴政策、农产品关税等重大问题。这些政策的效力在各成员国自己政策法规之上，这就减少了各成员国间的利益冲突，有利于建立统一、规范的共同市场，有利于农业的协调发展。

（二）农工商综合体是推进一体化农业发展的主要组织形式

美国食品综合体是在农工商公司和农场主企业的联合经营活动基础上形成的，大型的农工商公司对农业产业体系的发展起主导作用，它能强化经营活动的集中和集聚。主要大型农工商公司对金融资本的运作以至对国家整个的经济基础都有一定影响力，这些公司大多数是跨国公司，不仅把美国资本的影响扩展到其他国家，而且把其他国家的最新工艺和生产资料收到美国食品综合体中，中小型公司在农工商综合体发展中也起着重要作用，它们能较快地进行结构调整，往往是工艺革新的首创者。美国农工商公司对家庭农场的服务是通过大型的供应、销售、信息咨询组织机构网进行。美国的现代农业，以建立农工商联合企业的形式，把农用生产资料的生产、供应和农产品的生产、收购、储藏、运输、加工、销售组成一个相互联系的一体化农业体系，农业生产只是这个体系中的一个环节，农场主的生产劳动在很大程度上是根据生产合同为农产品加工公司服务的，农场实际上是这个体系的一个车间，从属于工商业。

（三）现代化的农业生产、加工、服务、市场体系是实现农业产业化经营的重要基础

一是生产专业化。不管是种植业、养殖业或园艺业，基本上都从事某一产品的生产，专业性较强，其产前、产后都由专业合作社承担。二是产品标准化。农产品实行品种分类、规格分等、质量分级、颜色分装，统一标准。三是农业企业化。农业集约化水平较高，管理要求企业化。四是加工业发达。几乎所有的农产

品都要经过不同程度的加工后才进入市场，没有农村工业的概念，而是把农业看成一个包含产品的生产、收购、加工、购运、销售的完整产业。五是规范的市场。发达国家的农产品商品率很高，市场经济发展较快，市场体系较全，大多通过拍卖市场成交。

（四）以畜牧业为主的变革，适应了市场需求，加速了农业一体化进程

第二次世界大战后，发达国家在市场拉动下，相继改革了农业生产结构，推动粮食部门向畜牧业转变，进而推动食品工业的发展，食品工业的发展带动了农业一体化经营进程。以农业尤其是养牛业为主导部门的食品加工业是最早实现产供销一体化和外向型农业国际化的部门，从而成为促进农业一体化经营的组织者和农村城市化的关键部门。

（五）各具特色的农业合作社是农业产业化经营的重要组织载体

农村专业合作经济组织既是具有法人地位的生产企业和经营组织，又是劳动群众组成的服务性社团组织，作为经济组织和企业，以生产合作、消费合作、信用合作等形式，对农业发展起着重要的作用。如 1984 年法国农业流通领域的农业合作社有 4040 个，营业额 2186 亿法郎，几乎和农业的最终产值相等。强大的农产品出口贸易体系，促进了产供销纵向一体化。

我国农业产业化经营的产生和发展与发达国家和地区比较起来有很大的差距。在自然经济条件下，人们吃、穿、用都在一个经济单位里生产，这样的经济，当然谈不上专业化，更谈不上产业化。20 世纪 90 年代以来，随着我国市场经济的发展，使得农业生产的专业化程度逐步提高，专业化促进规模经济越来越大，产业化成为中国 20 世纪 90 年代初经济较发达地区出现的一种新的经济现象。这是继家庭联产承包责任制和乡镇企业异军突起之后的又一伟大创举。山东诸城市 1987 年首先提出了商品经济大合唱、贸工农一体化；1993 年初又提出了确立主导产业，实行区域布局，依靠龙头带动，发展规模经营的农业产业化经营发展战略；1994 年把实施农业产业化经营战略作为发展社会主义市场经济的重要内容，在各省（市）县推广，使主导产业开始走上产业化经营，同时，我国东部经济发达地区和中部地区一些区（市）县以"贸工农一体化、产加销一条龙"为主要形式的农业产业化经营已相继出现；1996 年农业产业化经营被写入《国民经济和社会发展"九五"计划和 2010 年远景目标纲要》，中国农业产业化经营在神州大地上迅速开花结果。

农业产业化经营是解决目前我国农业发展中各种问题和矛盾的必然选择，它使生产关系更适应生产力的发展，进而推动生产力的发展；同时，还能有效地解决我国农业发展的两大任务，即增加农产品有效供给和农民增产增收。

四、四川丘陵地区发展农业产业化经营的现状分析

进入 20 世纪 90 年代以后，农业产业化经营在全国各地普遍兴起。农业产业化经营把农产品的生产、加工、销售等环节连成一体，形成有机结合、相互促进的组织形式和经营机制，有效地解决了千家万户的农民进入市场，根据需求的变化安排生产；同时，农业产业化经营需要有龙头企业的介入，龙头企业强大的人才、市场营销、科技开发和要素整合等优势的发挥，也大大提高了农业产、供、销各环节的科技水平，为农户名特优产品的生产提供了技术支持和资源保证。这种由龙头企业带动的农业结构调整，较好地适应了市场需求的变化，大大减少了结构调整的盲目性，提高了农户的经济效益，促进了农业经济的健康发展。

（一）涌现出一批好的典型，取得了较明显的成效

在较为成功的农业产业化经营组织中，基本形成了农产品生产、加工、销售的有机结合，以及相互促进的一体化经营形式。党的十六届五中全会以来，四川省把农业产业化经营作为建设现代农业的重要抓手，进一步加大工作力度，加快向纵深发展，闯出了新路子，创造了新机制，取得了新成果。四川省的龙头企业发展取得新进展。企业规模迅速扩大，类型更为丰富，主导产业特色突出，企业集群开始形成。目前，已有各类龙头企业 4860 家，规模以上龙头企业 1819 家。其中，国家级重点龙头企业 24 家，省级重点龙头企业 209 家；销售收入突破亿元的龙头企业 227 家，销售收入 10 亿元的龙头企业 11 家，销售收入突破 100 亿元的龙头企业 1 家。新希望集团 2006 年销售收入突破 200 亿元，成为全国第二大龙头企业。特别是生猪产业龙头企业已形成群体优势，在全国独领风骚，打响了川猪品牌，巩固了国内市场，开拓了国际市场。2006 年生猪出栏 9455 万头，猪肉出口创汇 2.89 亿美元，分别占全国的 11.7% 和 55%。农村专业合作经济组织发展取得新进展。组织形式更为多样，运行更趋规范，联系农户更加广泛。

（二）壮大龙头企业，推动农业产业化经营

内江市采取政策激励、典型引路等优惠政策，大力培育龙头企业。通过龙头企业的加工销售，就地延长产业链条，促进产品的加工增值，提高农业的综合效益。2009 年，农业产业化产值实现 107 亿元，联系带动农户突破 70 万户。国家级龙头企业 1 家，省级龙头企业 19 家，市级重点龙头企业 80 家，新增市中区飞虹桥米业、资中沙淇粮油 6 户规模以上龙头企业；东马禽业建成 15 万套原种鸡场，可年产鸡苗 1200 万只，在全省处于领先地位。同时，在大力培育、发展种、养、加工业和市场营销大户的基础上，内江市共建立各种农村专业合作经济组织 1060 个，其中省级示范农村专业合作经济组织达到 20 个、销售总收入达到 3 亿元。农村专业合作经济组织进一步规范，资中县球溪河三江鲶鱼渔业农民专业合

作社、资中县三块石养猪农民专业合作社和隆昌县普润乡鱼苗养殖协会具有明显的特色，受到省上的隆重表彰。

（三）立足发展优质、特色、绿色和标准化产品

资阳市在发展现代农业中，立足优质生猪、优质山羊、优质粮油、优质柠檬和绿色蔬菜产业，加快发展各类龙头企业，形成了以四海、五友、永鑫、英英等为代表的肉食品加工龙头企业集群，以若男、双乐、国发、维纳斯等为代表的粮加工龙头企业集群，以红旗、金柠、玉兰、乐渝等为代表的棉纺丝绸加工龙头企业集群，以禾邦、砚山、大千等为代表的中药材加工龙头企业集群，以顺达、绿森、沱江等为代表的竹木加工龙头企业集群等。目前，资阳市有市级以上重点龙头企业 140 户，其中国家级重点龙头企业 2 户、省级重点龙头企业 22 户。2009年龙头企业实现产值 110.6 亿元、销售收入 105.2 亿元，其中销售收入 5000 万元以上的龙头企业 62 户、上亿元的龙头企业 23 户。

资阳市在发展现代农业中建绿色车间，原料基地建设取得新进展。资阳市按照"规模化、集约化、标准化"要求，紧紧围绕龙头企业的需要，着力推进原料基地建设。资阳市已发展安岳柠檬、雁江蜜柑、简阳晓白桃标准化特色产业基地 43.3 万亩。建无公害产品基地 265 万亩，15 家企业的 49 个产品获绿色食品产品证书，拥有国家免检产品 3 个，四川省名牌产品 15 个，四川省著名商标 15个，国家地理标志保护产品 2 个。同时，资阳市发展优质水稻 120 多万亩，优质专用玉米 110 万亩，"双低"优质油菜 90 万亩；年出栏生猪 650 万头、山羊 330万只、小家畜禽 5000 万只；已建水果、干果基地乡镇 30 个，面积 30 万亩；已建立半夏、药杏、木瓜、杜仲、银杏等木本中药材基地 10 万亩；已建短周期工业原料林 15 万亩。资阳市已有 5 个水产种苗繁育基地，共 1000 余亩。

安岳县以柠檬和千万工程为重点，推动绿色农业顺利起步。提高柠檬产业化水平。一是加快基地建设。完善百里柠檬绿色产业带建设，实施"万亩五片"柠檬标准化示范园建设，以国道 319 线、省道 206 线连片种植为重点，新种植柠檬 2 万亩、150 万株。二是强力推行标准化生产。健全柠檬技术推广体系，狠抓标准化生产技术推广，启动柠檬检验检测中心建设，大力开展柠檬的贮藏、加工技术攻关。在基地乡镇建立柠檬技术学校，提高果农的管理水平和干部的服务能力。柠檬成年挂果树中果实套袋等绿色生产技术的推广面达 50% 以上。以安岳柠檬商标为重点，对以柠檬为代表的绿色无公害食品进行包装造势，逐步树立安岳"绿色食品大县"的形象。三是壮大柠檬加工龙头企业。支持柠檬王、聚神、绿源、绿海源等龙头企业的技术创新，提高企业竞争力。千方百计引入资本建设大型柠檬加工企业，发展精深加工。四是健全运销体系。扩大柠檬产销协会，建设"中国柠檬市场"，狠抓柠檬商品化处理，拓展国内大中城市和俄罗斯的市场。

安岳县举全县之力实施"千万工程"。确保出栏生猪 132 万头，山羊 45 万

只，畜牧业总产值占农业总产值的比重提高3个百分点，达到47.4%。一是发展生猪、山羊基地乡镇各20个，能繁母畜存栏1.2万头。大力引进新品种，建设良繁体系，提供优质种源。二是抓品牌建设。启动20个无公害生猪基地的建设，力争尽早获取无公害生猪基地认证，形成绿色畜牧品牌；积极创造条件支持红奇食品厂与县外食品加工企业合作，"借船出海"。三是抓政策激励。

遂宁市在推进农业产业化经营中的龙头企业不断发展壮大。依托农业产业化基地和养殖产业，2009年遂宁市农业产业化组织总数达到2313个，比2008年增加417个、增长22%。销售上亿元的农业龙头企业11家，比2008年增加3家。遂宁市65家市级以上农业产业化重点龙头企业实现销售收入90.1亿元、增长12.6%，出口创汇4420万美元、增长24.6%，人均助农增收786元，比遂宁市平均水平高24.8%。农业龙头企业的不断发展，带动了遂宁市特色农业产业的不断发展，促进了农业增效和农民增收。

遂宁市标准化生产和品牌打造初见成效。一是农业"三品"规模进一步扩大。遂宁市已有无公害农产品55个、基地面积166万亩，绿色食品基地达46万亩，认证总面积居全省第6位，绿色食品27个，船山区、蓬溪县、安居区通过农业部无公害农产品产地整体认定，全市无公害农产品基地达158万亩，认证面积占耕地面积的68.1%。二是品牌打造初见成效。遂宁矮晚柚、蓬溪仙桃、天宫堂大米获"有机食品"认证，清见脐橙、天宝文旦柚、沙田柚、九叶青花椒等产品获国家"绿色食品"认证。遂宁沙田柚获农业部优质农产品，遂宁矮晚柚连续两次荣获全国优质柚类"金杯奖"，获得了"植物新品种权证书"，安居区获"中国沙田柚之乡"、蓬溪县获"中国优质桃之乡"称号。三是注册了"金华清见"杂柑、"蜀珍"、"荣仙"柠檬、"老池"脐橙、"塘河"沙田柚、"遂宁矮晚柚"、"天宝文旦"柚、"洪州蜜"柚、"吉星贡"等农产品商标。

（四）推进农产品加工园建设，提升龙头企业的综合竞争力

南充市强化农产品加工园建设，引导龙头企业向优势产业区的农产品加工园聚集，发展产业集中度高、关联度强、竞争优势明显的企业集群，形成大企业带动大产业、大产业支撑大企业格局。

引企入园，拓大发展空间。南充市和各县（市、区）按照"9＋2"模式建立农产品加工园，引导龙头企业进入园区发展，初步建成西充多扶食品加工园、蓬安河舒轻纺食品园等11个规模较大、设施完善、功能齐备的农产品加工园区，先后成功引进江苏雨润、汇源果汁、广东鹰金钱食品、广州香雪制药、天之森饮品等126个国内知名农产品加工企业项目落户农产品加工园区，到位资金28.3亿元；实施鸿宇食品、润丰食品等"退城入园"项目25个，进一步拓展了龙头企业发展空间。

集中优势，形成产业集群。采取技改扩能、贷款贴息、项目支持等办法，把

社会资金和人才资源聚集到龙头企业，促进龙头企业向集群化、规模化、现代化发展，基本建成以天兆、雨润等为代表的肉食品加工，以汇源、佳美等为代表的果蔬加工，以依格尔、六合等为代表的丝绸服装加工，以中盐银港、四川国栋等为代表的林产品加工和以保宁醋、方果等为代表的优质粮油加工五大产业企业集群。2009 年，南充市规模以上龙头企业已达 195 家，实现销售收入 313.1 亿元，同比增长 45.6%，销售收入突破亿元的龙头企业达到 32 家。

南充市大力帮助企业积极拓展外销市场，延伸产业链条，提高营销能力。2009 年建成中国西部茧丝绸交易中心、南充市特色农产品展示中心，加快建设了川东北粮油物流中心、农产品交易配送中心等一批销售龙头企业，通过组团参展、举办促销会等节会活动，有力扩大了南充农产品知名度，提高了市场占有率。

南充市强化体制机制创新，提升农业产业化带农民的增收能力。坚持把体制机制创新作为核心点，充分激发农业产业化经营活力，推进管理形式创新。吸引农民进入产业园，每次都经过民主表决，农民采取产业自选、资金自筹、设施自建、园区自管的方式，把发展产业的目光投向生猪、蛋鸡、食用菌、果蔬等种植、养殖业上。入园农户按照政府提供的规划，统一标准自建种养设施，政府不投入一分钱。成立生猪、蛋鸡、食用菌、果蔬等专业协会，订立产前、产中、产后管理公约，实施自我管理。农民既是园区产业的投资者、生产者和管理者，又是直接参与园区建设的受益者，彻底消除了"等、靠、要"的思想，实现了从"要我干"到"我要干"的转变。

（五）在培植现代农业优势中，推进农业的机械化、标准化、规模化、产业化

切实加大农业基础设施建设投入，大力提升农田水利建设标准，加快中低产田改造，提高防灾减灾能力和农业综合生产能力。加快农业科技推广，推进农产品优质化，提高单位资源产出率。深入调整和优化农业产业结构。宣汉县、达县、大竹县、通川区、渠县、开江县等丘陵地区，是达州市农业基础条件较好、经济发展水平较高的地区。这一区域农业科技水平较高，农民市场意识强、素质好，应大力培植服务于城市、与城市生活相匹配的现代农业优势，培植出都市农业优势和郊区农业优势。都市农业，包括郊区农业，是近代农业适应城市化潮流而兴起的城乡融合的发展模式。这一区域也是达州市的农业县，这一地区要依托龙头企业建设特色农产品商品基地，建设一批产业覆盖面和农户收益面宽、商品量大、有较强加工能力的拳头产品基地、特色农产品基地；大力发展农村专业合作经济组织，积极培育专业大户、营销大户、加工大户，活跃农村经济。

2009 年，邻水县脐橙种植面积发展到 23.8 万亩，总产量达 9.5 万吨，实现果业综合收入达 3.85 亿元，果农户均收入达 4913 元。邻水脐橙现已建设形成以

城郊片、邻垫高速公路沿线、大洪河库区、万秀桥库区和御临片等为重点的五大柑橘优势基地集中发展区域。石滓柳塘万亩柑橘示范园区，现已建成柑橘核心示范基地 1.3 万亩，2010 年秋新发展 3 万亩。在脐橙产业基地，建规模养殖场 46 个，养殖生猪近 6 万头，以沼气工程处理生猪养殖的粪便，为脐橙产业提供优质的有机肥料，实行"猪—沼—果"循环；幼龄果园套种蔬菜，成年果园放养土鸡。

"邻水脐橙"现已获得国家地理标志产品认证，"漎山"牌商标现已获得四川省著名商标，"邻水脐橙"生产标准扎实推进。邻水县柑橘产业开发有限公司现已培育形成省级产业化龙头企业 1 家，市级产业化龙头企业 1 家，县级产业化龙头企业 2 家，近两年培育各类柑橘专业合作社 36 个。

利益联结形式多样，与农民利益联结越来越紧密。农业产业化经营利益联结有多种形式。稳定的利益联结机制是农业产业化经营的核心，包括合同契约联结（如制定保护价或优惠价）、合作制联结（实行利润返还）、股份合作制联结与合作制和股份制相结合联结。

五、当前四川丘陵地区农业产业化经营中存在的主要问题

（一）产业化经营中的一些重要环节管理不善，组织不力

这一问题在各地都不同程度的存在。在龙头企业的组织、建设、扶持，以及市场的管理、保护农户的利益等方面，都还不尽如人意，有些地方存在着混乱和无序的问题。某些地方的蔬菜市场出现了集中和分散的矛盾。如蔬菜市场的分散化就暴露出以下弊病：

（1）批发商离开了集贸市场信息，到农村去，甚至到田间地头，直接与菜农交易，逃避了市场管理，政府工商部门流失了管理费。

（2）个体无证中间商搞"游击战"，靠过秤和拉买卖赚钱，扰乱了市场秩序。

（3）供货地点分散，无法满足大批量采购的需求。存在这种市场分散化的情况，其原因如下：一是市场的管理不严格、强买强卖现象时有发生。政府有关部门进行了多次严厉打击，但市场信誉受到影响。二是市场管理人员中有不少临时工。这些人素质不高，有的责任心不强，致使有时过秤时的水分较大。三是有些供货部门免去菜农运货的奔波之苦，他们宁可少赚钱也不去多找麻烦。为了确保大市场的繁荣，很多政府部门也采取了一些行政干预手段，取缔、制止分散交易，但效果不佳。在这个问题上，政府部门应解放思想，不能抱住大市场不放。只要有交易，就有市场，但对市场的分散化也不能放任自流、听之任之，应加强引导和规范。

（二）龙头企业较少，带动能力不强

农业产业化中的龙头企业的特点是：资金雄厚、技术先进、规模大、信息渠道广、有竞争优势。农业产业化的发展，离不开龙头企业强有力的带动作用。虽然全国各地已出现了不少的龙头企业，但距离实际需要还差得较远，因而影响了农产品的深加工。

（三）市场调研手段相对滞后，市场信息把握不全面、不细致、不准确和不及时

现代市场经济是一种信息经济，而要获得市场信息，就离不开全面、细致、准确、及时的市场调查研究，四川丘陵地区近年来较好地解决了农副产品的季节性问题，大棚蔬菜技术使各种蔬菜能够四季上市，但在品种的选择上还有不适应人们不断改进饮食和消费结构的问题。现在大棚技术基本上已在全国各大中城市的郊区普及，下一步应向产品的"名、优、新、特"迈进。新品种的选择、种植数量的确定必须依据对市场的全面、科学地调研，不能跟着感觉走，以减少生产的盲目性。在农业产业化问题上，必须从实际出发，搞好市场调研。

（四）农业产业化政策不完善

实践证明，制定某种产业政策对一定产业的发展起至关重要的作用。它可以协调各方面的力量，集中资金、技术、人才保证这一产业的优先发展。农业产业化是继家庭联产承包责任制、乡镇企业之后，中国农民的又一大发明和创造，是农村改革的重要内容。政府虽在不同时期出台了一些政策加以引导和扶持，但政策、法规尚不配套、不完善，无法使产业化更上一层楼。在当前情况下，农业产业化迫切需要有一系列的跨行业、跨地区、跨部门的法规政策加以引导和规范，才能真正把工业与农业、城市与乡村有机协调好，形成风险共担、利益均沾的共同体，以促进农业产业化的进一步深化和升级。

（五）农业社会化服务体系建设滞后

随着农业产业化经营的发展，丘陵地区农业社会化服务体系也得到迅速发展，服务领域和服务内容不断拓宽，在农业生产和农业产业化经营中发挥了很大作用。但是，农业社会化服务体系在组织建设、运行机制和服务功能上还不够完善，发展相对落后，与新阶段农业产业化经营发展的需求不相适应，还有待于进一步改善和提高。

农业产业化经营的发展环境虽不断得到优化，但是不宽松。近年来，政府以及有关部门加强了对农业产业化的指导和服务。在提供信息、办理证照、减免税费、行政审批、使用土地、信贷等方面对农业产业化经营的发展给予了大力支持，开通了农产品绿色通道，对鲜活农产品公路运输免收过路费等。但是发展产业化经营的政务环境仍然不宽松。政府机关和相关职能部门对加快发展农业产业化经营的认识还不到位，指导产业化经营组织的方式还不能适应市场经济的要

求。审批多、管理多、检查多，扶持少、帮助少、服务少。对各级发展农业产业化经营制定的一系列政策落实得不理想、不到位，各项优惠扶持政策落实较差，财政资金扶持偏少，金融服务还有待改善。解放思想、转变观念，形成扶持产业化就是扶持农民的共识，加大对农业产业化经营的扶持力度，仍是亟待解决的问题。

（六）农业产业化组织形式发育不全，社会化服务水平不高

丘陵地区产业化模式以"专业合作组织＋农户"、"公司＋基地＋农户"，既以龙头型经济模式为主，但"联而不合"，大多数农民只能获得出售农业原料、初级农产品的基本收益，与"龙头"还没有结成"利益共享、风险共担"的利益共同体。这些都充分说明，我国的农业产业化组织形式需要不断完善。

六、大力推进四川丘陵地区农业产业化经营的思路

（一）政府要积极创造推进农业产业化经营的外部环境，大力培育龙头企业

发展农业产业化经营需具备一定的生产力条件，但这决不意味着政府对发展农业产业化经营只能听之任之，无所作为。综观各国农业产业化经营的实践，他们都制定了切实可行的农业产业化政策措施，创造了多方面的条件，引导和支持农业产业化经营发展。从我国的实际情况出发，借鉴国际上农业产业化经营的发展经验，政府必须在以下四个方面为农业产业化经营提供条件。首先是市场条件。要通过深化改革，加快建立农业生产要素市场和农产品销售市场，培育农民自己的或是代表农民利益的市场中介组织；同时加强对交通、邮电、金融、信息等方面的配套建设。其次是行政管理体制条件。要在较大范围内实现贸工农、产加销、种养加、农科教一体化经营，必须改革现有的条块分割、产加销脱节的管理体制，打破区域界限、所有制界限、行业界限，坚决实行政企分开，促进多种生产要素合理流动，使农工商由原来的对立走向合作。再次是资金条件。政府应通过贴息、担保等方式鼓励各行各业，尤其是鼓励产前、产后企业直接和农户（场）签订信贷合同，以贷款补贴和付货款等方式把资本投向农业。在税收上，对加盟农业产业一体化的公司给予一定的所得税减免，以保护一体化组织的收入，使其能较快地积聚资产。政府应想方设法，努力开辟多种渠道，实行政策倾斜，尽可能加大对农业产业化经营的支持力度，适当扩大支持面，并努力提高资金利用效率。最后是法律条件。农业产业化要健康发展，必须有与之配套的政府法规作保证。例如，在保障农业效益方面，要在农业产业化过程中规范大中型工商企业的行为，防止工商企业片面追求利润而发生损害生态环境的现象，国家应出台严格的保护生态环境方面的法规，以避免农业产业化过程中的环境破坏问题。在有关法规出台之前，国家和地方可以制定政策，鼓励组织建立农村专业合

作经济组织。总之，为了促进农业产业化健康发展，需要在制定、完善、规范一系列政策法规方面组织力量，深入实际，调查研究制定出配套的规章制度。

农业产业化经营既然是农业生产力发展到一定阶段的必然产物，是农业生产发展的内在需要，是农业市场化、国际化的必然需要，那么，全面推进农业产业化经营模式，应作为我国的一项基本战略措施全力抓好。首先抓好农业产业化经营的各个环节。建立和发展农产品生产基地、农业专业协会、农村专业合作经济组织、龙头企业等都是其重要的经营组织和环节，是农业产业链接的重要纽带，缺一不可。一方面，龙头企业发挥着关键的带头作用，抓好一个企业往往可以带动一片地区或众多农户，甚至可以一举改变其经济面貌；另一方面，龙头企业往往需要规模的农产品种植、养殖基地作为其重要的生产原料来源，企业没有充足的原料谈何规模经济效益。因此，要根据市场预测、合理规划，特别是龙头企业对原料的需要预测来建立相对集中的农产品原料生产基地，逐步实现农产品区域化、专业化生产，发展具有相当规模的区域特色农业。

要实现经济的持续、快速、健康发展，离不开政府对各种社会资源的选择、组合，政府在管理经济方面发挥着特别重要的作用。农业产业化的起步已充分显示了政府部门的动员、宣传、组织和协调作用。但从当前情况来看，农民经过三十多年改革的磨炼，自主、自立意识有所增强。因此，从党政机关的角度讲，应彻底放弃计划经济条件下行政命令式的领导管理方式，在尊重市场经济规律和农民意愿的基础上做到"少干预、多服务"。"少干预"就是尽量减少行政性强迫指令行为，在产业化组织中不能搞"拉郎配"；"多服务"就是为农业产业化多做些服务性的工作。没有市场的搞市场，没有龙头企业的协调组建龙头企业。总的说来，政府在产业化中的服务主要体现在以下五个方面：①研究发布市场信息；②制定产业化政策；③用法律法规宏观指导与管理产业化生产和经营；④组织技术培训、指导、示范及协调人才流动、提供优良品种；⑤加强基础设施的配套建设。今后政府行为都应纳入法制化的轨道，依法行政，减少随意性和不规范性，体现依法治国这一基本方略。当前，政府工作方式与市场经济和依法治国还不相适应，还不能完全适应农业产业化的要求。

（二）建立完备和规范的市场机制，推进农业市场化

实现农业市场化是建立和完善社会主义市场经济的一项重要任务。同时，也是实现农业产业经营的前提。正是伴随着计划经济向市场经济的转化，农业产业化经营才发展起来。进入农业产业化经营的产品普遍是市场放开较早、市场化程度较高的产品。这充分说明市场化程度越高，越有助于农业产业化经营。实践证明，没有农业市场化，其他的经济组织就很难进入农业；没有农业市场化，就没有龙头企业之间的竞争，与农民的利益机制就不会合理，产业化经营就不会长期稳定发展。

农业的市场化就是改变农村传统小农经济的封闭式经营方式，建立农业生产要素市场和产品销售市场体系，使农业生产的各要素和农产品全部进入市场。农产品流通不畅是当前阻碍农业发展的一个迫切需要解决的问题，而农产品流通不畅的一个重要原因是农产品市场体系不健全，农产品流通体制改革还未到位。理顺农产品流通的关键是建立平等竞争的多元流通主体，特别是要建立农民自己的或是代表农民利益的流通中介组织。同时，要逐步建立起结构布局合理、功能齐全的初级农产品市场网络体系，并在通讯、交通、邮电、金融、信息等方面加强配套建设，使之成为运行成本低、效率高、触角延伸到农村每个角落的大市场。

推进农业市场化，要建立完备和规范的市场机制。加快市场体系的培育，发展以初级集贸市场为基础，以批发市场、专业市场、生产要素市场为骨干，以期货市场为方向的结构完整、功能互补的市场网络。在发育和完善批发市场过程中，要制定规范市场规则，包括制度性规则和运行性规则，消除身份歧视，消除所有制限制，打破地区封锁，防止市场垄断，维护平等竞争。发展生产要求市场，应重点推进劳动力、资本和土地市场的发育，支持农民以稳定就业方式进城务工经商，促进劳动力市场的发育和成长，促进农业剩余劳动力在农业产业化经营各环节间的转移。积极探索农村土地进入一级市场或二级市场的途径，培育土地市场。改革土地制度，坚持土地集体所有制，建立合理的土地流转补偿机制，实行土地自愿承包制、投包制、租赁制等，逐步改变土地家庭承包状况，使农村土地资源合理流动和优化组合，促使土地资源相对集中，提高规模效益。健全农村金融体系，包括资本市场、资金市场、直接融资市场和间接融资市场。

推进农业市场化，不是不需要政府的推动，关键是政府的推动应该符合市场经济的基本原则。要尊重农民的自主选择，不能违背农民的意愿，采取行政、计划手段，而必须服从农民的利益，因势利导。许多地方，为了促进基地建设，采取行政命令的方式，通过指标分解，强求农民种植或养殖某种产品，但由于农民认识上的差距，往往采取应付的方式。实际上，如果真正有市场机会，农民会很快地投入生产，产量会很快得到提高。我国各地差异很大，地方政府要根据当地农业的特点，进行相应的技术开发、引进和推广工作，提高农业的投入产出率。通过典型的示范作用，带动更多的农户，最后形成具有经济效益的聚集规模。但是，典型户的培养不能偏离市场经济运行规律，要强调典型的可移植性的。

（三）建立科学的利益机制，形成风险共担、利益共享的经济共同体和科学的调节保障机制

农业产业化经营的本质特征就是企业和农户等经营主体在自愿联合的基础上的分工与协作。合理稳定的利益关系是其健康发展的关键。这依赖于企业和农户间的科学分工和合理的利益分配机制。缺乏科学的分工将导致产业链本身缺乏市场竞争力，没有合理的利益分配机制则会导致产业链中不同利益主体之间的矛盾

和冲突，造成效率损失，危及产业链的稳定。

在农业产业化经营利益分配机制的形成上，要明确各参与主体对农业产业化经营的投入及其产权关系，并据此得到可以接受的回报，建立风险共担、利益共享的调节保障制度，形成经济共同体。如果不是这样，农业产业一体化经营就是建立起来，也很难维持下去。要引导利益主体随着农业产业化经营制度的创新，不断更新观念，正确处理主体利益与总体利益和不同主体利益之间的关系，不要只顾眼前利益，要看长远，谋求发展给双方带来的共同利益，树立互惠互利、共同致富、长远发展的利益取向。

要把利益机制建设纳入规范化、制度化的轨道。利益分配机制的内容、项目要完善、准确，不同利益主体的权利和义务、责任和利益要明确；要在自愿、平等、互利的前提下，签订合同，形成法律文本，并由公证部门公证；各利益主体都要增加履约意识，严格按合同办事，对违约的要进行处罚；政府要依法管理，维护合同的严肃性，同时加强各地政府之间的协作，推进合同契约关系的履行，保护各主体的正当权益。

在农业产业化经营中，各经营主体之间的关系需要合同的规范和约束，但是由于关系的复杂性，导致这种合同也与一般的农副产品购销合同有很大的不同。因此，应当根据各地农业产业化经营的实践，制定出多种标准合同文本，供不同的农业产业化经营组织选择，以改变那种由龙头企业提出格式合同，让农户签字，而出现权利和责任不对等，甚至损害农户利益的现象。合同双方采用规范的标准合同，可以更加明确自己的权利和义务，减少为达成协议和反复推敲合同条款所支出的交易成本，为合同双方保护正当权益提供帮助。

（四）突破现行的各种不利于农业产业化经营的制度性障碍

农业是一个制度需求最为强烈的产业，在自然再生产尚无法被人为改变的条件下，制度的变革对农业产业发展起着某种决定性的作用。制度对现代农业发展的决定性作用体现以下三个方面：一是形成农业生产经营者长期而稳定的理性预期。这对于生产周期较长且不确定性较大的农业经济活动来说，是一个事关全局的根本性问题。二是建立与市场经济发展要求的、与世界贸易组织规则相适应的农业产业组织制度形式。对传统农业的组织结构进行重大变革，形成专业化、规模化、工业化、企业化的现代农业组织形式，是传统农业转变为现代农业的制度保证。三是创建农产品市场流通体制、农村金融体制和政策保护体系。要建立地方特色、专业农产品市场及农产品期货市场；根据农业经济运行自身特点健全农村金融体系，配套农村金融政策；出台一系列旨在促进农业发展的保护政策等。

（五）以技术进步为先导推进农业产业化，努力促进农业科技进步

农业产业化经营要以技术进步为先导，要求技术进步贯穿于种子、种苗、农药、肥料、土地改良、栽培、农产品加工、储备、运销等各个环节。没有农业技

术进步，农业产业化经营就达不到预期目标，就无法实现农业增长方式的转变。因此，必须紧紧抓住农业科技进步这个关键，围绕农业产业化经营，加快组织推广一批重大科技成果和先进实用技术。同时，要继续放宽搞活科技政策，鼓励科技人员进行技术承包、技术服务和兴办各类科研生产经营实体，加快农业科技成果转化为现实生产力的速度，特别要注意稳定农村科技队伍，调动各部门科技人员为农业产业化服务的积极性，吸引年轻的农业科技人才投身于科技兴农事业。同时，必须采取切实有效的措施提高农民素质，切实改变农民的传统观念，培养他们的市场经济意识。要用强有力的措施提高农民的科学文化知识，使他们学会运用先进科学技术，同时还要注意提高农民的经营管理水平。

（六）建立健全适应农业产业化经营需要的社会化服务体系

农业产业化经营使原来传统的单纯生产扩展到加工、销售、贸易等领域。农业产业化经营越发展，农业与市场的联系越紧密，对产前、产中、产后各方面的服务要求就越高。为了推进农业产业化经营，应建立起多层次、全方位的社会化服务体系。这种社会化服务体系应由以下三个方面组成：一是政府提供的社会化服务。农业的产业化经营要把种养加、产供销、农工贸等构成一个完整的链条，这必须由政府出面，把国家在乡镇的农用工业、农业生产资料、农业银行、农村信用合作社、农科站、供销社等有机结合起来，建立一个统一的农业产业化服务机构。实现由市场牵龙头、龙头带基地、基地带农户的网络，开展好各项服务。特别要注意强化对农业产业化的信息服务，帮助农户和企业掌握市场、了解市场，提高农户、企业驾驭市场的能力。政府提供的社会化服务，不应以盈利为目的。二是企业化经营服务。从发达国家农业社会化服务的实践来看，它是农业社会化服务的主要形式，我国也应大力发展企业化经营的服务体系。因为，我国政府财力有限，不可能提供一切服务，也不符合农村市场经济发展的要求，政府提供的公共服务只能占较少的比例。企业化经营服务体系主要从事农业机械、化肥、农药、种子、农膜等农业生产资料的供应以及从事农产品的运销加工等。企业化经营服务以盈利为目的，是企业行为。应通过建立健全有关法律法规政策，规范其经营服务行为。三是农协组织提供的社会化服务。农民在自愿基础上建立起来的各种农协组织，目的是为了保护农民自身利益，共同对抗商业垄断组织的不正当竞争，是非盈利性组织，政府应在法律、政策乃至资金上给予一定的扶持，壮大各级农协组织，完善农业社会化服务体系，推动农业产业化的发展。

（七）加快提升农业产业化经营水平，大力推进农村劳务输出

农民增收缓慢，一个重要原因是城乡分割，工农分离，第一产业、第二产业和第三产业脱节，农业链条短，附加值低。实践证明，农业产业化经营是农民增收的有效途径，全面推进农业产业化经营是促进农民增收的重要基础。要重点围绕农业优势产业，做大做强重点龙头企业，努力提升农业产业化经营水平。一是

要牢固树立扶持农业产业化就是扶持农业、扶持龙头企业就是扶持农民的新理念，制定落实优惠政策，对符合条件的龙头企业进行技改贷款给予财政贴息，对其为农民提供的培训、营销服务，以及研发引进新产品、新技术、新品种、开展基地建设和污染治理等给予财政补助。加大对重点龙头企业的资金扶持和税收优惠力度，提高其生产及加工能力，增强带动农户的能力。二是积极发展"龙头企业＋农户"、"龙头企业＋专合组织＋农户"、"专合组织＋农户"以及"专业市场＋专合组织＋农户"等多种农业产业化经营形式，从机制上不断健全和完善农业产业化经营组织与农户的利益联接机制，让农民真正分享到农产品加工、销售增值的利益。三是加大对农业支柱产业企业的扶持，突出抓好龙头带动、园区带动、大户带动，促进农业专业化生产、规模化经营。实施品牌发展战略，开发创建国内外知名产品，推进农业产业化快速发展。同时，要大力发展农村专业合作经济组织，培育发展规模种植、养殖大户，培育发展农村经纪人，不断提高农民进入市场的组织化程度。在此基础上，大力发展现代农业，提高农业综合竞争能力，加快发展高效农业、生态农业、观光农业。要在大力发展农业生产、保护生态环境的同时，拓展农业发展空间，拓宽农民增收渠道。

大力推进农村劳动力转移，发展劳务经济促增收。一是加强农民职业技能培训。继续实施"阳光工程"、"扶贫培训"、"百万农民工培训"工程，充分利用农村各类学校，根据市场需求情况，有针对性地开展各具特色的职业技能培训，提高农民谋职就业的能力，增强他们的就业竞争力和对城市生活的适应性。二是完善劳务市场体系。建立统一、开放、规范、有序的城乡劳动力市场，推动农村富余劳动力由盲目性转移向规范性转移转变，由季节性转移向常年稳定性转移转变，由低层次水平就业向高水平就业转变。三是完善法律和保障服务体系。彻底扫除对农民进城务工经商的歧视性的制度障碍，建立城乡统一的户口登记制度，加快推进户籍管理制度改革，加大农民工维权救助力度，让农民能够真正在城市留下来、住下去。四是结合实际，努力打造特色劳务经济品牌，形成一定知名度。

（八）深化农村经济体制改革，改进对农业的管理方式

农业产业化经营就是要延长农业链条，实现农业产供销以及贸工农一体化经营，因而农业的生产、加工、销售之间，生产者与经营者之间，以及城乡、部门之间的利益关系，还涉及政策、立法、计划、农业、财政、金融、工商、税收、供销等部门，政府各个部门之间要密切配合，共同研究制定农业产业化经营规划和有关政策、法规，协调解决农业产业化经营中遇到的重大问题。同时，在研究、制定、实施国家农业政策时，也要充分考虑实施农业产业化经营后形成的新的农业经营组织格局，使有关农业的市场政策、财政政策、信贷政策等与农业产业化经营的需要相结合。

1. 加大财政投入力度

要进一步加大财政扶持力度，整合由部门掌握的财政资金，最大限度地发挥财政资金支持农业产业化的作用。用于农业标准化建设，良种工程、甜橙工程、农业（林业、畜牧、水产）技术推广，农业科技示范园建设、农业综合开发、扶贫工程的资金，要逐步与农业产业化经营相结合。用于农业基础设施建设的资金，要优先投向与农业产业化基地配套的项目。

2. 加大技术支持力度

鼓励现职农技人员受聘到龙头企业（专合组织）或离岗参加龙头企业（专合组织）的生产经营活动，鼓励大中专毕业生到龙头企业（专合组织）工作，其工作时间经县农管委和人事部门认可，可连续计算工龄。

3. 落实税费优惠政策

全面落实国家和省、市扶持农业产业化经营的税收优惠政策。开通农产品运输绿色通道，对整车鲜活农产品运输三年内停收过路、过桥费，减半收取农产品检疫费。对各类从事合法经营活动的农村流动性小商、小贩除国家另有规定者外，免予工商登记、免收工商规费。

4. 加强金融信贷服务

按照常规贷款和专项扶贫贷款相结合的形式，大力扶持农业产业化龙头企业的发展，优先安排符合贷款条件的重点龙头企业的贷款计划，农村信用社要推行农户联保贷款方式，扩大基地农户贷款证的发放，推广小额信贷，落实优先贷款、利率优惠政策。试点探索实行土地承包经营的抵押、动产抵押、仓单质押、权益质押等贷款担保，支持农业产业化经营组织的发展。

（九）扩大生产规模，实现专业化、区域化生产

农业尤其是种植业，实行家庭经营最有效率。这是我国农业的一项基本制度。虽然农村工业化和城市化进程的加速，为将来扩大农业生产经营规模创造了条件，但是在一个较长时间内仍然改变不了我国农户的小规模经营的现实。在发展现代农业进程中，如何实现规模经营是一个需要解决的重要问题。从农业的实践来看，农业的规模经营可以通过聚集规模的扩大来实现。就是从实际出发，把基地建设、生产规模的扩大与产业结构调整结合起来。以市场为导向，发展各具特色、布局合理的优势产业，形成区域主导产业。逐步形成与资源特点相适应的区域经济格局。建立具有本地特点的若干个规模较大的商品生产基地。将资源优势转化为产业优势，形成商品批量、加工批量、销售批量，使资源产出率、劳动生产率和经济效益达到最优化，夯实农业产业化经营的基础。国家和地方有关部门要根据农业和农村经济发展的总体规划与发展战略，制定全国和区域性主导产业、商品基地发展规划及具体的产业政策，搞好统一布局，以指导农业产业化有规划、有步骤地实施。对规划内的项目，应在财政、信贷、投资、税收等方面予以优先扶持。

第四章　四川丘陵地区推进农村土地流转与发展现代农业

全面深化农村改革，千方百计增加农民收入，土地承包经营权流转问题是建设社会主义新农村的重中之重。解决好土地承包经营权流转问题是增加农民收入、发展现代农业的必然要求，也是建设社会主义新农村的必然要求。在农村双层经营体制下，如何解决承包土地经营权的合理流转问题，促进现代农业与农村经济发展，是一个需要解决的重要问题。

一、农村土地流转的内涵

土地流转是指农村农业生产承包土地经营权的流转，是指在坚持农村农业生产土地集体所有权、农户承包权的前提下，按照依法、自愿的原则，农户将承包的农业生产用地的承包经营权在一定期限内流转给其他单位、个人或退还给发包方的行为。

（一）农村土地流转的主体

根据目前中国土地治理机制以及《中共中央关于推进农村改革发展若干重大问题的决定》，土地流转的主体只能是农民，而不可能有其他的主体。在土地流转程序中，起决定作用的只能是拥有土地承包权的农民，只有他们才能决定自己承包的土地是否进行流转、采取何种形式流转、流转多长时间、流转收益多少、流转给何人等。在土地承包经营权流转程序中，这种权利是国家以一种特定的承包方式赋予了拥有承包权的农民，因此，农民是土地流转的真正主体。

（二）农村土地流转的客体

有了土地流转的主体，就有土地流转的客体；否则，土地流转就不能正常进行。依据《中共中央关于推进农村改革发展若干重大问题的决定》，土地流转的对象，仅仅是指农业内部的个人或合作组织，而非城市工商资本。

（三）农村土地流转的核心

农村土地流转毕竟是流转土地，仍是流转农民的土地承包权，或者是流转农民对土地的使用收益权。现在中国农村土地严格地讲应当有三权，即所有权、承包权、使用权（经营权）。所有权属于国家，承包权和使用权属于集体和农户。

所以，不但所有权和承包使用权不是一回事，而且承包权和使用权也不是一回事。土地流转就是土地使用权的流转，是指拥有土地承包经营权的农户以转包、出租、互换、转让、股份合作等形式将土地经营权转让给其他农户或经济组织，即留存承包权、转让使用权。留存承包权、转让使用权是土地流转的核心。

二、农村土地流转的理论依据

党的十六大报告指出，在稳定家庭承包经营的基础上土地承包经营权流转问题是："坚持党在农村的基本政策，长期稳定并不断完善以家庭承包经营为基础、统分结合的双层经营体制。有条件的地方可按照依法、自愿、有偿的原则进行土地承包经营权流转，逐步发展规模经营。"

2003 年 3 月，《中华人民共和国农村土地承包法》颁布实施，从法律层面体现了对于合法土地承包经营权的保护。《中华人民共和国农村土地承包法》中规定，通过家庭承包取得的土地承包经营权，可以依法采取转包、出租、互换、转让或者其他方式流转。其中，相关的条款为此后的土地流转实践提供了必要的法律基础。

2005 年 3 月颁布的《农村土地承包经营权流转管理办法》，又为近年来的土地流转管理工作提供了具体的指导办法。党的十七大报告指出："坚持农村基本经营制度，稳定和完善土地承包关系，按照依法自愿有偿原则，健全土地承包经营权流转市场，发展多种形式的适度规模经营。"党的十七届三中全会公报指出："要稳定和完善农村基本经营制度。"这就告诉我们，不仅要坚持农村基本经营制度，还要完善农村基本经营制度。农村基本经营制度是以家庭承包为基础的统分结合的双层经营制度，不仅"分"的方面要做得好，"统"的方面也要做得好。但是，多年来，我们在"统"的方面做得不好。因此，在实践中我们需要努力发展和完善农村统一经营服务项目，探索集体经济有效实现形式，完善农村基本经营制度。

三、农村土地流转对发展现代农业的促进作用

（一）农村土地流转是发展现代农业的必然要求

农村土地是不可再生的宝贵资源，对于它的高效开发利用只有两个途径：一是引入科技、资金、信息等新的生产要素，提高单产和农产品品质；二是通过土地流转把土地集中到更有效率的人手中进行规模化集中开发，以降低成本，提高农业比较效益。对于引入科技、资金、信息、技术等新要素，当前普遍对此都很重视，并取得了较为显著的成效。但目前的问题是：一家一户的小农经济对于农

业新要素的有效需求相对不足。由于土地经营规模小，比较效益差，一些农户放弃经营农田出外打工或经商，宁愿让土地荒芜也不愿在上面投入更多的资金和精力。在一些地方，农村土地的浪费和低效化经营的现象比较普遍，必须通过土地流转来提高土地的经营效率，促进农民增收。实践表明，土地流转具有明显的积极的现实意义。

1. 农村土地流转是克服小规模家庭经营的现实需要

在家庭经营长期不变的情况下，如何克服当前农户小规模经营的局限性，走专业化、规模化、商品化、现代化之路，实现农业增产又增收，是我国农业发展必须解决的问题。针对人多地少和农户小规模经营的现实，在家庭承包经营的基础上走区域化、专业化、规模化是必需的经营模式，推行这种经营模式的关键环节就是使土地流转起来，实现规模经营。

2. 农村土地流转是充分利用农村土地，减少农村土地撂荒的现实要求

通过土地流转把零星的土地从千家万户的农民手中集中连片，按效率原则重新配置土地，进行适度规模经营，有利于改善分布在农民中不同人力资本的配置效率，促进土地、资金、技术、劳动力等农业生产要素的合理流动和优化组合；有利于农业的分工与专业化，使农业生产逐步走上"专业化分工、规模化生产、产业化经营、企业化管理"的发展道路，实现土地资源的充分利用。

3. 农村土地流转是农村劳动力转移的客观需要

由于大量劳动力的外出，有的农户无力耕种，需要进行土地流转。土地流转机制的建立，改变了部分农民"亦工亦农、亦商亦农"的兼业化状态，解除了土地对这些农民的束缚，促进了农村劳动力向非农产业转移，向城镇集聚，推动城市化和农业现代化的进程。

4. 农村土地流转是农业产业化发展的要求

农业产业化，是现代农业发展的必然趋势。土地作为最基本的农业生产要素，在农业产业化发展过程中起着十分关键的作用。现阶段的农村土地家庭承包经营制度，是在20世纪80年代初期确定的，受国情影响，我国属于传统农业大国，因而这一制度偏重于农民的生存、就业和社会保障等传统的农村土地功能。在当时的背景条件下，这一制度使农民群众的生产积极性得到了充分释放，创造了占世界1/30的土地养活了占世界1/5的人口的奇迹，出现了农村经济的短期辉煌。但是，随着社会的进步和农业生产力水平的提高，特别是随着农业产业化的不断发展，对土地的集约化程度要求会不断提高，如何在充分发挥好土地的生存保障功能前提下开展适度规模经营，出路在于搞好土地的合理流转。这样有利于优化土地资源配置，使农村土地适度向农业龙头企业和农业大户集中，促进农业产业化的发展。而农业产业化的发展，将在更大程度上提高土地产出率和劳动生产率，实现农村社会的再分工，使更多的农民从土地中分离出来，为农村土

更大规模的流转提供了可能。因此，农村土地流转与农业产业化发展的关系是相互依存、相互促进、共同发展。

5. 农村土地流转有利于提高农产品品质，节约生产成本

土地流转使土地向种田能手转移，形成规模经营。规模经营的形成，可促进农业机械化水平的提高，实现作物种植品种统一。作物品种的统一，可以提高农产品品质，增强农产品的竞争力。另外，规模经营，便于生产者在规划决策、组织生产、农业生产力资源配置、先进农业科技的应用等整个生产过程进行统筹安排、合理配置、大面积推广新技术。这样就节约了成本，提高了效益。

6. 农村土地流转有利于增加农民收入

土地流转促进农民收入的增加，主要体现在以下三个方面：一是转出方增加了地权收入。据抽样调查显示，农民转让承包土地经营权收入，同比增长27.4%。二是转出方可以从事第二产业和第三产业或者外出打工，获得新的收入。三是转入方可以形成规模经营，从而增加收入。

（二）农村土地流转是城镇化发展的必然要求

我国农村实行的家庭联产承包责任制，提高了农业生产中家庭经营的效率，解放了生产力，推动了我国农业经济发展的进程。然而，家庭联产承包责任制却造成了土地零散分割、农户经营规模小，导致土地规模经营难以实现，成为农业进一步发展的瓶颈。随着经济的全球化，社会化大生产要求农业形成产业化、集约化、规模化生产，以增强农业的整体竞争力。小块土地分散经营的农业已面临极大的挑战。只有通过农村土地流转和规模经营的实现，才能弥补家庭联产承包责任制的不足。同时，随着形势的发展，统分结合的双层经营体制出现了一些新情况。从"分"的方面来讲，农民在市场的主体地位很脆弱，与发展现代农业的要求不相适应；从"统"的方面来看，集体经济大多变成"空壳"，原有的农村服务体系已经不适应，新的服务体系还没有健全，千家万户的小生产难以适应千变万化的大市场。在一些人多地少的地方，人地矛盾日渐突出，而愿意经营土地的农户和工商企业急需土地、扩大经营规模。于是，一些地方的农民自发地通过互换、转包、转让等方式进行土地流转。因此，农村土地流转是社会化大生产的必然要求。

农村土地流转是城镇化发展的要求。在改革开放之初，我国农村产业结构比较单一，农村经济基本上是农业经济，农业产值占农村社会总产值的比重在3/4以上，务农劳动力占农村总劳动力的90%。随着我国市场经济的不断发展和城市化进程的不断加快，大量的农业人口转为非农业人口，从事非农产业将不可逆转，这样就产生了土地流转的客观需要。随着农村经济及第三产业的发展，非农产业在农村经济中占了越来越大的比重，许多农业劳动力不断转移到非农产业，农村产业结构和就业结构发生了巨大的变化；同时，由于农业的比较利益与非农产业相比较低，从而导致大量农民不愿意从事农业劳动。因此，农村土地流转可使那些无力或无心经营土地的农民能自主、自由地转出土地，愿意种地的又能自主地吸纳土地进行种植，在总量上保持土地和劳动力等生产要素的优化组合。

（三）农村土地流转可以有效地促进招商引资，增长农民知识、提高农民素质

一是土地使用权流转促进了招商引资。引进外地资金、人才、技术和管理经验，不仅带动了当地的资源开发，为开展精品农业、现代农业创造了条件，而且促进了传统农业向现代农业转变，提高了农村经济效益。农民通过土地流转，主动到土地受让方打工，不仅学到了先进的耕作技术、管理经验和引进优良品种、发展高价值特色种养业的方法，而且还看到了调整产业结构、发展循环农业、搞农业产业化经营的成果，增长了知识，更新了观念。二是通过土地流转，农业种养能手的专长得以充分地发挥，有效地增加了土地的经济效益。种养大户和能手都是一些有知识、有技术的中青年，他们有较强的接受知识的能力，新的科学种养技术容易掌握。土地流转后，把大量的土地交给了这部分具有专业技术的种养能手手中，充分发挥出了他们的专长，提高了产品的产量和质量，增加了经济效益。三是土地流转不仅使土地逐步向种养能手、龙头企业、个体工商户和外商集中，使一部分社会资金流向农村，促进了农业的规模经营，拓展了部分农业龙头企业的发展空间，而且还有利于农村土地资源的优化配置，从而带动了农村其他生产要素如劳动力、资金、技术等资源的优化配置，有效地提高了流转土地的利用率和产出率以及农业产业化水平。

（四）土地流转可以为实现农业向规模化、机械化的现代经营提供条件

土地流转实现了农业逐步走向规模化、机械化经营的现代农业轨道，降低了生产成本，进一步凸现了规模效益。只有规模经营，才能适应当今的社会化大生产。土地流转让农民在现在的土地政策下进行规模经营得以实现。

四、四川丘陵地区土地流转的现状分析

四川丘陵地区注重主体培育，不断拓展土地流转渠道。丘陵地区各乡镇均有农村土地承包岗，专门负责农村土地承包经营权流转政策宣传，制定农村土地承包经营权流转管理办法，建立健全农村土地承包经营权流转台账，做好农村土地承包经营权流转登记备案和农村土地承包经营权流转纠纷调解，及时发布农村土地承包经营权流转信息，为农户开展流转前后的各种服务。按照"政府引导、企业经营、产业化开发"的思路，大力引导各类组织和个人参与土地流转，促进流转主体多元化，使土地流转从以前单一的农户之间的流转向龙头企业、科技人员、专业大户等。

（一）立足实际，大胆创新，开展多种形式的土地流转

地处四川丘陵地区的荣县辖 27 个乡镇、44 个社区、301 个村，辖区面积 1609 平方千米，其中耕地面积 59.0558 万亩；总人口 68.75 万人，其中农业人口 57.4520 万人。家庭承包经营农户 176 721 户，承包经营面积 59.0558 万亩，颁发农村土地家庭承包经营证书 176 284 份。荣县是一个劳务输出大县，每年的劳务输出人数超过 18 万人，荣县农村承包地流转面积达 96 636 亩，占承包地总面积的 16.36%。其中：转包土地面积 61 561 亩，互换土地面积 11 119 亩，转让土地面积 9900 亩，出租土地面积 5220 亩，入股土地面积 637 亩。同时，还探索开展季节性流转等其他方式流转土地面积 8199 亩。一是重点抓"两带"（果畜产业带、菜畜产业带）建设，依托"两带"引导龙头企业建基地。荣县龙头企业通过土地流转，以"公司＋基地＋农户"和发展订单等模式，建立优质中稻再生稻、生态生猪养殖、花椒种植、水果等基地达 5000 亩。二是引导种植和养殖大户开展规模经营。荣县种植和养殖大户通过土地流转，种植生姜、西瓜、蔬菜、粮食，以及水产养殖、畜牧养殖等，全县业主承包规模经营 20 亩以上的土地面积达 3 万亩，占全县耕地总面积的 5%。其中：水果生产 2 万亩，蔬菜生产 0.5 万亩，水产品养殖 0.5 万亩。单个业主承包经营土地规模在 500 亩以上的有 5 家。在大批规模经营业主和龙头企业的带动下，荣县规划建设的"果畜产业带、菜畜产业带"已初具规模，建成柑橘基地 15 万亩、蔬菜基地 20 万亩。林地目前已流转 200 余宗，流转面积 3 万余亩。

荣县的土地流转方式包括：一是开展委托流转和转包。鼓励农户将土地经营权委托给村、组合作经济组织，由村、组合作经济组织统一流转给大户或农业企业或由农业社转包给种植和养殖大户。目前，荣县委托流转和转包土地面积达 25 000 多亩。二是实行股份合作，入股的面积达 500 多亩。三是开展季节性流转。经营者根据生产需要，向农户包租土地的一个生产季节，同块土地在不同季节由不同经营者经营，如荣县乐德镇的西瓜种植。四是土地互换经营，确保了土地成片流转，促进规模经营的发展，互换的面积达 4000 多亩，现在为了利于集中经营管理，土地互换经营的规模还在加大。五是土地出租，出租面积达 3500 多亩。六是其他方式流转，其他方式流转达 10 000 亩左右。

荣县采用激励政策，积极引导农村土地流转。荣县双石镇在不改变家庭联产承包责任制的前提下，镇政府通过优惠政策引进业主，促进土地流转。一是以项目为载体，解决基础设施建设、引进业主。通过项目建设，积极完善公路、便民路、田埂等基础设施。双石镇石牛村 4 组、11 组引进业主种植蔬菜。政府通过农业综合开发项目解决囤水田、蓄水池、便民路、泥结碎石路面建设由政府组织实施，切实保障了业主基本生产和销售活动的顺利进行。二是政府对业主工程给予资金扶持，积极帮助业主创业。在双石镇蔡家堰村引进业主进行蓄水养鱼 500

亩，在修建蓄水养鱼拦水坝时，拦水坝的工程费根据业主规模大小由政府和业主按 40%～60% 的比例分担，圆满地解决了工程投入经费。三是政府承担经费补助。凡引进业主承包经营耕地每亩 30 元的工作经费由政府承担。

荣县提出参考的土地承包经营权流转价格。根据《荣县农村土地承包经营权流转管理办法》文件的有关规定，农村土地承包经营权流转价格由承包方与受让方协商确定，可以现金或实物计价，货币兑现原则上以实物确定流转价格。根据市场变化，土地流转价格应每三年由双方重新协商调整或再签订土地流转合同约定每年按一定比例递增。任何组织和个人不得强迫承包方低价流转承包土地，承包方在土地流转期内不得无理抬高价格胁迫业主退回流转的土地。农村承包地转包、出租价格大致为每亩 500～800 斤黄谷，价格按当年黄谷市场中等价。

（二）土地流转以农村种植大户和农业开发业主为重点，发展特色种养业和效益农业，实现规模经营

岳池县通过土地流转实现规模经营，主要以农村种植大户和农业开发业主为主，重点发展特色种养业和效益农业。目前，岳池县已发展农村专业合作经济组织 81 个，"一村一品"专业村 176 个、创农产品品牌 81 个，农业开发业主达 563 个，规模经营土地 10.8 万亩，已基本形成了"公司 + 基地 + 农户"、"公司 + 专合组织 + 基地 + 农户"、"连锁超市 + 专合组织 + 基地 + 农户"等多种产业发展模式。农民通过各种形式将土地流转出来，使土地资源向种植大户、农业开发业主和农业公司集聚，实现了土地优化配置和合理利用，有效地解决了现代农业产业发展用地紧缺和土地撂荒的矛盾，加快了农村产业结构调整步伐。东板乡食用菌种植业主通过土地流转租地 70 余亩，建立了蔬菜包装加工厂，实现生产、加工、销售一条龙，促进了食用菌产业发展。

土地流转后，农户既能获得稳定的租金收入，又能避免"人走地荒"的土地撂荒的矛盾和无偿转包他人的现象，使农村富余劳动力从土地的束缚中解脱出来，向非农产业转移和"农业工人"转变，有效地增加了农民收入。如岳池县坪滩镇利用土地有效流转，发展海椒产业，有效地解决了土地撂荒的问题，并吸纳"农民工人"就地转移 200 余人，促使 1800 余人从土地中解脱出来。其中，现外出打工的有 1520 人，实现年劳务收入 1100 余万元。

种植大户或农业公司为追求更大效益，在发展主打产业的同时也加大对其他配套产业的发展，构筑生态循环产业链，既节约了投入成本，又有效地利用了附产物。银乔农业生态有限公司在岳池县乔家镇廖坝村租赁 650 亩土地，建成官溪蜜柚生产基地，发展林下养殖土鸡、肉兔，配套水产养殖，形成了产业之间的互助互补，有效地降低了生产成本，提高了生产效益。

土地资源向种植大户或农业公司集聚后，一方面业主加大资金、技术、品种

和基础设施的投入，另一方面政府在实施如"金土地"、"农业综合开发"、"中低产田土改造"等涉农项目向规模化、集约化经营场地集中，改善了农业生产条件，提高了农业比较效益。岳池县乔家镇依托三安蔬菜专业合作社，在岳池县现代农业核心示范园内，建成占地200余亩的钢架式连栋大棚，实施无土栽培新技术，打造"银特"品牌，每亩经济效益达6000~8000元，比农户分散经营收益高出七八倍。同时，合作社还按蔬菜数量和股金份额进行二次返利，真正实现了"业主"与农户的互利共赢。2008年以来，岳池县先后引进华西集团、特驱集团、重庆力扬集团等企业，分别建成占地150余亩的岳池县特驱种猪繁育场、占地200余亩的岳池县特驱种鸡繁育场和占地400余亩的广安市万河鱼苗种繁殖场。加速土地流转步伐，有利于岳池县农业产业化经营和现代农业发展。

（三）以转包、转让、互换、出租等土地流转形式，促进特色农业的发展

江安县地处四川盆地南麓，长江上中游河谷地带，光、热、水、土资源十分丰富，适宜水果、蔬菜的种植和发展。江安县辖区面积888.8平方千米，在国家实施退耕还林及国家基础设施建设用地、农户建房用地征用后，现有耕地面积36.6万亩，农村人口48.4万人，人均耕地面积0.76亩。其中经济作物3.8万亩，占总播种面积的5.56%。由于土地的产出较低，农民种粮的积极性有所下降，农民已经不再把土地作为唯一可依赖的对象，不同程度地出现了农民少种或不种粮田的现象，农业收入占家庭总收入的比重也逐渐下降。2009年江安县农业总劳动力人数为30.5万人，其中外出务工人员达13.7万人，占总人口的28.31%，从事农业的劳动力比重已下降到46.15%。大量农村劳动力外出，在家留守的多是老人和儿童，导致农村劳动力不足，大量的土地被闲置。2009年全县农民人均纯收入4785元，其中来自种植业的收入比重已下降到35.30%。

江安县土地流转形式主要以转包、转让、互换、出租等形式为主，土地流转总面积36 835亩，其中：转包土地32 565亩，占流转土地总面积的88.4%；转让土地3059亩，占流转土地总面积的8.3%，互换土地30亩，占流转土地总面积的0.08%；出租土地1181亩，占流转土地总面积的3.2%。另外，农业税全面取消后，农民更加珍视手中的土地承包经营权，无偿或只象征性收取一定费用的转包等形式逐渐减少，而租赁、入股等其他流转形式正在日益增多。

国家农村土地承包期延长为30年不变的政策出台后，近年来土地流转时间呈逐渐延长趋势。目前，江安县1~5年期流转土地面积为8648亩，涉及农户3129户，分别占流转土地总面积的22.81%和流转总户数的13.5%；而5~10年期土地流转面积达到了28 434亩，涉及农户19 518户，分别占流转土地总面积的75%和流转总户数的84.2%。

（四）推进土地向园区经营，引导业主和农民参与产业园区集约化经营

地处四川丘陵地区的南充市坚持"三不变"（土地所有权不变、土地性质不

变、土地用途不变）为原则，推进土地流转创新。南充市在园区推动集聚发展农业产业化经营中，始终坚持"三不变"原则，确保农民"三不失"（不失地、不失利、不失业），推进土地向园区经营，引导业主和农民参与产业园区集约化经营，实现了生产方式由一家一户分散生产向园区集中生产的转变。目前，南充市已建立村级土地流转中心 55 个，提供土地流转系列服务，已流转土地 76.6 万亩，占耕地总面积的 17.19%，加快推进了适度规模经营。

遂宁市不断创新土地经营机制。一是积极探索通过转包、出租、互换、转让、股份合作等多种形式流转土地承包经营权，鼓励工商企业和城镇居民到农村租赁土地进行适度规模经营，发展特色产业，促进资金、技术、人才等要素向农业产业基地集聚。目前，遂宁市已建立土地流转合作社 271 个，流转土地 62.8 万亩。遂宁市积极探索社会、个人、政府多元化投入机制。二是加大财政资金对农业产业化的投入力度，充分发挥财政资金的带动效应。2009 年遂宁市完成各类农业投资 40 亿元，比上年增长 50% 以上。新签约 500 万元以上现代农业产业化项目 101 个，开工 101 个，初具规模 69 个。三是积极完善利益联结机制。引导和帮助经营主体通过采取合同契约、订单收购、股份合作等方式，实行"公司 + 专合组织 + 基地 + 农户"、"六方合作 + 保险"、"六统一分"和"寄种"、"寄养"等联合发展模式，与基地、专合组织和农户建立了稳定的"利益共享、风险共担"的利益联结机制，促进了企业与基地、农户有效衔接。

华蓥市现代农业示范园位于阳和、高兴镇，园区规划 3.9 万亩，现已流转土地 3 万余亩，已建成 1 万亩。目前，已引进业主 18 户，其中从重庆来的业主何少奇在园区内第一期建设 1500 亩葡萄园，还规划建立 1000 吨果蔬气调库，计划达到产值 5000 万元；从天津来的业主李松满在园区内创办了华蓥市德嘉农业科技有限公司，主要从事优质葡萄开发、研究和示范推广，首期建成葡萄生产基地 2000 亩、葡萄母本园 500 亩，生产实现了全程机械化，2009 年成功创建了四川省农业科技园区，同年公司生产的"情山妹儿"巨峰、京亚等品牌葡萄在中国西部国际农产品交易会上获"最畅销产品"奖。

实行土地流转，一方面对于转出土地的承包户来说，不仅可以拥有长期稳定的土地收益，还能安心外出打工，增加劳务收入；另一方面对于转入土地的经营户来说，人均占有土地资源量增加，可以通过规模经营来增加自身收入，是一件双赢的好事。近年来，四川丘陵地区的各乡镇的土地流转收益根据地力不同都有不同程度的提高，部分乡镇土地流转收益较高，出租的土地平均每亩每年租金达到 300～500 元。

五、当前四川丘陵地区农村土地流转中存在的主要问题

（一）土地流转行为不规范，土地承包纠纷隐患较多

1. 流转的主体不规范

家庭承包经营土地流转的主体是农户，集体"四荒地"流转的主体是农民集体经济组织。但事实上，部分土地承包经营权流转合同的流出方是村或合作社，甚至是乡镇的现象也不少见；不尊重农民土地流转的主体资格，政府用变相的行政手段来包办和干预土地流转普遍存在，造成土地流转的主体不合法，并因此引发了一些矛盾纠纷。在一些地方，业主不是与农村集体经济组织、农户等农村土地经营者、使用权拥有者签订协议，而是与乡（镇）政府或县级某部门签订协议，这与农村土地集体所有制及相关的法律、政策相违背。由于部分业主并不熟悉农业生产过程，在项目选择上并未进行充分地市场调查，在品种选择上缺乏科学性，既不经引种试验，又不经当地农技推广部门认可，盲目地从外地、从差异甚大的不同气候类型区引进并大面积种植，缺乏必要的技术指导。此外，还有的业主管理水平低，项目选择不准，科技含量不高，产业趋同，品种单一，造成了种植失败、经营亏损，投资无法收回，租赁费无法兑现。经营盲目性、项目无利可图，使得一些业主撕毁合同撒手而去，给农民丢下了烂摊子。

2. 农村土地使用权流转合同不科学、不完善的现象相当突出，合同内容没有统一和规范

有一些地方的土地流转合同对业主与农户之间的责、权、利关系都没有明确的规定，也无违约责任和保障条款，流转期限与土地第二轮承包期不一致，也没有充分考虑今后市场变化的因素。并且，大多数合同在租金、生产性、公益性投入、基础设施投入、国家税费调整等重大问题上都缺乏长远考虑，留下了许多隐患。

3. 土地流转的随意性和不稳定性较明显

农民自行流转多，报村镇批准备案的少；口头协议多，书面协议少；双方约定不明的多，约定明确的少；书面协议内容不规范的多，内容规范的少等。许多流转都没有建立稳定的流转关系，流转期限很短，除农户之间的互换和少数业主租赁开发为长期外，其他流转形式一般为 1 ~ 3 年。

4. 流转的程序不规范

不通过村社集体经济组织确认便私自转包租赁土地者有之，不通过村民大会或村民代表大会讨论通过便将集体的"四荒地"与机动地转出去的村集体经济组织亦有之。

（二）土地流转中的自发性现象突出

虽然农村土地使用权流转已成为农村经济发展中的一种普遍现象，但土地流转无论是有形市场还是无形市场都尚未形成，转出、转入之间缺乏足够的信息联系，阻碍着土地流转在更大的范围和更高的层次上进行。转包费、租赁费的确定缺乏科学依据，也不是通过市场机理形成，在许多地方都还没有与土地使用权流转相关联的评估、咨询、公证、仲裁等中介机构，监督管理机构不健全。尽管政策和法规赋予了农业主管部门对农村集体土地的管理职能，但职责并不明确，无法更好地行使监督管理职责。同时，由于土地本身涉及国土、农业、林业、水利等众多职能部门，而这些部门又各有各的法律和政策，使得土地流转部门之间出现了法律、政策相互制约、互相掣肘的情况。土地、荒山、水面、林地等的流转、包租，需要哪些部门审批，办理何种手续才具有合法性、权威性，承包者和包租者都不清楚。

当前，在农村土地流转实际操作过程中，有的基层政府和主管部门定位不当、引导不力、服务不到位。存在着对农村土地流转采取不支持、不引导，任其自然发展的"缺位"现象。

（三）土地流转范围较小，规模化经营程度不高

丘陵地区土地流转主要发生在本村村民之间，大多以村内流转为主，向农业龙头企业、工商企业、农村专业合作经济组织、科研单位和村外人员流转不足10%。土地流转还处在一个自发的、分散的、无序的小规模状态；大多数农户还没有因为土地流转而获得更多的收益，还没有因土地流转实现土地、资金、技术和劳动力资源的优化配置，不能很好地适应加快建设现代农业的新要求。

（四）服务机构不健全

1. 尚未形成统一规范的土地流转市场

农村土地流转属于市场经济行为，目的在于提高土地利用率和产出效益。但目前大部分地区尚未形成统一规范的土地流转市场，尚无流转中介组织，流转信息传播渠道少而不畅，土地供求双方对接难，导致流转成本高、土地资源配置效率低，影响农村土地在更大范围内和更高层次上进行流转，进而影响农村土地流转的速度、规模和效益，部分乡镇的个别村社甚至因此而出现土地撂荒的现象；同时也出现农户有转出土地意向却找不到合适的受让方，而需要土地的人又找不到中意的出让者，很多时候是外地业主找当地政府或农业部门帮助寻找、联系流转土地，影响了生产要素的合理流动和优化配置。另外，由于乡镇农业服务中心人员兼职较多，无力对流转合同进行指导和管理，增加了土地流转交易成本，延缓了土地流转进程，影响了土地流转的规模和效益。

2. 很多地方没有建立完善的农村土地流转管理机构

目前，由于农村土地流转尚处于摸索和起步阶段，很多地方尚没有建立完善的农村土地流转管理机构，土地流转合同缺少统一的标准尺度，流转的程序不规范、不固定，流转的市场运行、流转风险防范机制、对流转双方的激励和约束机制、流转纠纷的调解仲裁机制等一系列农村土地流转机制尚不完善。缺乏对农村土地流转的有效管理、引导和服务，农村土地流转纠纷时有发生，农民在土地流转中的主体地位尚没有充分体现。因此，造成土地流转供求信息对接不畅、流转价格确定缺乏科学依据、耕地保护不到位、流转双方不遵守合同约定、流转纠纷处理不力等，以及政府的农村土地流转管理职能不明确、在实际操作中往往无章可循、无法可依、管理和服务难以到位等问题。

（五）农业机械化利用率低，多数农户栽培管理水平与种植技术比较落后

种植散户或大户的科技文化素质大多较低，缺乏先进的规模化生产管理技术，对优质品种栽培、病虫害综合防治、高效配方施肥等先进技术认知接受较慢，生产基本上是传统耕作模式，劳动强度非常大，向土地挖掘的效益较低。尤其是病虫害防治，农户缺乏技术，舍不得投入，高效新型农药基本不用，用一些老品种，甚至是禁用农药，农作物损失较大，同时也影响到农产品的质量安全。有的农户对市场经济还停留在粗浅、模糊的认识上，对农业产业化、市场化缺乏必要的思想和物质准备。

丘陵地区适合机械化生产的地区和面积受到限制，增加了农业生产成本，土地经营产出效益较低，从而难以调动更多的人参与到土地流转大军中去经营土地。江安县共有大小农机具8160台件，其中大小拖拉机3295台、大型收割机1台。每年机械化耕作只有5万亩左右，占耕地总面积的13.66%，农业机械化程度十分低。相比之下，2009年江安县仅农民外出务工人均月工资收入就达到1467元，农村劳动力转移就业对农民增收的贡献率达到17.73%，在外务工收入成为江安县农民增收的重要来源之一。

六、发展现代农业中推进丘陵地区土地流转的路径选择

（一）农村土地流转的主要形式

1. 自由流转

自由流转就是农户直接进行流转。其特点是：补偿标准多样，也有无偿耕种的，承包期限不定，权利义务不明确，合同形式相对不规范。丘陵地区大部分无力耕种的农民都采用了土地自由流转的方式。自由流转的具体形式主要有以下三种：

（1）自愿转包。自愿转包是指农户将承包土地直接转包他人，收取租金。

这种形式比较普遍，农民把土地承包给他人，可以净得300～500斤（1斤＝0.5千克）稻谷。转包是当前农村土地流转中面积最大、比例最高的一种土地流转形式。虽然转包仅限于在同一集体经济组织内部的农户之间进行，流转范围窄、流转期限短、市场化程度低，但对于促进农村劳动力转移，减少土地撂荒，扩大土地规模经营和连片种植起到了积极作用。

（2）代耕。代耕是指暂时无力或不愿经营承包地的农户将承包土地无偿地给其他人耕种。这种形式因为简单明了、手续简便，成为当前农村土地流转中最为普遍的一种形式。外出打工的农户把自己的田土无偿地给其他人耕种，有的地方甚至出现了土地承包方把自家田土流转给他人耕种，还要给代耕者补偿化肥、种子等费用的情况。

（3）互换。互换是指承包方之间为方便耕作或者其他各自的需要，自愿对属于同一集体经济组织的承包地块进行交换，同时交换相应的土地承包经营权，属于农户的自发行为，是土地流转比较流行的方式。从当前推进农村土地流转、促进农业规模经营和产业发展这个角度来说，互换形式的土地流转的意义不大，只是方便了互换双方的生产。

2. 组织流转

组织流转就是通过村民集体实现土地流转。其特点是：规模较大，连片经营，多数地方的农民能从流转中得到补偿，流转期限较长、较稳定，一般在10～30年，相对较规范。组织流转的具体形式主要有以下七种：

（1）土地股份合作。村集体将农户土地承包权折算成土地股份并虚化，土地由村集体统一经营或发包，按土地股份，村集体将土地经营及发包所得年终进行分配。这是一种比较先进的组织流转方式，既保障了土地资源的充分利用，又保障了农民的合法权益，是值得推荐的一种方式。

（2）联合出租式。牵头人联合土地连片的大多数农户，根据经营者出具的条件，由农户自愿将连片的土地承包给经营者。

（3）土地置换式。土地置换式是指单个或部分承包户主动或在村委会指导下与本村其他承包户自愿调整地块，实现连片规模经营。

（4）租赁承包式。租赁承包式是指农户将自己的土地租赁给他人经营。

（5）集体转包经营式。一些农户因外出打工等原因，无力耕作承包土地，村集体在保留农户土地承包权不变的前提下，实行土地经营权集中流转。将一定期限内的土地承包权转包给他人，由别的农户代耕、代种。

对未采取家庭承包方式的集体土地、"四荒"土地、林地等，经集体经济组织成员大会或成员代表大会讨论通过，可按公开、公平、公正的原则，采取招标、协商等方式进行发包，经依法取得土地承包经营权证或林权证等证书的可依法流转。

（6）抵押、托管、拍卖。集体建设用地使用者将土地使用权作为融资的担保，包括以地上建筑物抵押连带土地使用权抵押的情形。由于开办企业或经商的资金不足，企业或个人大多以所取得的土地使用权进行抵押、托管，托管双方签订协议，委托方向受托方支付一定的费用。托管期间原承包合同规定的权利义务可以由承包方履行，也可以在协议中明确由托管方履行。拍卖是经村民讨论同意，可将尚未承包到户的荒滩、荒水、荒地等资源，以竞标方式公开拍卖经营权，实行开发经营。

（7）季节经营型。季节经营型是指在某个农时对农闲土地进行集中规模经营，只种一季，种完后仍还给农户自己经营，待第二年冬闲时再集中经营的模式。

（二）农村土地流转应坚持的基本原则

为了提高农村土地利用效益，切实保护土地承包经营权流转各方的合法权益，在实施土地承包经营权流转过程中，应遵循以下六条基本原则：

1. 平等协商、有偿流转的原则

无偿流转土地在客观上容易造成群众浪费土地资源，有偿流转可以在经济上激发群众合理利用土地的自觉性。土地流转的转包费、租金等应由农户与受让方或承租方平等协商确定，县、镇乡两级政府不得干预。其流转收益归农户所有，任何组织和个人不得截留。

2. 土地所有权不变的原则

农村土地除法律规定属于国家所有的以外，属于全体农民集体所有。土地流转，不能改变土地集体所有的权属关系，必须接受集体的监督和管理。

3. 自愿流转的原则

农村土地流转的一个前提是：农民自愿、自主，关键要自主。即农户土地流转或不流转或休耕撂荒，是农民自己的事情。不管采取何种模式的土地流转，必须建立在农民自愿的基础上，广泛征求农民意见，取得农民的理解和支持，不能靠行政手段强行流转，更要警惕土地流转中农民主体地位和自主性被侵犯。

4. 规范操作的原则

农村土地使用权流转涉及多方面的利益关系，必须健全制度，严格程序，建立土地流转台账，镇、村、组三级应当好流转双方的"中间人"，让土地流转合法、规范。并保证土地流转资料由专人、专柜保管，不受损坏。

5. 公平、公开、公正的原则

集体土地的发包、出租，必须由村或组集体经济组织统一组织进行公开招标，防止暗箱操作、私下交易行为的发生。

6. 依法有序流转的原则

土地流转必须严格遵守国家法律法规，认真执行党在农村的各项方针政策。

在土地流转中，不得改变土地所有权权属关系，不得随意改变土地承包关系，不得擅自改变农业用途，流转的期限不得超过土地承包的剩余期限。

（三）深化农村土地农权制度改革，为农村土地流转提供必要的产权基础

在推行土地流转的过程中必须要明晰产权，要坚持"明确所有权、稳定承包权、放活使用权"的原则。

1. 进一步明确集体土地所有权主体及其权利的内容、边界

在我国当前的集体所有制下，土地所有权主体为集体所有，土地所有权的代表在行政村或村民小组，法定代表人为村委会依法选举的村委会主任和各村民小组依法选举的组长，客体为依法归该村或村民小组集体所有的土地，土地所有权主体的权利为属村委会或村民小组全体农民共有土地的占有、使用、收益、处分的权利。并对各项权利的内容与边界作出严格的明晰的法律意义上的界定。村民委员会或村民小组应重点掌握和运用的是集体土地的发包权、集体提留部分的收益权、土地使用监督权与违约处置权。

2. 进一步明确土地经营权的内容与边界

《中华人民共和国农村土地承包法》的颁布，使农民享有的土地经营权由约定的权利变为法定的权利，土地承包经营有了更严格的法律保障。但土地经营权中的处分权与收益权两项权能仍有待继续完善。从收益权来说，当前承包农户享有的是部分收益权。换言之，农民以获得一部分经营利润的形式，与国家、乡（镇）、村集体组织一起参与对土地经营收益进行分割。要合理、明晰地界定乡（镇）、村或组与农户对土地经营收益的界限，切实保护土地经营者的收益权利。

3. 进一步明确土地使用权流转的各项产权结构

继续完善土地使用权权能结构，使农户单一的土地使用权逐步拓展到占有、使用、收益和处分四权统一的土地经营权，也只有农民的土地承包经营权成了一种完整的产权，农民在土地制度中的主体地位才能真正确立起来，这是农村土地流转市场健康发展的重要前提；在确保农村土地的所有权归农民集体所有的前提下，赋予农民对承包经营的土地更多的权益，如抵押、转让、租赁等，使农民充分地享受土地占有权；赋予农民长期而有保障的土地使用权，在这里既要有一个明确的界限，又要明晰农户已有承包的机制，应有配套和后续的法规。只要土地产权界定是完整的、清晰的，就可以通过产权的市场交易实现土地资源配置的有效改进，从而促进当地土地经营权实现规范、高效地流转，形成土地流转的市场机制。因此，必须在坚持农村土地的集体所有权不能动摇的前提下，保证农户长期拥有稳固的土地承包权，进一步明晰农村土地使用权的产权界定，把农村土地使用权流转的决策权界定给农民。只有这样，农户才能成为土地使用权流转的主体，拥有土地的长期使用权，克服短期经济行为，并保护好耕地，走可持续发展道路。

（四）推进农村土地流转配套改革，强化农村管理体制改革，优化农村土地流转外部环境与条件

1. 财政扶持体系

一是要健全激励机制。及时制定优惠政策，鼓励土地流转。发展农民专业合作社，支持专业户、专业村的发展，推动农业产业化经营。建立县财政土地流转扶持专项资金，对引导农户流转土地较多、增收效果显著的乡镇、村，由县人民政府给予奖励；对通过采取土地流转合作方式集中农户土地进行规模经营，对切实带动农户增加收入的农民专业合作社、龙头企业和种粮大户进行奖励，并从扶持资金、税收政策、技术指导等方面给予倾斜。例如，设立承包经营权流转及规模经营专项资金，对流转、种植面积上规模大户（20 亩、50 亩、100 亩以上）除享受正常粮食直补外，另按每亩分别发放 50～150 元专项补助，充分调动种粮大户的积极性，促进土地流转进一步向种粮大户集中，加速规模经营。二是要高度关注农村土地流转进程，政府应优化财政支出结构。财政资金支持农村土地流转应以最大限度地发挥财政资金规模使用效益为前提，改变当前比较分散、低效的使用模式，以农民能够享受同县城居民基本均衡的公共服务为目标，加快建立新型覆盖城乡的公共财政体制，有效整合各种财政支农资金，发挥财政资金在支持农村土地流转中的引导作用。三是作为县一级政府，应积极争取国家、省、市财政每年在土地收入分配用于支农的资金中安排一定额度用于鼓励农村土地流转。

2. 建立与土地流转相适应的现代农村金融信贷支持体系

新型农村金融体系建设要和土地流转挂钩，为现代农业的规模化、集约化经济建设服务，以保证金融体系建设的生命力和长远发展。完善与农村土地流转相配套的农村金融体系，跟进农村土地流转进程，细分各农村金融机构的市场定位，逐步建立起政策性、商业性、合作性涉农金融机构和村镇银行、小额贷款公司、民间借贷组织等分工明确又相互配套的农村金融体系。

3. 建立以政策性保险为主的农业保险体系

只有建立农业风险分散机制，逐步弱化农村土地承载的社会保障功能，才能从根本上解决农民流转土地的后顾之忧。而开展农村政策性农业保险试点，有利于增强农业抗风险能力，促进农业生产的持续稳定发展；有利于改革农业补贴方式和救灾救助方式，建立市场化的防灾减灾机制，提高农业市场竞争力；有利于保险企业拓展农村市场，增强保险实力。因此，要逐步建立符合自己县情的政策性农业保险模式。

4. 推进户籍改革

应该把过去那种根据社会身份和出生地划分人口类型的传统户籍制度，改变成根据职业和居住地划分人口类型的新型户籍管理制度。进入城市（镇）的农

民只要具有稳定的收入来源和居住场所，就可以依法办理城市（镇）户口，在养老、保险、医疗、就业、小孩读书等方面享有与其他市民相同的待遇。当然，由于我国城乡之间的经济、政治、文化发展差别太大，户籍改革不能操之过急，而只能审慎、稳妥地进行。

5. 推进就业改革

目前，城乡分离的劳动力市场与市场经济的要求是相背离的。各级政府要对现行劳动政策进行彻底的清理，不能以任何理由拒绝、歧视、排斥农民在城市（镇）就业。要对农民开放所有的就业部门、领域和工种，实行同工同酬政策，由城乡劳动力在同一劳动力市场上竞争。对城市（镇）居民来讲，也应该转变观念，不能认为农民转出土地、进入城市（镇）就是抢了他们的饭碗，而应该更多地看到进城农民为城市（镇）的改革与发展所作出的贡献。

6. 推进农村社会保障改革

在我国农村，土地除了作为最基本的生产要素发挥效用外，还具有社会保障的功能。在土地的这种功能还没有合适的替代品之前，农民宁可抛荒弃耕，也不愿意放弃农地承包权，这就造成"有人无田可种"与"有田无人愿种"并存的不正常现象，严重制约着土地流转。在农村社会保障问题上，土地不应承担起农民的全部社会保障功能。关键是政府要承担起提供全民的社会保障体系的职责，要建立起完善的社会保障体系。农村社会保障体系不健全，使得农民不敢轻易放弃土地，从而制约了土地流转的发展。要解开土地对农民的束缚，必须推进农村社会保障改革，建立土地保障的替代机制，解决农民的后顾之忧。各地可以根据农民自愿的原则，因地制宜、形式多样地兴办养老、医疗、生育、伤残等保险。

（五）完善土地流转机制和培育土地流转市场，为土地流转提供全方位服务

1. 培育和发展为土地流转提供服务的各类中介组织

许多农民因为缺乏信息中介，信息不畅，而使土地流转没能完全展开，从而影响土地资源的合理配置。建立土地流转中介服务组织，实行土地流转委托管理，是优化土地资源配置、充分发挥土地资源优势、实现土地有序流转的有效途径。县和有条件的乡（镇）、村都应尽快建立土地流转中介服务组织，并明确中介服务组织的四大职能：一是负责受理需转让土地农民的申请和需承包土地投资人的申请，采用多种形式为供需双方牵线搭桥，让县内外甚至省内外的投资人都能来投资，从而打破地域限制，促进土地流转有序开展。二是建立农村土地流转交易信息网络，及时登记汇集可流转土地的数量、区位、价格等信息资料，定期公开对外发布可开发土地资源的信息，接受土地供求双方的咨询，沟通市场供需双方的相互联系，提高土地流转交易的成功率。三是对土地进行科学评估、合理定价。合理的土地价格是完善土地流转市场体系的关键，通过中介服务组织开展对农村土地的科学评估、评等定级，收集和发布土地流转市场价格，按照市场供

求关系合理确定土地流转价格标准。四是在农户与承租方协商一致的前提下，帮助办理流转手续；同时为承租者提供信贷、技术、物资等服务，并妥善处理土地经营过程中可能发生的矛盾和问题，切实维护土地所有者、承包者、经营者三方的合法权益，实现农村土地流转与农业产业结构调整的"双赢"。

2. 在县、各乡（镇）设立的土地流转中心，要加强对农村土地流转工作的管理

各乡（镇）设立的土地流转中心要为农村土地流转提供有关宣传、价格评估、合同指导、协助办理流转手续等服务，做好登记、备案、合同鉴证、档案管理等工作。并依托四川农业信息网等建立流转信息库，开展流转信息收集与发布、价格评估、完善土地流转的法律服务体系，为流转双方提供法律服务，逐步形成由市场调节土地流转的长效机制。

3. 建立农村土地流转仲裁制度

在县级建立农村土地承包仲裁机构，妥善处理农村土地承包经营纠纷，对农村土地流转合同的执行和纠纷的处理进行跟踪、调解和仲裁，确保农村土地流转工作公平、公正、合理，促进农村经济发展和农村社会稳定，为土地流转的顺利推进保驾护航。

4. 大力培植农业龙头企业，刺激土地流转

企业参与农业产业化经营有利于提高农业效益、增加农民收入。龙头企业上连市场，下连基地，辐射带动千家万户，通过培植农业龙头企业，可促进农村土地流转，带动规模经营，有利于新技术、新品种的推广与应用，促进现代农业发展。特别是推动农业结构调整和土地适度规模经营，推进粗放型经营向精细、高效农业发展，一家一户小规模种植向连片适度规模经营发展，从而提高市场竞争力。

5. 加快农村劳动力转移，为农村土地流转开辟空间和创造条件

一是要加快发展小城镇，增强小城镇的积聚功能，吸引更多的农村劳动力进城务工经商。二是要大力发展劳务经济，积极开展对农民工的职业技术培训、阳光工程培训，切实提高农民工素质，有组织地输出劳动力资源，加快农村富余劳动力向外地转移，实现农村劳动力跨区域流动，为土地流转及规模经营开辟更加广阔的空间。

6. 培育农民专业合作社，带动土地流转

农民专业合作社是实施社会大生产的载体和平台。要加快发展农民专业合作社，加大试点示范力度，选择一批有组织制度、有较大规模、有自主品牌、有明显效益的农民专业合作社开展试点示范，提高农民专业合作社的发展水平。从土地流转成功的地方来看，都是因为农民专业合作社可以接收农户申请托管的土地，合理利用撂荒地。因此，由农民专业合作社进行规模种植或通过乡（镇）调剂和网上招租等形式，可以把土地承包出去，解决"包给谁"和"谁想包"

的土地使用供求之间的矛盾与土地撂荒的问题，使土地流转进入有序的市场化轨道。

（六）建立健全土地流转机制

土地流转应朝着规范、有序的方向发展，不能采取强制手段，要建立真正的"自愿、依法、有偿"的土地流转机制。转入方和转出方应向村委会提出书面申请，经村委会和村民代表会研究后，报乡（镇）登记。乡（镇）和村委会应对较大规模流转土地的业主的资质和资信状况进行审查，并督促和指导双方签订土地流转合同，报乡（镇）备案。鼓励流转双方办理合同公证。土地流转合同的格式应统一规范、统一制发，要明确流转的形式、数量、年限、条件及双方的权利、责任、义务等要素。同时，要建立土地流转风险保障金制度。业主每年应交纳一个合同年的租金和复耕费作为风险保证金，并把风险保证金写入合同条款中，以防范业主因经营困难等原因无法履约的情况发生，并建立合同档案管理制度和纠纷调解仲裁制度，有效调解和仲裁合同纠纷，保护农民利益。

（七）规范农村土地流转行为

（1）农村土地流转的方式、期限和具体条件，由流转双方平等协商确定，农村土地流转意向达成后，应按照统一的流转合同规范文本签订土地流转合同，并报所在乡（镇）农村土地流转管理部门登记备案，实行统一档案管理。

（2）农村土地流转价格由流转双方协商确定，要充分考虑市场因素，原则上以实物形式确定流转价格，以货币形式结算，也可以由区县行政主管部门进行价格评估，确定流转价格。

（3）农村土地承包农户既可以自己直接进行土地流转，也可以委托所在集体经济组织、中介组织和其他第三方进行流转。对于委托流转的，承包方必须出具书面委托书，并明确委托的事项、期限和权限等。

（4）从事农村土地流转服务的中介组织在办理工商税务登记的同时，还应在区县农业行政主管部门备案并接受其监督和指导，依照法律和有关规定提供流转中介服务。

（5）在集中连片流转过程中，对于个别不愿流转的农户，应由集体经济组织出面，在尊重农民意愿和不影响农户经营收益基础上通过调整和互换等多种形式来解决。

（6）在土地流转登记过程中，要及时纠正违反法律法规的约定和行为，政府要加强对农村土地流转工作的指导、服务和管理，防止缺位、越位和错位的现象发生。

（7）农村土地流转发生争议或纠纷，流转双方既可以自行依法协商解决，也可以请求乡（镇）土地流转服务中心进行调解，不愿进行协商调解或协商调解不成的，当事人既可以申请当地流转仲裁机构进行调解和仲裁，也可以直接向人民法院起诉。

（八）积极探索多元化的土地流转方式

土地流转一方面要促进农业结构调整步伐的不断加快；另一方面是农民的收益得到保护并不断提高。因此，必须拓宽土地流转模式，以市场为导向，以优化配置土地资源为目标，采取多种形式实现农村土地使用权流转。要积极探索反租倒包、转包、租赁、股份合作、拍卖、互换等多种流转方式，把土地流转集中到本地优势生产经营项目上来，形成产业化经营，以提高土地流转的综合效益。

改善土地流转条件，促进土地规模流转。一是加强土地细碎化整理。土地流转的前提必须是土地集中成片，因此，在土地流转的实际操作过程中，针对少数农户的复杂心态，对部分暂不愿意放弃土地经营权的农户，在充分尊重农民意愿的基础上，采取地块同质互换并给予一定资金补助等办法实现土地连片集中，改变土地细碎化状态，加快土地流转速度。二是改善水利基础设施状况，把农田水利基础设施建设纳入现代农业发展的整体考虑，捆绑使用农业综合开发、扶贫等项目资金，加强农村交通、供电、通信等基础设施建设，改善农业生产条件，为土地流转提供良好的外部环境。支农资金重点安排在土地流转好的项目和地区，农村信贷资金和农村金融担保要重点向土地流转集中的地方倾斜和支持。三是探索农村居民适度集中居住。要探索农村房屋建设进行统一规划，统筹考虑，通过引导和鼓励，将新建和改造的房屋向居民点进行集中，通过原宅基地还田，改变土地零星、分散的状况，为土地集中连片产业化规模经营创造条件。

（九）着力解决农村劳动力的非农就业问题，以减少农民、促进农村土地流转

土地是分散且有限的，千方百计减少农民，是搞好土地流转的关键所在。农业现代化的过程，就是不断地将农民转变为市民的过程。只有农业劳动力实现了稳定、大规模的转移，才能加快农村土地经营权流转进程，促进土地适度集中、规模经营。因此，要推动农村土地的流转，首先要加快农村城镇化进程，加速农村劳动力就地转移，降低农民对土地的依赖程度。小城镇是农村剩余劳动力的主要集散地，加快小城镇建设，可以促进农村人口、生产要素向中心城镇集聚，促进农村第二产业和第三产业的发展，提高农村人口的城镇化水平，为广大农村劳动力转移提供更多的就业岗位，降低农民对土地的依赖程度。要重点搞好中心镇建设，不断扩大城镇规模，实现农民的就地转化，从而为土地流转创造条件，为土地适度规模经营创造空间。其次要加大农村劳动力对外输出力度。劳务输出是解决"三农"问题的有效途径。让更多的农民离开土地，为土地流转创造条件。一是要出台政策，完善劳务输出体制，开展优质服务，提高效率，为外出务工的农民提供信息咨询等方面的服务；二是要切实加强农村劳动力职业技能培训。整合现有培训资源，采取多种培训方式，提高农民转移就业的能力，重点抓好农村劳动力转移"阳光培训"工程，提高非农就业能力。

第五章 四川丘陵地区建设社会主义 新农村与发展现代农业

党的十七大指出，建设社会主义新农村要坚持把发展现代农业、繁荣农村经济作为首要任务。党的十七届五中全会指出，要推进农业现代化、加快社会主义新农村建设。如何发展产业、推进现代农业发展、实现农民增收致富，是当前新农村建设中的一大难题。社会主义新农村是在社会主义制度下、广大农民群众在党的带领下为改变自身落后面貌而确立的一种奋斗目标，是发展农村社会事业，构建和谐社会的主要内容，是缩小城乡差距、全面建设小康社会的重大举措。建设社会主义新农村，必须树立和落实科学发展观，把解决好"三农"问题作为全党工作的重中之重，坚持"多予、少取、放活"和"工业反哺农业、城市支持农村"的方针，努力改善农村生产生活条件，提高农民生活质量，促使农村整体面貌出现较大改观。这既是解决"三农"问题的现实需要，也是全面建设小康社会、加快推进社会主义现代化的必然要求。四川丘陵地区应坚决按照中央提出的"生产发展、生活宽裕、乡风文明、村容整洁、管理民主"的目标和要求，积极推进社会主义新农村建设。

一、建设社会主义新农村的内涵

胡锦涛总书记指出，构建社会主义和谐社会，是我们党从全面建设小康社会、开创中国特色社会主义事业新局面的全局出发提出的一项重大任务。党的十六届五中全会提出了建设社会主义新农村的重大历史任务，并把建设新农村作为"十一五"期间经济社会发展的一个主要目标。

中国的历史是一部伴着悠久的农业文明的历史，我国的农业发展曾经长期领先于世界。在我国灿烂的文明发展史上，农民不仅是推动生产和经济发展当之无愧的主要力量，也是引起社会变革和社会进步的当然主角。

改革开放三十多年来，我国工业发展所取得的成就举世瞩目，城市的繁荣进步也是日新月异，而农村发展却极为缓慢，结果是工农业发展的不平衡性日益严重，城乡差距不断扩大，中国13亿多人口中有8亿人居住在农村，是一个地地道道的农业大国。中国的工业化和城市化实现过程中，如果不能恰当地处理"三农"问题，就会使其进程迟滞。因此，制约中国现代化事业的最大障碍，不在城市，而在农村。

"三农"问题一直是党和国家关注的问题。改革开放后，1982—1986 年中共中央连续下发了五个关于"三农"问题的"一号文件"，2004—2006 年中共中央再次连续下发了三个关于"三农"问题的"一号文件"。党的十六大提出解决"三农"问题必须统筹城乡经济社会发展；党的十六届三中全会将统筹城乡放在了"五个统筹"之首；党的十六届四中全会指出，中国已进入"以工补农、以城带乡"的阶段；在党的十六届五中全会上，正式提出"建设社会主义新农村"，并把"建设社会主义新农村"列为中共中央对未来五年科学发展的十大方略之首和全党工作的重中之重。"生产发展、生活宽裕、乡风文明、村容整洁、管理民主"20 个字的总要求，全面体现了新形势下农村经济、政治、文化和社会发展的要求，为我们描绘了一幅美好的新农村图景。

社会主义新农村的内涵是"生产发展、生活宽裕、乡风文明、村容整洁、管理民主"。其中，生产发展是建设社会主义新农村的关键。只有生产发展了，才能够实现生活宽裕。根据不同地区的资源、人口、环境现状，借鉴发达国家现代农业发展的经验，应该设计依靠科技进步、建设社会主义新农村的模式。

（一）生产发展

1. 土地科学规划

目前，四川丘陵地区人均已不足一亩土地，农民一家三四亩土地，根本无法依靠农业养活一家人，更无力建设现代化、实现生产发展。据调查，目前务农靠妇女、儿重、老人种田，多数"种应付田"，除良种外，其他农业技术难于推广应用，严重地阻碍了农业的发展。只有彻底改变这种小农业经济的状况，才能完成社会主义新农村的建设。利用目前占土地总量 10% 的农民住宅基地，用于建设农民新村的宅基地，并且将农户向城镇郊区集聚，转变身份成为城镇居民。通过农业土地的集中、成片等方式的整理，减少了原来的田埂地角、沟渠等，以及农民集中居住后农民庭院与住宅基地节约的土地，即可以增加 10% 的土地。这10% 的土地，用于建设农副产品的加工基地与作为城镇扩建用地。

2. 发展现代农业

（1）商品粮基地：集中一定的土地，借鉴发达国家现代农业的经验，土地建设成为适应农业机械化的耕地，即土地条块规范化，道路适应机械化，灌溉自动化与节水化，产品完全商品化，整个农业生产过程机械化。

（2）畜牧业基地：利用集中的部分土地，借鉴发达国家的大型节约化、工厂养殖的经验，建设大中型、综合利用、加工配套的主要家禽、家畜养殖基地，用规模经济取代现在的小农经济，实现养殖业的规模化与现代化。

（3）果蔬花卉基地：集中一定的土地，进行果树、蔬菜、花卉无害化基地的建设，包括土地的园林化、土壤有害物质的清除等。把为城市人提供果蔬的果菜篮子基地，建设成为现代精耕细作的基地，逐步向保护性农业、智能农业发展过渡。

（二）生活宽裕

生活宽裕，就是要改善农民的生活条件，包括改善居住条件、增加农民收入与建立社保体系三个方面。

1. 改善居住条件

一方面，城镇附近的农民可以结合建立适度规模的农业生产农场，农民向中小城镇集中，利用城镇郊区建设果疏花卉基地，安置农民；另一方面，对山区、深丘等不适合人居的地方，逐步让他们下山，使其耕种的土地逐步完全退耕。

此外，建设三类新村（商业新村、种植新村、养殖新村）将农民逐步转移到城市郊区或小城镇，进行都市化建设；同时，可以打破现有村社界限，根据农民的意愿，分别到三个类型的新村中居住。即将愿意经商的农家转变为商家，农民完全脱离土地，转变为商人，集中到商业新村；愿意继续从事种植业的农户，集中到田园新村，转变为农业工人；愿意继续从事养殖的农户集中到养殖新村，转变为养殖工人。将迁移到新村的农户，转变成为城市人口，转移部分劳动力进入城市的其他行业，大大减少农民数量。

2. 增加农民收入

一是通过社会主义新村的建设，农民拥有基础公共设施配套的生态田园农庄或商居，实现固定资产大幅度增值；二是通过从事无害化果蔬鱼禽种植、养殖产业，实现增收；三是利用农副产品加工增值效益的二次分配，反哺农民，配合增收；四是发展生态观光农业，促进第三产业的发展，辅助增收。

根据四川不同生态环境，采取不同发展对策。在平原与大中城市郊区，发展直接为城市服务的都市农业，建设以商业新村与集生活、生产、旅游三结合的农业酒店新村为主，形成以三产业为主导的产业集群；在盆地浅中丘陵区与小城镇附近，以建设规模化种植、养殖为主体的农民新村，配合建设以农副产品精深加工为主导的产业集群，在盆地山区与深丘地区，以建设牧业新村为主体，结合退耕还林还草，建设以畜牧产品粗加工、特色资源开发的主导产业集群。

3. 建立社保体系

通过农村土地流转等获得的效益，提留一部分，建立农村社会保障体系，解决农民的后顾之忧。

（三）乡风文明

要实现乡风文明，除在建设现代农业物质文明的同时，要加强文化教育的建设。社会主义新农村建设的模式，对新村文化建设进行了设计，其要点是在规划三类新村时，重视社会人文历史资源的调查，通过发掘与创新，强化新村的人文历史内涵，加强和谐社会文化理念的建设，既用现代自然科学技术解决都市新村人与自然和谐的问题，又用古今中外社会和谐的理念，特别是儒家修齐治平、天人合一、新德新民等理念和中国传统的家庭模式和村社组织的成功经验，创造适合现代社会的社会主义和谐文化模式，以实现"乡风文明"。

同时对进入新村的居民，进行两个方面的培训：一方面是素质教育，包括生态环境、商业竞争法则、现代礼仪、交通安全意识、卫生习惯等；另一方面是劳动技能的培训，根据进入示范区的单位的用工岗位，分别进行培训，做到培训合格后，再输送到相应的岗位上。政府应从土地流转的资金中提留部分农民转岗与素质教育培训基金。

（四）村容整洁

为达到村容整洁，本模式在设计与建设中，科学合理配置环境保护设施，生产、生活、营销的废水分流处理，达标排放。实现农业生产与居民生活可降解废弃物资源化利用，不可降解废弃物分类管理、集中处理、回收利用。建设环保型住宅、工厂、商店，实现无害化生产、加工、营销。达到三个和谐，即居住与环境的和谐、生产与生活的和谐、人与自然的和谐。

（五）管理民主

社会主义新农村中的新村管理，借鉴城市社区的管理方式与美国农村的方式，即每一农户成为业主，新村可由业主招聘组成的物业公司或居民自己组成的委员会来管理，形成政府、物业公司和农户三个主体。政府，是社会主义新农村建设的组织者、监督者和服务者，主要把握发展方向，制定总体发展规划、协调农户与企业之间的利益关系，营造不同投资主体公平竞争的环境，争取各个渠道的资金扶持相关产业等工作；物业公司，是新村运营的主体和经营管理者，主要承担新村基本配套设施的兴建、实施土地流转的具体计划、引进农业科技成果、农业新技术并负责转化，进行新品种、农副产品产业化的开发等工作；农户，是园区建设的基本劳动单位，让农户以土地、资金或劳动力入股。

二、四川丘陵地区建设社会主义新农村的现状分析

（一）四川丘陵地区社会主义新农村建设的基本现状

四川丘陵地区主要分布在四川盆地东部。辖区面积 8.9 万平方千米，约占四川省辖区面积的 1/5。丘陵县域土地肥沃，耕地紧缺。2009 年实有耕地 227 万公顷，约占四川省耕地总面积的 60%。人均耕地仅为 0.66 亩，严重低于国际通行的人均 0.8 亩的耕地安全警戒线。由于水资源比较匮乏，主要以旱地为主，旱地比重为 52.0%。

四川丘陵地区人口数量多，密度大，涵盖了四川全部百万人口大县，为四川

人口特别是乡村人口最为集中的区域之一。稠密的人口形成了丘陵地区丰富的劳动力资源，有限的土地、欠发达的第二产业和第三产业造就了丘陵地区大量富裕的劳动力，常年外出寻求发展，丘陵地区的农民工已成为四川乃至全国劳务资源的重点。

四川丘陵地区劳动力文化素质层次较低，职业技能培训的情况较差。而文化水平和能力相对较高的，往往以劳务输出方式参加外地甚至外省的经济建设。在2009年丘陵县域农村劳动力中，小学及以下学历的占40.6%，比川西平原区高8.5个百分点；初中文化程度的占49%，比川西平原区低3.8个百分点。2009年丘陵地区劳动力受过专业培训的人数只占总人数的15.1%，比川西平原地区的28.6%低13.5个百分点。这些是丘陵地区所有农村劳动力的基本文化素质概貌，如果扣除1/5转移出省的文化素质相对较高的劳动力，实际参与丘陵地区经济建设的劳动力文化素质将更低一些。此外，丘陵地区的农业占国民经济的比重高，产业结构性矛盾突出，属于典型的农业经济形态。具体表现为：第一产业比重大，第二产业和第三产业比重偏低，农业经济特征突出，工业和第三产业发展较慢，经济地区发展不平衡。改革开放以来，四川丘陵地区在发展农村经济和推进社会全面进步等方面取得了显著成效。主要表现在：

（1）农村经济稳步发展，农民收入逐步提高。近年来，中央和省上一系列支农惠农政策的出台和落实，极大地调动了农民种粮和发展农业生产的积极性，农村经济稳步增长，农民收入不断提高；农村经济进入了一个新的发展阶段。

（2）基础设施逐步改善，生活环境不断优化。丘陵地区在国家大开发政策的大力支持下，各地积极争取国家政策和项目，组织实施了农网改造、林业生态建设、人畜饮水改造、县乡道路建设，以及农村中小学校舍建设、小康住宅建设等一批基础设施项目建设；同时不断加大农田土地的改造力度，使一些中低产田得以改良，农村基础条件进一步改善，农业发展有了后劲，可持续发展有了保证。

（3）科技教育加快发展，农民素质不断提高。近年来，随着农村经济的稳步发展和农民收入的不断提高，各地逐年加大了对教育和科技的投入，中小学校舍建设、远程教育网络建设和电化教育设施投入成为各地农村投资的重点。

（4）民主法制不断健全，文化生活进一步改善。在国家加强民主法制建设的大环境下，农村基层民主法制建设也取得了很大成绩，广大干部群众的法律意识、法制观念普遍增强；依法治村活动广泛开展，在村党支部的领导下，依法建制、以制治村、民主管理、民主监督的工作格局逐步形成；普遍实行村民自治，村务公开，农村基层民主得到发展。与此同时，农村居民文化生活水平不断得到新的提高。

（二）四川丘陵地区社会主义新农村建设的案例介绍

案例一。资中县地处成渝两市之间，辖区面积 1734 平方千米，辖 33 个乡镇、783 个村、7532 个社，人口 132 万，是典型的四川丘陵地区人口大县。资中县农村底子薄、经济总量小，农业"造血"功能差。近年来，资中县在新农村建设的过程中，紧紧围绕建设四川丘陵地区经济大县文化名城的战略定位，坚持从实际出发，通过精心组织，抓骨干产业发展，抓基础设施建设，抓村容村貌整治，抓村民自治管理，在低山区、深丘地区探索出了一条建设社会主义新农村的路子。

资中县新农村建设的成功经验在于：突出一个中心，立足三个实际、抓好两大产业，解决三大问题。①突出"一个中心"，即在新农村建设过程中，坚持党对新农村建设的领导，充分发挥党组织战斗堡垒作用，以抓党建来促经济发展；②立足"三个实际"，即立足丘陵地区农业大县实际、丘陵地区人口大县实际、人民群众利益实际，科学定位、找准着力点，搞符合本县实际情况的新农村建设；③抓好"两大产业"，即抓好农产业加工业和劳务输出业；④解决"三大问题"，即解决岩洞户和农村特困无房户住房问题、农民看病难问题、留守儿童问题。

资中县立足丘陵地区农业大县实际，大力发展农产品加工业。资中县盛产生猪、油料、蔬菜、水果，年产粮食 50 万吨、蔬菜 30 万吨、生猪 130 万头，是全国粮食、柑橘、瘦肉型生猪生产基地县和全国百名肉类、油料生产大县之一。在新农村建设过程中，该县依托丰富的农产品资源，大力发展农产品加工业，农产品加工企业由小壮大，从 2003 年的 9 户发展到现在的 30 户，省级龙头企业从无到有，发展到现在的 3 户。一是发展粮油加工企业。盘活银山鸿展公司和沙淇实业公司闲置资产，初步形成了以此为龙头的 9 户骨干粮油加工企业。二是发展蔬菜加工企业。现有汇源公司、铭鸿食品公司、菜源食品公司等 5 户骨干蔬菜加工企业，年加工蔬菜能力 3 万吨以上。三是发展生猪加工企业。形成了以福元公司、川虎鬃业公司等 6 家企业为骨干的生猪产业化龙头企业。围绕加工企业建设农业商品生产基地。汇源公司、运达公司、铭鸿食品公司等企业通过订单等形式，建立原料基地近 20 万亩。资中县发展塔罗科血橙、枇杷、柠檬为主的优质水果生产基地 23 万亩，年产水果 11 万吨，占内江市水果总产量的 30%。塔罗科血橙种植面积达 10 万亩，挂果面积达 4.5 万亩，年产塔罗科血橙 3 万吨。塔罗科血橙基地被国家标准化管理委员会批准为国家级标准化示范区，资中县被国家林果协会授予中国塔罗科血橙之乡。枇杷成片种植面积达 3 万多亩，挂果面积1.5 万亩，年产枇杷 1.5 万吨，在全省位居前列。

资中县围绕农民增收发展农村专业合作经济组织。资中县建立农村专业合作经济组织 107 个，会员 37 000 多人，带动农户近 13 万户，占全县农户总数的

38%；协会中具有专业技术职称资格的农村科技人员 3100 多人，解决城镇下岗职工 1800 余人，年销售收入 5.6 亿元。

资中县立足丘陵地区人口大县实际，大力发展劳务经济。资中县农村总劳动力 63 万人，常年外出务工人员近 30 万人。针对这一实际，该县把劳务产业作为新农村建设必须着力培育壮大的五大产业之一，大力实施培训、输出、维权三位一体的劳务开发综合工程，劳务经济不断壮大，农民人均年劳务收入 1300 多元，约占农民年人均纯收入的 50%。通过建立维权网络，着重在农民工证件被扣压、拖欠农民工工资、劳务人员被限制人身自由、劳动伤亡伤病得不到合理处置等方面对务工人员进行维权。

资中县立足人民群众利益实际，解决关系民生的突出问题。从老百姓的实际困难出发，认真解决群众最关心、最直接、最现实的利益问题，为资中县推进社会主义新农村建设凝聚了人心、创造了条件。一是解决岩洞户和农村特困无房户住房问题。20 世纪 80 年代，资中有 600 多户岩洞户。1987 年，开展了一次大规模的搬迁行动，到 2005 年初，全县还剩 53 户岩洞户。资中县委、县政府痛下决心，将该项工作纳入保持共产党员先进性教育活动的重要内容，一举搬迁了最后 53 户岩洞户。后来，通过普查发现，资中县还有 3000 多户农村特困无房户。为了解决他们的住房问题，先后召开两次捐款大会，共募集捐款 500 多万元；连续两年以县委 1 号文件，对建房工作作出安排部署。在建房工作中，采取建（新房）、购（旧房）、腾（公房）、入（敬老院）、租（闲置房）等多种形式，村社群众帮工帮料，共同帮助特困无房户解决住房问题。二是解决农民看病难的问题。狠抓农村新型合作医疗试点工作。开展"村来村回"医士班培训。针对全县 85 个村没有村医生的实际，在全省率先开展了"村来村回"医士班培训。从全县没有卫生站的村选拔优秀高中毕业生，参加定向培训，所有费用学校优惠一半，县政府利用专项资金对优秀学员实施奖励。学生毕业后回到本村从事医疗、预防保健服务 10 年。三是开展留守儿童关爱工作。资中县作为全省劳务输出大县，常年外出务工人员近 30 万人，留守儿童近 5 万人。资中县把关爱留守儿童工作摆上了重要议事日程，通过开展青年文明号、青年志愿者帮扶活动，当留守儿童代管家长，建立留守儿童之家等多种形式，为留守儿童提供义务家教、义诊义治、法律援助、心理辅导咨询等服务。启动了农村中小学寄宿制教育工程，资中县有 13 所农村学校建立了寄宿制，寄宿学生 5000 多人。

案例二。2009 年以来，广安市广安区按照省、市安排部署，以农村交通干道沿线为重点，高标准、大力度、全方位开展农村风貌塑造工作，促进乡容村貌大变化、社会环境大改观、文明程度大提升。

广安区树立"保护生态环境，传承历史文化，融合人文自然，突出地域特色"规划理念，按照"四注重、四提升"和"三打破、三提高"要求，将农村风貌塑造与庭院绿化、污水处理、道路硬化、文体设施等配套建设有机结合，突出建筑立面风貌改造和前后庭院、人行道、绿化、亮化、排污等设施建设，努力打造环境优美、生态良好、风貌协调、村容整洁、民风文明的农村新面貌。

（1）"三个注重"统筹实施。注重拆除违规搭建和破旧房屋，乡镇、街道办事处统一组织拆除违规搭建1.2万平方米、破旧房屋107户；注重改造现有房屋风貌，并严格审批新建房屋规划，对广前、广花、广恒、沪蓉高速广安区段等150余千米公路沿线农房进行风貌整治；注重乡村文化建设，在农房墙壁上书写文明"三字经"和宣传标语，绘制"推石磨、碾米、过豆腐"等宣传画，彰显乡土文化特色。

（2）"三个结合"全面整治。与小城镇开发相结合，把环卫设施、绿化、亮化纳入同步建设；与新农村建设相结合，大力实施"五改三建"，绿化、美化村庄庭院，开办农家旅游，发展庭院经济；与治理污染相结合，强力整治养殖污染、工业污染和农村面源污染，保护农村生态环境。

（3）"三支队伍"长效保洁。建好环卫管理队伍，落实乡镇、村组、社区干部环卫管理责任，做到环境监管全覆盖；建好清扫保洁队伍，聘请专职保洁员，对场镇、居民小区、公路沿线、村居院落清扫保洁，做到环境保护全天候；建好义务保洁队伍，引导群众推选村组监督员，成立义务巡查队，做到环境保洁齐参与。

（4）多渠道投入资金1.6亿元，对交通干道沿线进行环境风貌整治，完成农村风貌塑造1.3万户，其中搓沙和粉水161万余平方米，贴瓷砖5.3万余平方米，墙面刷白180万余平方米，硬化路道7.3万余平方米，硬化院坝12.7万余平方米，整治阴阳沟9.3万余米，栽种花树2.4万余株。打造花桥镇星火村三组、石笋镇刘家店、协兴镇向前村、护安镇虎啸村、观塘镇八里村5个示范点。全区交通干道沿线农村风貌整治任务完成，川东民居风貌特色凸显。

案例三。近年来，武胜县把农房风貌整治作为推进城乡统筹发展和城乡环境综合治理的重点来抓，突出重点、统一风格、保障投入、全力推进。通过整治，武胜县民居风貌呈现可喜变化，乡村环境得到明显改善，农村整体形象显著提升。武胜县坚持以改善村民的居住条件，美化民居环境，打造具有川东民居特色的居民点为目标，将现代农业园区和广武路武胜段、岳武路武胜段、南渝高速路武胜段、沿口中心路等主要通道涉及的9个乡镇5000余户农房风貌改造作为整治的重点。主要对农房墙面、屋顶、瓦脊、吊檐、边带、门、窗进行美化，对院坝进行硬化，对庭院进行绿化美化，在部分农户的墙上绘制竹帘丝画，修建户间便民路，配备必要的健身器材和垃圾收集设施。

武胜县在学习借鉴重庆渝北区、遂宁安居区、都江堰市翠月湖镇等地农村风貌整治工作的先进做法和经验的基础上，聘请重庆原创设计有限责任公司、成都和筑设计有限公司按照川东民居风格精心设计出 4 套新建农房和 19 套改造农房图纸，赠送给乡镇供农户选用。武胜县农房建筑色调为白色，搭配灰瓦、褐色线条和构件装饰，实现了用料、颜色、图案及风格的统一。通过整合项目资金、农投公司筹资、县财政投入、群众自筹（每户筹集投入总额的 20%，贫困户除外）、部门帮扶（每个部门重点帮扶 1~3 户）、乡友捐赠等方式筹资 5000 多万元，其中财政投入 3000 多万元，解决了农房风貌整治的资金问题。目前，武胜县飞龙、白坪、双星、沿口、猛山、街子、旧县、鸣钟、古匠等乡镇共计组建施工队伍 60 多个，完成旧房拆除 100 余户，立面改造 4500 余户，一个个整洁靓丽、充满活力的川东民居风格的村落初具规模。

目前，四川丘陵地区社会主义新农村建设取得了可喜成绩，大多数乡村与过去相比有了很大变化，但是与社会主义新农村的标准和要求相比，还有很大差距，制约农村经济繁荣、社会稳定发展的因素依然存在，社会主义新农村建设任重道远。

三、四川丘陵地区在社会主义新农村建设中应当解决的问题

党的十六届五中全会立足新的发展实践，作出了建设社会主义新农村的重大战略部署。这标志着我国开始进入工业反哺农业、以工补农、以城带乡的发展阶段。但是，把新农村建设理解为一次短期运动，或理解为新村庄建设，或简单地理解为推进农村城市化，或仅仅理解为扩大内需的手段，这些认识都是片面的、有害的。四川丘陵地区农村底子薄，经济总量不大，农业"造血"功能差，工业反哺农业和城市支持农村的能力极其有限。丘陵地区这一特点决定了在落后、贫穷的丘陵地区新农村建设中不能大操大办，所以应从实际出发，找出一条适合自身实际的道路。

新农村建设是一个长远性的宏大的系统工程，必须经历一个很长的培养生长过程，绝不可能一蹴而就。社会主义新农村建设是经济建设、政治建设、文化建设、社会建设四位一体的综合概念，不但涵盖了以往国家在处理城乡关系、解决"三农"问题方面的政策内容，而且赋予其新时期的内涵。它既包括了路、电、水、气等生活设施和教育、卫生、文化等社会事业建设，也包括了以农田、水利、科技等农业基础设施为主的产业能力建设；既包括了村容村貌环境整治，也包括了以村民自治为主要内容的制度创新，还包括了以弘扬中华传统美德，构建与时代相适应的和谐农村为中心的精神文明建设。因此，建设社会主义新农村是一场长期的、全面的革命，是一个宏大的系统工程，而不是一场短期的运动。

我国政府管理体制拥有强大的自上而下的政治动员力量，自上而下占主导地位的政绩评价体系，使我们习惯于以"一刀切"的方式将多样化、复杂化的问

题简单、模式化处理，造成工作的浮夸和花架子。新农村建设是一项具有多样性和复杂性的工作，具体到不同地区、处在不同发展水平和发展阶段、不同发展类型的农村而言，则具有很大差异性。处在不同发展阶段的农村，需要重点解决的问题不一样。同样处在同一地区或同一发展水平的农村，由于所处的地缘环境不同，需要解决的问题也不同。不同的地缘环境，决定了农村发展的不同前途和不同的发展模式。

新农村建设是一个长期的复杂的历史任务，是涉及面非常广的庞大系统工程，在实际工作中必须从实际出发，循序渐进。急于求成、大包大揽搞运动都是有害的。一定要从各地农村，特别是农民的具体的实际需要出发，防止个别地区、个别人把惠及亿万农民的德政工程、良心工程，变成新的强迫命令的"运动"、新的名不符实的"形象工程"和"政绩工程"。

改善农村基础条件，让农民们都能有更好的居住条件，是新农村建设的一个目标。但我们绝对不能把建设社会主义新农村，仅仅理解为新村庄的建设。党的十六届五中全会提出的"生产发展、生活宽裕、乡风文明、村容整洁、管理民主"这五句话20个字涵盖生产、生活、乡风、村容、管理等方面，必须要全面、完整地理解，一定要防止把新农村建设等同于新村庄的建设，单一搞工程搞基建。

新农村的五个标准，即新房舍、新设施、新环境、新农民、新风尚，缺一不可。这很容易导致新农村建设不顾自身条件，搞大拆大建。实际上我们说村容整洁，改善落后的农村环境，主要是基于城乡之间的环境的差距不断加大这种现实带来的，是一个比较现实的目标，并不是要一下子将农民已有的房屋全部推倒重来。改善农村的人居环境，主要形式应当是村庄整治，而不是大量地去搞新房子建设、新设施建设。新农村建设的总体目标是用15～20年时间，让农村的面貌大为改观，使农民收入有大的提高，城乡收入的差距明显缩小。

要改变农村的落后面貌，进行一定的基础设施建设包括村庄建设是必需的，但房屋、道路、水利等硬件建设只是新农村建设的一个方面。而作为新农村建设基础的是提高农民的科学文化、思想道德素质、发展农村生产力、增加农民收入，这才是最艰巨的任务。新农村应该是为了让农民实实在在地生产、生活。所以，必须把生产放在第一位。新农村建设如果不能满足农民不断增长的关于生产、生活的要求，不能有效地促进农村三个文明建设，不能很好地体现科学发展的理念，就不符合建设社会主义新农村的基本精神。有些地方移民建镇，只图外观整齐划一，很少考虑功能配套，农民苦不堪言。一些地方出现的强制农民住进"小区"，甚至取消宅基地，强迫农民购买商品房的现象；一些地方搞农民的新居民点建设不考虑农村的实际需要，脱离经济发展水平，单纯追求高标准村庄建设，这些与我们建设社会主义新农村的要求都是背道而驰的。

　　另外，虽然新农村建设是一个整体的目标，但我们国家的现实是农村各方面条件的差距非常大，要正视这个现实，不同地区的新农村建设需制定不同的建设目标。从中央政府来讲，主要是为全国的新农村建设制定方针，为经济落后地区提供资金支持。发达地区要突出自己的特色，充分发挥地方政府的积极性，加强公共财政对农村的覆盖。

　　"三农"问题，始终是关系我国经济和社会发展全局的重大问题，"三农"问题历来为我党高度重视。建设社会主义新农村，让广大农民平等享受我国改革开放的成果，这本身就是目的。新农村建设决非启动内需的权宜之计，它是提高农业综合生产能力、建设现代农业的重要保障，是增加农民收入、繁荣农村经济的根本途径，是缩小城乡之间的差距、统筹城乡发展、全面建设小康社会的重大举措，是我们党执政为民和代表最大多数人利益的集中体现。而建设社会主义新农村，带来的对农村消费市场的开拓，仅仅是新农村建设的副产品。建设社会主义新农村，需要国家投资来解决农村交通、水利、教育、卫生、环境等农村公共产品的供给，这点没有什么疑问，问题在于国家投资的目的是什么。如果国家投资的目的仅是拉动内需，掏空农民的本不充足的钱袋子，那么从长远来看不利于农村以及整个社会的稳定与和谐发展，也不符合我党全心全意为人民服务的执政理念。国家向农村投资公共设施及公共产品建设的方向，是解决农民生产、生活中最为急需、农民个人解决起来不经济或个人无力解决的问题。国家供给农村公共产品的目的，是减少农民因为公共产品供给严重不足所造成的高昂支出，而不仅仅是为了拉动内需。目标不同，投资公共产品的方向及办法就大不相同。

　　对于我们这样一个拥有庞大的人口的国家，按照现在能够利用的资源和生态承载能力，城镇化率要想达到欧美发达国家的水平基本上不可能。建设社会主义新农村之所以是我们解决"三农"问题的一个长远战略和根本目标，就是因为它立足于我国的国情，通过加大公共财政对农村的覆盖，增加农村教育、卫生、交通、水利、环境等公共产品供给，开发农村生产力，使农民可以获得不断增长的物质收入和精神文化生活，真正安居乐业。并不是盲目地要把大多数农村地区变成城市，把大多数农村人口变成城市人口，而是要统筹城乡发展，实现农村地区的可持续发展。

　　当然，社会主义新农村建设目标的实现，离不开城市的支持。但是，社会主义新农村建设的基点是立足于农村，追求的是农村的发展。社会主义新农村建设的迫切要务是统筹城乡发展，使工业反哺农业，城市支持农村，要用城市的发展来带动农村，而不是城市的发展以农村的衰落或停滞为代价。应该说，统筹城乡发展比城镇化更为综合和全面，统筹城乡发展才是建设社会主义新农村的根本之道，是社会主义新农村建设的根本方针。

四、发展现代农业中推进四川丘陵地区社会主义新农村建设的路径选择

社会主义新农村建设是又一次深刻的农村变革，是一次农村政治、社会、经济全面发展进步的变革，各地在全面迅速铺开新农村建设的过程中逐步积累经验，摸索路径。但是，因为这是一场史无前例的中国农村大变革，没有固定的模式和现成的经验可循，且由于中国农村内部的巨大差异性和层次性，所以，"因地制宜，循序渐进"应该作为新农村建设过程中必须遵循的首要原则。

四川丘陵地区大部分位于四川盆地东北部，总的说来丘陵农村经济不发达，基础设施比较落后，村民的素质偏低，整体意识还比较保守。所以，和率先发展起来并且已初见成效的北京、上海以及其他发达地区新农村建设相比，四川丘陵地区的新农村建设难度大得多，而且应该有完全不同的思路和模式。

（一）避免把"新村"建设和"新农村"建设混同或等同

新村建设只是新农村建设的内容之一，在新农村建设"二十字方针"中体现为"村容整洁"，其含义不能简单地理解为"拆旧建新"。盲目地对村民的住房进行拆建不是新农村建设的应有之意，尤其是对尚处于贫困落后境地的丘陵地区农村来说，此举更是不具有可行性。首先，由于受益于近几年来改革开放和经济迅猛发展以及丘陵地区大开放和针对"三农"问题的诸多惠农政策，四川丘陵地区广大农村发展迅速，农民收入普遍增长，而丘陵地区的农民尚普遍保留着中国农民千百年来的传统习惯和思维逻辑，因此，经济稍稍有好转之后的农民头等大事基本是新建或者是翻新住房。这类房龄在 10 年以内的住房在丘陵地区至少占九成以上，从目前来看，基本能满足村民的生产生活需要，对于该地区多数农民来说，拆旧房建新房并非他们最迫切的需求。如果盲目地提倡拆建不仅会给农民造成不小的财产损失，而且会给本来还不富裕的农民增加巨大的经济负担。其次，丘陵地区财政收支本身严重失衡，鼓励农民拆建房屋势必涉及政府资助和补贴，这将给本来拮据的财政增添巨大的负担，难免会挤占政府在基础设施、教育等方面的资金投入，这种治标之举的结果会影响和延误生产发展、农民增收、教育发展等，因而当前在丘陵地区不应该盲目倡导。

整治村容村貌是新农村建设的题中之意，丘陵地区不宜大拆大建，而应该重点放在改厕改圈人畜分离、安全卫生饮用水源建设、污水排放整治、沼气等清洁燃料推广、乡村泥泞小道改造、卫生死角清理以及垃圾堆放处理等方面。为此，在建设社会主义新农村过程中，要注意以下三个方面的问题：一要正确处理立足当前和着眼长远的关系。要有科学的规划作为新农村建设的指导，作为检验新农村建设成败与否、目标实现与否的标准。要立足当前，谋划长远，处理好当前发展现状和长远建设目标的关系。二要正确处理好客观条件和建设目标的关系。所

有的实践都应该从实际出发，新农村建设更要认真考虑各地财政承受力、群众参与能力等实际情况。在建设新农村过程中不能强调搞同一个模式、同一种方法和同一个标准，要从自身实际出发，量力而行，注重实效，不搞盲目攀比，避免新农村建设中搞形式主义和形象工程，避免新农村建设运动化。三要正确处理好政府主导与农民主体的关系。在新农村建设中，要充分发挥政府的主导作用，加大农村公共产品供给的力度。投入的财力、物力和人力资源不仅应该涉及农村社区的基础设施、环境、教育、文体、医疗、商贸、住房等硬件条件的改善、整治和建设，而应该同时覆盖软件系统的建设，村干部与村民的培训、村规民约的制订、社区公共设施管理制度的建立、社区健康文化体育活动的开展等。当然，我们要吸取过去的大包大揽搞运动的教训，充分发挥农民的主体作用，而不能以政府主导作用取代农民主体作用。要以农民为本，研究农民的现实需要，充分尊重农民的意愿，着眼农村的发展远景，立足当地的具体条件，在积极、科学的引导下，通过规划引导、政策引导、典型示范的方式，引导农民参加新农村建设，让农民看得到、感受得到新农村建设的益处。鼓励农民通过辛勤劳动，充分利用国家优惠政策，把农村建设成为自己理想的家园，以此形成"政府主导、农民为主、社会参与"的新农村建设模式。我国农村经济还是比较脆弱的，农民尤其经不起折腾，在建设社会主义新农村中必须坚持科学发展观，要坚决防止不顾农民的承受能力，搞达标升级等形式主义东西，最要紧的是不能急躁冒进搞运动。

（二）优化农村产业结构，推进现代农业发展

通过调整农村产业结构，发展高效、集约、规模农业，因地制宜地发展特色产业等，加快农村经济发展，千方百计增加农民收入。积极拓宽农民增收渠道，发展品质优良、特色明显、附加值高的优势农产品，充分挖掘农业内部增收潜力；稳定、完善、强化对农业和农民的直接补贴政策。按照发展现代农业五大要素的要求，延伸产业链，在做大、做精、做强上下工夫。继续优化区域布局，培育主导产业。推进农业产业化经营、壮大龙头企业，确保区级以上农业企业年销售收入稳定增长，坚持以农业增效、农民增收、农村繁荣为主体，努力调整农业产业结构。城镇近郊地区以改善城市生态环境为重点，发展花卉、园林等特种种植业、农副产品加工业和观光休闲农业；城镇远郊地区重点发展高效优质农业。

着力扶持适合乡镇特点的工业项目，建立农产品商品基地；着力扶持一批优势突出、带动力强的产业化骨干企业，推动农业产业化经营，增加农民收入，坚定不移地紧盯城市居民需求，积极发展现代农业。以促进农民增收为目标，大力发展以蔬菜、奶牛、土鸡、农业观光休闲旅游等为代表的五大产业，发展农村专业合作经济组织，在创新经营机制、理顺分配关系上取得重点突破。促进农业产业结构的调整，壮大农业产业化龙头企业。使农业结构更趋优化，基础设施日趋完善，"农家乐"田园旅游观光服务业快速发展。在逐步建立开放的融资环境，

形成多渠道投入机制，改善农业和生态环境的同时，财政每年保证农业产业化专项资金投入，支持农业产业化发展。引导金融资本和民间资本加大对农村建设的投入，实现投资主体多元化、资金来源多渠道。同时，在加快发展农村经济的基础上，通过农村自身积累加大投入。既要鼓励发展个体私营经济，又要发展壮大集体经济，增加集体经济积累，最大限度地提高资源、资金的使用效益。

四川丘陵地区大部分属于农业县，因而该地区产业结构中第一产业所占比重偏高，第二产业和第三产业所占比重偏低。尤其是第二产业比重与全省产业结构相比存在较大差异，表明丘陵县（市、区）的工业化程度较低，农业经济结构仍较明显。四川丘陵县（市、区）产业结构调整的基本方向主要是以下几个方面：

1. 专业化

因地制宜地推进特色经济的发展是丘陵县域经济结构调整的基本方向。丘陵地区在相当长的时期内，仍要突出抓好农业经济发展，同时围绕农业经济发展农产品加工业，提升农业产出的附加值。对农产品加工，要在深度和广度上做文章，大力倡导农产品精深加工。在此基础上，从产业化经营着手，打破小而全的格局，逐步形成各具规模和特色的优质农产品生产基地。如南充市的水果、射洪的优质粮油、简阳和乐至的黑山羊、龙泉驿的水蜜桃、中江的长毛兔、大竹的苎麻、仁寿的枇杷、三台的早熟油桃、渠县的七蕊黄花、安岳的柠檬以及丘陵地区的生猪等优质特色产品和产业，具有较强的竞争力。目前，丘陵地区获省级无公害绿色食品认证的占全省的43%，获省级优质农产品认证的占65%。这样，丘陵地区农业可逐步由资源型向市场资源拉动型转变，不断向增产增效方向迈进。

2. 标准化

龙头企业是带动产业化经营快速发展的核心力量，要积极培育农村致富带头人，重点扶持牵动性强、带动面广的龙头企业，大力推进产业化经营，完善以科技服务和信息服务为重点的农业社会化服务体系，逐步构建各具特色的农业产业带，优化农业产业空间布局，发展区域特色农业，使好的东西多起来，多的东西好起来。同时，发达的畜牧业是现代农业的重要标志，也是丘陵地区结构调整是否到位的一个重要标志。养牛、养羊、养鸡、养兔等，是做大做强畜牧业的基本内容和着力点。要改变靠天养畜、借场放牧的传统做法，以全力落实封山限牧措施，加快畜牧业向品种改良、科学饲养、市场化取向、集约化经营转变。通过制定扶持政策，通过资金投入和科学运作，培育一批新的农畜产品加工企业和知名品牌。努力走"公司＋基地＋农户"的路子，铸强农业产业链，努力形成产供销一条龙、贸工农一体化的经营格局，实现农、工、商并进，产、加、销相融，城乡经济协调发展。要对农业生产进行标准化管理和全面质量管理，大力推进无公害、绿色农产品生产。建立农产品标准化生产体系，制定和执行符合国家和国际标准的"地方标准"。在生产环节，加强对农药、化肥、饲料使用的监控；在销售环节，加大对蔬菜等农产品的农药残留、有害物质超标和水产品污染、加工制成品质量的全面监测，增强消费者的消费信心。

3. 规模化和集群化

突出地方特色，打造特色规模农业生产基地。要立足农业资源丰富的优势，优化农产品区域布局，推进大宗农产品、传统主导产业特色化，做大做优做强特色主导产业，形成特色鲜明的产业新格局，如建设万亩无公害蔬菜生产基地、高淀粉红苕生产基地、油菜玉米生产基地、优质茶叶种植基地、无公害农产品、绿色食品标准化生产基地。抓好农业龙头企业，延长农产品加工链条，提高农产品的附加值，加快推进农业产业化进程。要坚持按照国内外市场需求组织生产经营的原则，引导龙头企业完善"公司＋基地＋农户＋市场"的经营管理机制，提高企业整体素质和管理水平，使企业做到生产经营的农副产品及其加工品与市场动态变化的需求相适应、与城乡人民的生活消费水平相适应、与国内外人们的消费理念追求相适应，并在生产、加工、经营农副产品过程中，将单一品种转化为多样品种、将一般品种转化为名特优稀新品种、将初级产品转化为高级产品、将粗加工产品转化为精加工产品，同时提高农业产品的科技含量、抗御自然风险能力、参与市场竞争力及产品附加值和产品综合效益。要坚持采用股份制、股份合作制等形式，遵循利益共享、风险共担的原则，鼓励城镇、乡村个体投资入股，促进培育和发展新的龙头企业；积极扶持农村各种产业规模经营大户，提倡和引导经营大户带头组织农业产业化生产经营，增强自我积累与自我发展的能力，成为新的龙头企业，促进一户带多户、一村带多村的产业滚动发展。由此，农业产业化经营快速发展，带动能力强的龙头企业不断涌现，如高金食品、光友薯业、通威食品、四海集团、铁骑力士、国基集团等国家级、省级龙头企业已经崭露头角；一批境外知名企业，如澳士达、汇源果汁、康师傅集团等也被吸引进来投资合作，参与丘陵县域经济开发，加大县域规模经济实力。正是在这些龙头企业的带动下，成都、南充的果蔬经济，遂宁、广安、内江的猪业经济，资阳、自贡的羊业经济，宜宾的竹业经济，达州的麻业经济，乐山的茶业经济，眉山的奶业经济得以快速发展，开始形成各具特色的优势产业群和产业带。

4. 提高加工程度

农产品加工业具有丰富的原料来源、广阔的城乡市场、紧密的利益联接、双增的共同目标。要以市场为导向，培育支撑点。所谓市场导向，就是要按照市场的规律办事，市场需要什么我们就发展什么。就丘陵县而言，可以通过打造传统优势产业、发展蚕桑生产、壮大果蔬生产，提高中药材、龙竹等产品的市场占有量来培育支撑点。

农业的集约化经营，即在有限的经营空间，投放更多、更密集的资金、技术、劳动力，搞立体农业、生态农业，办大农业，全方位、多途径、因地制宜地发展农村经济，在深化经营层次的同时，延长农业生产经营的关联度，形成种植业、养殖业、加工业、运输业、服务业的产业链，实行种养加工一条龙和农、工、商一体化的规模经营，从而解决好小生产与大市场的矛盾。同时，以纸业公司为支撑，构建"种竹—制浆—造纸—包装"产业链条，以生态食品企业为支撑，构建"绿色生猪养殖—加工—出口"产业链条，以纺织企业为支撑，构建"种棉—纺纱—织布—印染—服装"产业链条，以丝绸公司为龙头，构建"栽桑—养蚕—缫丝—织绸—服装"产业链条，以医药企业为支撑，打造"中药材种植—提取—制药"产业链条，从而形成各具特色的优势产业和支柱产业。

（三）以科学发展观为统领，科学制定建设社会主义新农村规划

丘陵地区进行新农村建设应该与解决"三农"问题紧密结合起来。从我国当前的情况来说，社会主义新农村建设既是解决"三农"问题的手段，也是全面建设小康社会与构建和谐社会的必要内容。社会主义新农村建设和"三农"问题两者的关键都在于发展经济、增加农民收入，而这首要的问题是改善基础设施。只有通过改善农村的各种基础设施，消化过剩生产能力，打通农村劳动力向非农产业转移的渠道，增加农民收入，才能缩小城乡收入和生活差距，我国才有可能实现全面建设小康社会与构建和谐社会的目标。丘陵地区城乡的收入差距和生活差距十分明显，应该借新农村建设的大好时机，着重抓生产和经济建设，把重心放在增加农民收入、改善农民生活上，而不应该一味图好看，追求农村表面的"旧貌换新颜"。在基础设施建设上，应该以现有自然村的公共基础建设为重点，资金以公共财政投入为主，由农民参与决定、设计和监工实施，那么，社会主义新农村建设必然能够给农民带来实实在在的物质利益。

丘陵地区应从实际出发，充分考虑农民的切身利益和发展要求，以促进农村经济发展为基础，分清轻重缓急，突出建设重点，统筹安排各项建设任务。在广泛听取基层和农民群众的意见和建议的基础上，制定出丘陵地区县域建设社会主义新农村规则，以提高规划的科学性、民主性、可行性，确保新农村建设扎实稳步推进。坚持"规划先行、因地制宜，突出重点、示范引路，政府支持、农民建设"的原则，尊重自然规律、科学规律和经济社会发展规律。统筹城乡经济社会发展，扎实推进社会主义新农村建设。加快城市和郊区统一规划，推进城乡一体化。工业向工业集中发展区集中，土地向规模经营集中，农民向城镇集中，加快城市化进程。通过现代化交通，把城乡连接起来，商贸区、工业区、休闲区、农业区、生态区实现一体化，在区域上实现城区、近郊、远郊共同发展。

城区部分主动融入科技城建设，以城市化为目标，充分利用区位和产业优势，大力发展第二产业和第三产业，增强城市的发展功能、承载能力和辐射能力。近郊部分以接纳中心城市人口和产业扩散为主，大力发展城市组团和卫星城镇，重点抓好工业发展集中区和沿江经济走廊建设，第一产业和第三产业互动，发展生态观光休闲旅游业，打造独具特色的居民新区。远郊部分主动接受城市辐射，大力发展现代都市农业，培育以农副产品深加工为主的中小企业群体，加强农村专业市场建设，推进中心城镇和现代新农村建设。按照"功能、环境、风格"三统一原则，逐步引导农民改造农房外观、内部功能和周边环境，不断地提高农村居民生活质量，改变农村面貌。

(四) 三次产业互动，推进农村剩余劳动力转移

四川是人口大省、农业大省，80%的劳动力集中在农村，富余劳动力转移任务艰巨。毫无疑问，丘陵地区农业和农村经济发展的相对滞后，农民收入增长的缓慢，有着城乡分割体制的深刻根源。因此，要从根本上解决我省的"三农"问题特别是解决农民增收问题，只有让大量农村剩余劳动力从传统农业中转移出来，而这就要重点解决制约农业和农村发展的体制性矛盾和结构性矛盾，改革计划经济体制下形成的城乡分治的各种制度，校正严重失衡的城乡差别发展战略。而统筹城乡发展，解决四川丘陵地区"三农"问题特别是农民增收问题，必须重点在大力发展县域经济、抓好劳务开发、提高农民组织化程度、深化农村改革等方面下工夫。

作为农业富余劳动力集中区域的四川丘陵地区，只有让农村的剩余劳动力有效脱离农业，从而扩大农民的人均资源占有量，才能相应提高农民的收入水平。四川人口众多，在此基础上要实行农业转轨并推进工业化过程来实现农业可持续发展，最大的制约因素就是农业人口过多，农业剩余劳动力转移困难。现有农业劳动力中的一半还需向第二产业和第三产业转移，大量存在的农业剩余劳动力严重妨碍了农业劳动生产率的提高。而加快农村剩余劳动力转移和小城镇建设是当前我国减少农业人口的最有效途径。

目前，劳务开发已成为四川丘陵地区的重要产业，劳务收入成为农民增收的主要来源。四川丘陵地区劳务输出与转移已占农村劳动力的70%，丘陵地区劳务输出占全省劳务输出的80%以上，丘陵地区已成为全省劳务开发的主战场。因此，要支持丘陵地区中小企业发展，鼓励其吸纳农民就业。中小企业尤其是服务业中的中小企业，具有劳动力容量大、就业门槛较低、投资需要相对较少的特点，是吸纳农村剩余劳动力就业的主渠道。

(五) 大力发展农村公共事业，培育和造就新型农民

逐步建立城乡统一的义务教育管理体制。着力普及和巩固农村九年制义务教育，进一步明确各级政府对农村义务教育的责任，将农村义务教育纳入公共财政范围，由财政纳入年度预算；加强对农村中小学结构布局的调整，财政每年安排资金用于农村中小学危房改造。建立贫困学生入学基金，解决农村贫困学生上学难的问题。让义务教育阶段家庭经济困难的学生都享受"两免一补"（免学费、

免书本费、补助寄宿生活费），不出现因为经济困难而失学的学生。积极实施现代远程教育工程，促进城乡优质教育资源共享，力争让农民的孩子也能享受高素质教育，切实提高农村小学的教学质量。

加快建立政府扶助、面向市场、多元办学的培训机制，提高农民的技能。培养有文化、懂技术、会经营的新型农民，提高农民的整体素质，通过发展农村教育事业，加强农村的精神文明建设，健全完善的农民职业技能培训制度等措施，使新一代农民有一个健康的成长环境。进一步整合职教资源，积极筹建"职业教育中心"，围绕国家技能型人才培养培训工程、国家农村劳动力转移培训工程、农村实用人才培训工程、成人继续教育和再就业培训工程，将其建成人力资源开发、农村劳动力转移培训、实际技术培训与推广、扶贫开发和普及高中阶段教育的重要基地。使农民的思想观念、法制意识、卫生习惯、文明素质逐步与城市文明接轨。

加大财政对农村合作医疗体系的投入力度和补贴力度，加快乡镇卫生院的建设与改造，完善新型农村合作医疗制度。逐步完善农村卫生服务体系，积极探索发展农村基本医疗保险。建立大病、重病统筹机制，进一步完善卫生、防治、防疫、重特大疾病预警、执法监督为一体的农村公共卫生网络，农村卫生院医、药分家，进一步降低药品价格。让老百姓看得起病、吃得起药。

（六）支持农村基础设施建设，合理改造村民居住环境

坚持统筹发展，工业反哺农业，以城带乡、城乡联动，全面促进农村经济的繁荣。加大财政对农业、农村发展的基本建设的支持力度。加大农村基础设施投入。将丘陵地区道路交通、农田水利、生态能源等农村基础设施建设推进到一个新的高潮。合理改造村民居住条件。为农民群众办实事，使农民群众真正得到实惠。新农村建设是一项系统工程，也是长期的战略任务。当前，丘陵地区应从农民群众最关心、要求最迫切、最容易见效的事情抓起。进一步解决交通问题，以方便农民进出、有利于农村发展为出发点。抓好村村社社通工程。搞好环境整治。推广清洁能源，加强对垃圾清理、归集、处理，在有条件的地方积极推广沼气、生物发电等清洁能源。加强水利建设，大力推进治水、恢复水系工作。

继续加强支农资金安排力度，支持农业基础设施建设，改善农业生产环境。积极安排小城镇项目资金，重点支持场镇建设，并结合支农资金、工业项目扶持资金和交通道路专项资金，大力支持小城镇发展，继续提升丘陵地区城镇化水平、城镇用水普及率水平、有线电视普及率水平、交通路网建设水平。

以城带乡、城乡联动，全面促进农民持续增收、农村经济持续繁荣，使基础设施日趋完善。快速发展"农家乐"田园旅游观光服务业。按村容整洁的要求，加强农村基础设施建设，改善农村生态环境、人居环境和村容村貌，建设规划科学、布局合理、功能齐全、环境优美、特色突出的村镇，实现人与自然和谐发

展。重点打造城乡一体化的社会主义新农村示范村。对示范村的产业互动、土地流转、集体资产管理、农民培训与转移、新农村建设等方面进行进一步探索，为农民持续增收创造条件。以民为本，坚持以农房改造为突破，努力转变农民生产生活方式。按照"川民居风格、完善内部功能、美化周边环境"三位一体的要求，将农房改造与农村产业发展相结合，统一规范，集中操作，改造后的农房要基本实现风格特色化、功能合理化、燃料清洁化、农居环境优美化、庭院经济效益化、农业生产无害化、入户道路硬化的目标。

建立农村最低生活保障制度，完善农村社会救助。以加大投入为保障。总体上丘陵地区已进入以工促农、以城带乡的发展阶段。重点在"多予"上下工夫。扩大公共财政覆盖农村的范围，建立健全财政支农资金稳定增长机制。继续实施"安身工程"，解决弱势群体居住问题。认真总结农村最低生活保障试点的经验，积极解决新增农村社会保障的经费问题。

第六章 四川丘陵地区大力发展农村专业合作经济组织与发展现代农业

农村专业合作经济组织是农民在实践中适应农村经济发展、适应市场经济需要的伟大创举。不断探索发展、壮大农村专业合作经济组织的发展方向和有效路径，对农村专业合作经济组织的内部结构、运行机制等进行大胆创新是农村专业合作经济组织保持强大生命力的源泉所在。近年来，把鼓励和支持农村专业合作经济组织的发展作为促进农村产业结构的战略性调整、加快农业产业化经营的步伐、推动农村经济的健康发展的重要措施来抓，积极开展了对农村专业合作经济组织的扶持、引导、服务和规范工作，为农村专业合作经济组织的发展创造了良好的条件和环境，农村专业合作经济组织得到了较快发展。

一、发展现代农业需要大力发展农村专业合作经济组织

大力发展农村专业合作经济组织是推进农业由传统农业向现代农业、由自然农业向商品农业转变的必由之路，是农业生产方式、经营形式和社会组织形式的重大变革。应当看到，经过改革开放三十多年来的探索，丘陵地区农村规模经济已有相当大的发展，农业产业化经营已初具雏形，实现二次飞跃的条件已基本具备。同时，我们也必须看到，丘陵地区大部分农村仍然以家庭分散经营为基础，自给自足非常普遍。在农业劳动力严重过剩和农户土地超小规模经营的现实情况下，最好的办法就是采取农村专业合作经济组织的形式，把千家万户的小生产组织起来，实行集约化经营。唯有如此，才能保证在有限的土地上，农业生产渐成规模、农民收入稳步增长。从这个认识层面上讲，发展农村专业合作经济组织至少是在社会主义初级阶段我国农村发展集体经济、开展适度规模经营，实现农村二次飞跃的必由之路。

（一）培育农村专业合作经济组织，有利于提高农民进入市场的组织化程度

在社会主义市场经济体制日益完善的背景下，促进农村专业合作经济组织的发展，是关系到农村经济发展前途和命运的一个重要问题。我国农业发展中要解决小生产与大市场的矛盾，解决这个问题的重要途径之一就是建立农村专业合作

经济组织，从而克服农户分散经营的弊端，推进标准化生产，提高标准化管理，推进品牌建设，解决农产品加工、储藏问题，引导农民有序地进入市场，走专业化、商品化、社会化的道路，实现农民增产增收。专业合作的组织形式，有效地发挥了懂技术、熟悉市场的农村专业大户的带动作用，实现了技术、信息、资源、市场共享，并通过注册商标、获得绿色产品认证等方式，树立了品牌，扩大了产品影响，有效地实现了千家万户分散的小生产与千变万化统一的大市场的对接。

（二）培育农村专业合作经济组织有利于提高农民的总体素质

由于农民在农村专业合作经济组织中直接参与民主管理，所以其主人翁意识、民主意识、参与意识、法律意识大大提高。农民在闯市场的过程中，经历了商品经济的洗礼，学会了经营，商品意识、市场意识、竞争意识大大增强。农民在农村专业合作经济组织内所从事的生产、经营、管理活动与所接受到的培训，已成为农民增长才干、开阔视野的重要途径。从根本上看，农民在农村专业合作经济组织中学技能、闯市场、办实业的过程也就是农民的总体素质发生飞跃的过程。

（三）农村专业合作经济组织的发展有助于弥补当前农村行政管理的薄弱环节

从农村当前现实看，税费改革之后农民负担虽然有了较大幅度下降，但不容忽视的是县乡政府普遍面临财政拮据、运行困难的窘迫境地，所以导致政府管理能力相对削弱，特别是对农村的行政管理出现某种程度的真空化状态，因缺乏基本的经费来源，许多事情县乡政府都是希望有所为却不能为。在农村专业合作经济组织的实际发展过程中，地方政府发现，借助其内部组织管理的天然优势，可以以较低的行政成本实现某些过去难度较大的政府目标，如农村社区内公共性的道路建设、沟渠修缮等。事实上，依靠农村专业合作经济组织完成以前属于政府的各类工作，已经成为当前地方政府的一种非常有效并且可行的选择。

（四）农村专业合作经济组织的发展有助于实施地方政府的农业产业政策

在农产品市场竞争日趋激烈的背景下，地方政府在对农业产业政策的选择上包括以下三个方面的内容：一是扩大农产品生产规模，在一定区域范围内争取规模效益。二是强化技术推广，提高本地农产品的市场竞争力。三是构建质量安全控制体系，塑造本地农产品的品牌形象。换言之，地方政府在农业产业政策的基本取向是扩张规模、提高质量、打造品牌。显而易见的是，这三大政策目标的实现都必须依靠小农户的集体行动，由地方政府直接面对数量众多的分散农户则不仅成本很高，而且困难重重；相反，地方政府通过农村专业合作经济组织来实现政府农业产业发展的政策目标，则能够大大减缓过去政府直接面对农户所必然产生的经济冲突甚至是政治上的风险，使产业政策的实施阻力更小、效率更高。由此也就不难理解为什么地方政府对农村专业合作经济组织会有较多的行政介入，以及农村专业合作经济组织的发展类型总是与地方政府的产业发展取向高度相关。在这一过程中县乡两级干部的工作方式也相应地发生了变化，他们已经开始逐渐适应过去以干部的身份转变为以协会管理人员的身份从事农村经济管理工作这样一种身份转换。

（五）发展农村专业合作经济组织有利于推进新农村建设

发展农村合作经济组织对社会主义新农村建设的积极意义，可以从农村专业合作经济组织的一般原则与新农村建设"生产发展、生活宽裕、乡风文明、村容整洁、管理民主"内在要求之间的一致性得到体现。

1. 发展农村专业合作经济组织可以促进农业和农村生产发展

农村专业合作经济组织可以加强农民的经济联合与劳动联合，形成局部的规模化生产，提高农业生产力；农村专业合作经济组织在有关农业生产的技术服务方面可以为农民提供更多便利，有利于新技术的推广应用；农村专业合作经济组织一般根据地域资源特点实行专业化生产，这在一定程度上可以推进农业和农村经济结构的调整；农村专业合作经济组织大量发展后，势必对地区性的农村现代流通体系建设提出更高要求，这将加快相关资本进入农村现代流通体系建设的步伐。

2. 发展农村专业合作经济组织可以改善农民生活条件

农村专业合作经济组织本来就具有弱者联合的内涵，它可以通过农民的联合，用一个声音说话，在农产品销售、农资采购、农机农技服务等多个方面提高农民议价能力，摆脱议价中的劣势，获取更多价格优惠；农村专业合作经济组织所产生的规模效应，可以降低交易费用，提高农民生产经营收益，从而有利于提高农民收入、改善农民生活。

3. 发展农村专业合作经济组织可以提高农民素质

农村专业合作经济组织自身就要求为社员提供教育、培训和信息服务，因此农村专业合作经济组织通过自身的教育培训职能为社员提供文化、生活、技术等方面的培训，可以提高社员的综合素质。这对活跃农村文化生活、提高社会道德水平等方面都将产生极大的促进作用。这与我们当前建设和谐社会的要求也有内涵上的一致性，从而促进乡风文明。

4. 发展农村合作经济组织可以推动农村社区发展

农村专业合作经济组织根据其原则要求，必须在满足社员需求的同时，推动所在社区的持续发展。这一要求既为其自身的持续发展积累了社会资本，同时也给社区农民带来了社会效益，可谓"双赢"。因此，农村专业合作经济组织的发展对于提高农村社区的生产居住条件，改善农村环境卫生，最终达到新农村建设所要求的"村容整洁"是具有积极作用的。

5. 发展农村专业合作经济组织可以提高农民的社会主义民主意识

农村专业合作经济组织是民办、民管、民受益的组织，实行社员参与、民主管理，原则上采取一人一票。而且农村专业合作经济组织要求自身保持自治与独立性，其经营活动不受政府或其他资本的影响。以上两个方面决定了农村专业合作经济组织是培养农民民主意义的理想平台，其发展对于我国发展村民自治与农村基层民主选举无疑会起到极大的正面作用。只要我们在发展农村专业合作经济组织的过程中注意思想政治教育的方式和方向，积极引导，正确组织，就能使其在社会主义新农村建设中发挥更大的作用。

（六）农村专业合作经济组织的发展有助于促进乡镇农技推广机构的转型

当前，地方政府面临的财政困境更多地表现在乡镇机构上面，其中乡镇农业技术推广部门处于更加困难的境地，突出的表现是原有农技推广服务体系普遍"线断、网破、人散"，农技服务功能显著削弱。在实施农村税费改革和乡镇机构改革两项改革之后，大多数乡镇都成立了综合性的农业服务中心。农业服务中心实现以块为主的管理体制，同县级职能部门之间只是业务指导关系。由于县财政不管工资或者只支付其中一小部分工资，乡镇农业服务中心发现要通过为千家万户提供技术服务来实现自收自支非常困难。乡镇农业服务中心通过农村专业合作经济组织的组织载体开展农技服务工作，不仅在农户中能够产生更多的认同感，而且也更容易获得相应的经济回报。这样，乡镇农业服务中心与农村专业合作经济组织的联合就形成了一种制度上的选择，并在不断地试错过程中重新界定经营性职能和服务性职能之间的微妙关系。

二、农村专业合作经济组织的特征和形式

（一）农村专业合作经济组织的特征

1. 农村专业合作经济组织的发展主要以当地具有一定比较优势的农业产业为依托

例如，丘陵地区是油菜生产基地，其油菜协会的发展起步早、规模大，具有较大影响。与之类似，丘陵地区的生猪、蔬菜、水果都具有明显的产业比较优势，各自的养猪协会、蔬菜协会、水果协会和林竹协会也就得到了重点扶持并实现了较快发展。因此，从总体上判断，农村专业合作经济组织与当地具有比较优势的主导产业的发展有比较强的相关性，这既是地方政府产业政策导向的结果，也符合农民通过发挥自身比较优势增加收入的需要。

2. 农村专业合作经济组织的组织模式表现出多元化发展态势

农村专业合作经济组织的发展有两个明显态势：一是以乡镇协会为主体向上扩张，组建县级甚至市级产业协会；二是以县级产业协会为依托向乡镇延伸，扩

大乡镇协会的数量和规模。从趋势上看，各个农村专业合作经济组织完全孤立的自我发展方式正在逐步改变，农村专业合作经济组织纵向组织体系的构建已经初露端倪。但是，与一般农户利益联系更直接的村级小规模协会的发展数量极其有限，这导致现有农村专业合作经济组织发展的基础支撑存在明显缺陷，从而成为一个需要高度重视的问题。

3.·农村专业合作经济组织以多样化注册方式谋求合法地位

一般而言，比较松散的小型农村专业合作经济组织通常是在科协或相关农业行政主管部门备案，有一定规模的农村专业合作经济组织主要在民政部门登记，而从事一些经营活动的农村专业合作经济组织则需要在工商行政管理部门进行登记注册。协会注册登记方式的多样化一方面与现行多头管理的体制直接相关，另一方面也表明农村专业合作经济组织的实际发展水平参差不齐，总体上还处于刚刚起步的初始发展阶段。

4. 农村专业合作经济组织仍然维系着以技术服务为主的功能特征

尽管不同区域和不同类型农村专业合作经济组织发挥的主要功能作用是有差异的，如养猪协会主要是在饲料、兽药供应以及疫病防治方面发挥作用，而蔬菜协会则主要是以提供优质品种及产品检验方式为农户提供帮助，但上述差异主要表现在技术服务的内容和重点有所不同。从总体上评价，现有农村专业合作经济组织以技术服务为主的功能特征仍然十分明显，其在农产品销售方面提供的服务还十分有限，所加入协会只提供了种植或养殖技术服务的比重达到89%。

（二）农村专业合作经济组织的形式

1. 农村专业合作经济组织是农村特色产品生产和经营的领跑者

任何农村专业合作经济组织的建立和发展都以当地的特色产品作为支撑。可以说，没有特色产品，就没有农村专业合作经济组织的生存条件。特色产品是当地固有的，而协会的建立和发展，无疑加快了这些特色产品的生产规模化、市场化的步伐。

2. 农村专业合作经济组织是农村先进生产力的实践者

任何一个好的、成功的农村专业合作经济组织，它在当地、在同行业都是或应该是先进产品、先进技术、先进管理水平的拥有者。如丘陵地区的米业公司、薯业公司，在业界，它们的产品深加工技术、管理技术都处于领先水平。一些农村专业合作经济组织还拥有自己独立知识产权的产品和商标。

3. 农村专业合作经济组织是分散农户发展市场经济的有效组织者

我国农村的土地制度是以家庭经营为主长期不变。在我国农村，一方面是分散农户小规模生产；另一方面市场经济要求专业化大规模生产，两者要有机地统一，行政命令"一平二调"显然行不通。在家庭经营不变的前提下，走农村专业合作经济组织的道路无疑是最佳选择。其一，它们都以某一特色产品生产为基础；其二，它们都以把这一特色产品推向市场，实现其最大价值为目标。这两点构成了两者有机结合的经济基础。

4. 农村专业合作经济组织是中国农村经济形式的主流趋势

要实现农业现代化，必须把分散农户组织起来，走专业化生产、规模化经营的道路。在中国怎样组织？日本农协给我们树立了成功的典范。第二次世界大战以后，日本政府根据本国实际，于1947年颁布了《日本农业协同组合法》，法律赋予日本农协五大职能，即生产指导、农产品销售、生产生活资料集中采购和供应给会员、信用合作和社会福利等。经过几十年的发展，日本现有基层农协4000余个，几乎涵盖了日本100%的农村区域和100%的农民。从中不难看出，当前丘陵地区农村专业合作经济组织发挥作用中应该学习借鉴日本的经验。

5. 农村专业合作经济组织是政府职能转变和乡镇体制创新的催化剂

农村专业合作经济组织是从事农产品生产、加工、经营、服务的部门，并由企业、行政部门、农民和其他人员自愿组织起来的，以搞好服务、促进发展、增加成员收入为目的，通过提供技术、信息、购销、加工、储运等服务，实行自我管理、民主决策、互相合作的经济组织。农村专业合作经济组织的出现，有效地弥补了政府职能的转变慢和市场经济快速发展以及加入世界贸易组织后社会化服务滞后的缺陷，办成了单家独户的"办"不了、基层组织"统"不了、政府部门"包"不了的事情，也体现了"民办、民管、民受益"的原则。

6. 发展农村专业合作经济组织是改善农民"弱势"地位的有效组织形式

我国发展市场经济后，随着市场全面放开和各类公司应运而生，市场竞争更加激烈，为了保护市场交易有序竞争，我国出台了相关市场交易的法律法规，保护了生产者和消费者的利益。但对广大农民而言，由于实行联产家庭承包制，生产、加工、销售以户为单位，加之居住分散，组织化程度低，市场信息闭塞，造成了市场交易过程中总会被一些有实力的、信息灵通的公司压级压价，使农民在交易过程中处在"弱势"地位。农村专业合作经济组织的建立，提高了农民的组织化程度，农民生产的产品由农村专业合作经济组织统一收购和销售，并依照交易规则，签订合同，不仅保护了农民利益，也改变了农民在交易过程中的"弱势"地位。

三、四川丘陵地区农村专业合作经济组织发展的现状分析

从20世纪80年代末期开始，丘陵地区就探索发展以专业技术协会和专业合作社为主的农村专业合作经济组织。目前，已形成了一批农民"自我组织，自我管理，自我服务，自我受益"的农村专业合作经济组织，成为科技与生产结合、生产与市场相连的桥梁和纽带，推动了丘陵地区农村经济的持续、快速发展。

四川是农业大省，是中国农村改革最早的发源地之一。四川农村专业合作经济组织萌芽于 20 世纪 80 年代初，当时作为农业技术服务体系的补充，以技术交流合作为主。进入 20 世纪 90 年代后期，随着我国经济由短缺经济向相对过剩经济的转变，市场竞争的日益激烈，要求农业生产调整结构扩大规模、统一技术提高质量、联合购销降低成本，以增强市场竞争能力。在这种情况下，既提供技术服务、又提供生产和销售服务的农村专业合作经济组织便应运而生，并进行了多种形式的探索。但总体上处于自发状态，没有形成大的气候，对农村经济发展的影响力和带动力不强。近几年来，四川丘陵地区农村专业合作经济组织的发展呈现出全新的面貌，取得了明显成效。四川丘陵地区已有农村专业合作经济组织 11 500 个，有力地推动了农业产业化经营、农村经济的发展。

为了适应市场经济的需要，四川丘陵地区涌现出的农村专业合作经济组织活跃于农村流通领域，在开拓农产品流通渠道、实现农民增收方面发挥了重要作用。但是，与发达国家和发达地区相比、与农村现实需要相比，差距仍然很大。主要表现在：数量不多、规模不大、覆盖面不广；机构不全、体系不稳、组织化程度不高；职责不明、功能不强、成效不显着，没有起到"建一个协会、兴一项产业、促一方发展"的作用。

金堂县三溪白庙脐橙专业合作社目前有农民种植户 69 户，脐橙总面积 128 亩，年产脐橙达 100 万千克。同时，合作社还辐射带动三溪镇以及金龙镇、高板镇、淮口镇等三溪周边地区 10 000 余户农户，覆盖面超过 2 万亩。合作社以"服务广大果农、提高农业效益"为宗旨，以"专业合作社 + 基地 + 农户"模式、按照"五统一、两配送"（"五统一"即统一培训、统一技术指导、统一生产规程、统一物资配送、统一营销；"两配送"即配送农药、配送化肥）要求，致力于为果农提供优质便捷的生产技术和物资配送服务、促进脐橙标准化生产。提高果实品质和产业效益。此外，合作社还积极与脐橙加工、销售等从业者合作，努力搭建广大农户与市场的桥梁。力争实现"农民增收、农业增效、业主获利、产业壮大"的目标。

大竹县鹏程果业农民专业合作社现有成员 3693 户，带动农户 2800 户，是一家专门从事优质水果苗木繁育、种植、销售为一体的农村专业合作经济组织。2009 年该合作社销售收入达 2350 万元。自该合作社成立以来，按"合作社 + 村级组织 + 农户"的运作模式，发展种植基地 10 600 亩，与 8 个乡镇、30 个村、8525 户农户建立了紧密合作的关系。该合作社严格按照《合作社法》和《合作社章程》依法运作，很好地维护了果农的利益。资中县三块石养猪农民专业合作社现有成员 136 户。2008 年出栏生猪 58 600 头，户均增收 8000 元；2009 年存栏生猪达 3 万头，出栏生猪达 10 万头，产值 1.2 亿元，户均增收 2000 元以上。该合作社积极探索"龙头企业＋合作社＋农户"合作模式，建立了生猪养殖科技示范园区，创建了全国第一所养猪农民田间学校，实行品种、饲料、技术、防疫消毒、收购"五统一"，推进生猪标准化、规模化、健康养殖，带领农民增收致富。

华蓥山市黄花梨专业合作社，现有成员 300 余户，涉及 2 个镇、3 个街道办事处、25 个行政村，带动周边农户 5000 户。该合作社大力开发荒山茶园，利用农业综合开发、退耕还林、国债资金 400 万元，建成了优质黄花梨基地 20 000 亩，固定资产达到 1728 万元。参与合作经营的农户年收入 6000～9000 元，最高的可达 20 000 元。自贡市九台山瓜椒专业合作社主要从事九洪瓜（西瓜、南瓜）椒（花椒、小红椒）的生产和销售。现有成员 897 户，带动农户 4800 多户。生产基地 3.5 万亩，2009 年基地产值达 6500 万元以上，纯收入达 5000 万元。2009 年该合作社被列为省级示范农村专业合作经济组织。

名山县吉茗源茶业合作社从事现茶苗种植和销售，现有成员 306 户，带动农户 2800 户。2008 年销售收入达 1200 万元；2009 年共签订茶苗购销合同 3000 多万株，并带动茶农插茶苗达 6 亿株。2009 年名山县吉茗源茶业合作社被列为省级示范农村专业合作经济组织。

安岳县金大地柠檬专业合作社在岳阳、石桥铺、偏岩等乡镇建有标准化柠檬示范基地 7000 余亩，吸收农民种植户 800 余户。2009 年产鲜果 4000 余吨，实现收入 1900 余万元，社员年人均增收 2600 元。金大地柠檬专业合作社采用"合作社＋龙头企业＋基地＋农户"紧密合作的运行机制，实现了合作社与社员之间的无缝衔接，增强了合作社与社员之间的凝聚力和向心力。

近年来，丘陵地区党政坚持把培育农村专业合作经济组织作为推进农业产业化，加快传统农业向现代农业转变，帮助农民增收，建设农村小康社会的重要途径，采取多方引导、重点扶持、政策驱动等办法和措施，确保了农村专业合作经济组织较为规范地快速发展。南充市以农村专业合作经济组织为载体，推进利益联结机制创新。着力推广南部县"先锋蚕业合作社"模式和"专合组织＋农户"、"龙头企业＋专合组织＋农户"等多种模式。农村专业合作经济组织使农民与龙头企业之间的利益联结更为紧密。农户增收致富能力和水平显著提高，龙头企业规模效应和市场利润空间进一步扩大。在互利互惠中，形成强大合力。目前，南充市建立各类农村专业合作经济组织 1837 个，入社（会）农户达 89.8 万户，占农户总数的 50.9％；已组建园区协会（合作社）500 余个，组织农户 1.2 万人进入现代农业园区创业发展。南部县先锋蚕业合作社将南部、阆中、仪陇等县（市）42 个乡镇 3.8 万户农户组织起来发展蚕桑基地 15 万亩，销售收入突破 5000 万元，入社农户仅此一项人均增收 600 元以上。这些农村专业合作经济组织呈现出多专业、多类型、多成分、多形式的特点。南部县先锋蚕业合作社现已发展成员 8000 多户。目前，先锋蚕业合作社已形成了以碾垭乡为中心，覆盖楠木、建兴、升钟水库淹没区等 16 个乡镇、86 个村、576 个社、3.5 万余户，年养蚕 36 460 张、产茧 137.8 万千克、销售收入 2756.3 万元的农村专业合作经济组织。南部县先锋蚕业合作社被首批列为省级示范农村专业合作经济组织。

培育示范典型，发展进程加快。南充市除重点帮助指导了高坪区抓好全省的农村专业合作经济组织示范区试点工作外，还围绕发展"五业经济"等特色产业，直接选择了 10 个重点农村专业合作经济组织进行扶持，着重从为农户提供产前、产中、产后系列服务，切实保护农民利益等方面入手，帮助其不断完善各种机制，成功培育了"公司 + 托牛场 + 农户"、"富达竹业 + 协会 + 支部"、"南部绿神 + 先锋蚕业合作社 + 农户"、"李子园奶业 + 支部 + 协会"等新典型、仪陇县的麦冬协会、阆中崭山的米枣协会等。在这些典型的示范带动下，南充市农村专业合作经济组织呈现出运作规范、服务完善、快速发展的良好势头。

富顺县有各类农村专业合作经济组织 75 个，其中：四川省百强协会 1 个，自贡市市级重点农村专业合作经济组织 6 个，县级重点农村专业合作经济组织 8 个。通过改造传统模式，发展各类中介组织和"订单农业"等方式，使龙头企业与农民利益联结机制逐步完善。通过支持引导龙头企业和农民成立了行业协会和农村专业合作经济组织，发挥了其在规范经营的行为、价格协调、利益纠纷调节、行业损害调查等方面的作用，保护了农民和企业的利益。通过积极发展订单农业，用"订单"的形式把企业和农民的利益有机联合起来，既避免了结构调整的盲目性，又为企业发展提供了充裕的原料。

遂宁市农民组织化程度不断提高。随着农业产业化的发展，遂宁市农村专业合作经济组织不断发展。2009 年，遂宁市有农村专业合作经济组织 947 个，其中工商登记注册 309 个，涉及粮食、中药材、茶叶、蔬菜、水产、林业、食用菌、水果、棉花、花椒、畜禽等 10 多个类别，已成为遂宁市农村社会化服务体系的重要组成部分，在搞活农产品流通、引导带动农民结构调整等方面发挥了重要作用。2009 年，遂宁市农村专业合作经济组织共带动农户 36.5 万户，实现销售收入 19.6 亿元，入社社员收入高于其他农户的 20% 以上。农村专业合作经济组织的建立和发展，不仅提高了农民的组织化程度，还在较大程度上助推了农业产业化的发展。蓬溪县九叶青花椒专业合作社围绕专业生产开展产前、产中、产后系列化服务和社员之间的互助合作，按照统一供种、统一技术、统一供肥、统一营销，千方百计地扩大种植规模，提高科技含量，增强辐射面，形成专业化生产、产业化经营，最大限度地为社员谋求最佳经济效益，努力实现增收致富。现已发展成员 2650 户，带动农户 8520 户，种植青花椒 1.5 万余亩，盛产期年产值 7500 万元以上，户均年收入达 3500 元以上。

　　一个农村专业合作经济组织要发展，离不开能人的带动。主要是因为农村能人（种养、运销大户等）有一定的专业技术水平，在从事的行业也获得了成功，在农户中有一定的感召力和威信，有利于农村专业合作经济组织的团结和作用的发挥。实践证明，由能人带动的农村专业合作经济组织较其他个人或组织带动的农村专业合作经济组织具有更强的生命力。

　　市场导向是根本。农村专业合作经济组织的产生离不开市场，发展和壮大仍然离不开市场。不以市场作导向，农村专业合作经济组织不仅失去了生存的根基，也失去了存在的必要。因此，他们必须按照市场规律要求组织指导生产、传授技术、提供信息、开展营销等服务，方能确保长久生存、成长壮大。

　　企业牵引是保证。实践证明，无论是协会还是专业合作社等农村专业合作经济组织的发展均离不开企业的牵引和支撑。因为依托龙头企业销售农产品，能较好地解决农村专业合作经济组织自身难以解决的问题，提高农民闯市场的组织化程度。

四、四川丘陵地区农村专业合作经济组织发展需要解决的主要问题

（一）对农村专业合作经济组织发展的重要性和紧迫性的认识不够

　　建立和发展农村专业合作经济组织，是调整新形势下农村生产力和生产关系的重大创举，是提高农民组织化程度，实现自我管理、自我服务、自我发展的有效组织形式，是农业社会化服务体系的重要组成部分，是实施农业产业化经营的重要载体，对培育一批高素质的新型农民、实现小生产与大市场的有效对接、促进农业和农村经济的发展具有重要意义。但一些地方和部门领导对农村专业合作经济组织发展的必然性、重要性和紧迫性缺乏足够的认识，因而在工作中没有将农村专业合作经济组织摆上应有的位置。没有正确把握农村专业合作经济组织"民办、民管、民受益"的基本原则，造成有的地方在引导、发展农村专业合作经济组织时，包办过多，管了不该管的事。特别是依托政府部门的领导担任会长或理事长，以致政府介入过深，行政干预色彩过浓。而政府该管的诸如引导、规范管理、加强扶持等则管得较少，农民真正得到的实惠不多。为确保农村专业合作经济组织的健康发展，必须多层次、多方面宣传，在全社会形成广泛共识。

　　对建设社会主义新农村的内涵把握不准。有的人不明确发展现代农业的要求和发展现代农业的条件，有的人把新农村建设与村庄建设等同起来，有的人把住房建设提到第一位，有的人做表面文章，搞形象工程。对发展现代农业和新农村建设存在畏难情绪。有的地方谈到发展现代农业、新农村建设，不少干部感到有些"困惑"，"难"字当头，认为乡村债务难化解，农民难组织，科技水平低，农村公益事业难开展，迎难而上、创造性开展工作的主动性不够。

（二）资金扶持的办法和方式有待改进

1. 重企业，轻农村专业合作经济组织、轻专业大户

在分配扶持资金上，往往对省级、市级龙头企业较为重视，少则几十万元，多则上百万元，而对农村专业合作经济组织扶持相对较少，对专业大户的扶持更是少之又少。

2. 重扶持，轻监督

由于管理部门人力有限，根本顾不上管理，对政府给的钱，企业做了什么，很少过问，缺乏有效监督。

3. 重企业效益，轻社会效益和农民效益

国家对龙头企业投入大量资金，不外乎是想利用企业的产品优势、技术优势、市场优势，带动农民，为农民增收致富起到示范效应。而实践中，一些企业往往只顾自己的利益，缺乏对农民的实际帮助。一些龙头企业年收入上千万元，但为其供应原料的农民却没有得到任何实惠。

4. 重硬件，轻软件

政府的大笔投入大都用于企业硬件建设，盲目扩大规模，而对其内部管理却没有引起足够重视。个别省、市级龙头企业的内部管理无章可循。

5. 重投入，轻管理

对企业的投入是必要的，但日常的管理与监督尤为重要。由于市级管理部门人手少，管理仅限于立项和分配资金工作上，平时很少深入企业进行调研，对项目实施的结果缺乏有效检查和监督。

（三）内部管理机制有待健全和完善

目前，农村专业合作经济组织、协会一般都是企业与企业、业主与业主之间的联合，而真正以农民为主体的农村专业合作经济组织、协会还很少。现有的农村专业合作经济组织、专业协会与农民之间还未形成广泛而科学的利益连接机制，大部分农村专业合作经济组织对会员的二次分配的比例较小，有的甚至没有二次分配。在很大程度上没有体现会员的主体地位，社会分工不细，没有真正把广大农民组织起来，社会化组织化程度低。农村专业合作经济组织对农民的吸引力和凝聚力较差。

现有的农村专业合作经济组织普遍存在规模不大、覆盖面小、自身实力不强、发展不够规范、组织化程度不高、管理制度不健全和稳定性较差、内部控制制度不健全、运作和管理随意性较大。目前，农村专业合作经济组织、农村经纪人等中介组织少，且运作不规范，发挥作用不大，没有真正地把分散经营的农户与大市场对接起来。

龙头企业、专业市场和农村专业合作经济组织之间缺乏诚信，供大于求时，产品全收；供过于求时，压质压价收购，有时甚至少收或不收。农民缺乏诚信，

供大于求时，不履行合同，少卖甚至不卖；供过于求时，强调合同履行，产品全卖。

（四）需要解决诚信问题

农村专业合作经济组织要发展，必须让农户切实体会到加入农村专业合作经济组织对其生产和增收带来的益处。我国许多村庄居民存在血缘关系，密切了农户间的关系，外部性随之而生。有些研究协会经常向会员提供技术指导和培训，一些会员的亲戚朋友虽然未加入农村专业合作经济组织，但仍跟随学习或向会员打听新技术的应用。有的果品协会为节约运输成本和搜寻成本，从外地帮会员引进商贩，但一些非会员打听到消息后，私下和这些商贩联系，将水果以同等或更低的价格卖给商贩。可见，这些非会员也享受到了会员的权利，会员的利益受到侵害，他们觉得加不加入农村专业合作经济组织都是一个样，其积极性受到伤害，不利于农村专业合作经济组织的发展壮大。

市场主体在经济活动中都是理性的经济人，都会追求自身利益的最大化。政府的目标是维持和实现政府经济或非经济的政策和计划，农村专业合作经济组织的目标是最大限度地发挥对内服务的职能，企业的目标是追求企业利润最大化，农民的目标是最大限度地满足自身某种或某些社会需要。在完全竞争的情况下，个体最优会导致集体最优，但由于信息不对称，往往会出现逆向选择和道德风险。因此，诚信问题尤为突出。

我国农村家庭生产经营方式的弊端是规模小、层次低、离散性强、联合性差、组织化程度低，受小富即安等传统思想束缚，农民要进行联合和规模生产，容易受一次博弈的影响，陷入"囚徒困境"。

农村专业合作经济组织与龙头企业的合作。农村专业合作经济组织与龙头企业的接触过程中，双方都存在诚信问题。如果农民未通过农村专业合作经济组织与龙头企业的联系，在农户违约的情况下，龙头企业要诉诸法律会支付高额的诉讼费，即使胜诉也难以弥补损失，何况政府通常会保护弱势群体的利益。

农村专业合作经济组织与政府的合作。政府在与农村专业合作经济组织的交往过程中，诚信问题尤为突出。公司及其下属的联合社，在各级政府的项目工程招标中应收回应收的账款。从经济学的角度来看，政府除提供公共物品和管理公共资源外，也是经济人，也会追求自身利益的最大化。由于政府利益与其他社会主体的利益并非总是一致的，因此，政府在与龙头企业和农村专业合作经济组织交往的过程中，也会努力维护自身利益。

（五）农村专业合作经济组织贷款困难

当前农村专业合作经济组织发展的最大瓶颈就是资金缺乏，但由于其法律地位没有被确认，难以从农村信用合作社和其他金融机构取得贷款。有的县农村专业合作经济组织的资金很受限制，其主要来源是政府补贴、入股股金、会费、龙头企业的赞助等。

由于农村专业合作经济组织规模小、人数少，会费收入微乎其微，而很多县的其他专业协会会员也多集中在 60～160 户之间，每个协会中 90% 以上的会员都只交纳了 10～30 元不等的会费，只有少数理事交纳了 50 元乃至上百元。这微薄的资金连协会工作人员的工资都无力支付，更不用谈协会的科研与技术推广。政府补贴成了主要的资金来源，换句话说，有些县的农村专业合作经济组织还在靠政府输血，发展规模很受限制。

五、四川丘陵地区进一步发展农村专业合作经济组织的思路

（一）加强领导，增强发展和完善农村专业合作经济组织的紧迫性和自觉性

遵循客观经济规律是推进农村专业合作经济组织发展的重要前提。农村专业合作经济组织是农业生产关系的变革和经营制度的创新，是农业生产专业化、规模化、市场化的必然结果，其发展有一个循序渐进、水到渠成的过程。只有农业专业化生产发展达到一定水平、产业形成一定规模，农民才有开展联合协作的内在要求。因此，发展农村专业合作经济组织必须坚持从实际出发的原则，按照生产力发展水平和农村经济发展规律的要求，立足本地发展实际，通过积极引导和适当扶助，在已经形成一定规模和优势的产业中，主要依靠农村能人、专业大户带头，精心培育，做到成熟一个、发展一个。要从产业发展需要出发，确定农村专业合作经济组织发展的模式和规模。在开展工作中，要防止操之过急，下任务、限时间，一哄而上，切忌违背客观规律，拔苗助长；否则，就会重蹈 20 世纪 50 年代"合作化"运动的覆辙。尊重农民意愿和创造精神是农村专业合作经济组织健康发展的重要基础。农村专业合作经济组织是在家庭联产承包经营责任制基础上，为解决单家独户小生产经营难以应付自然和市场双重风险而自发组织起来的农业生产经营组织，是农民自己的组织。在推进农村专业合作经济组织发展过程中，一定要坚持"民办、民管、民受益"的原则，尊重农民的意愿和创造精神，按照"重引导、少干预、多服务"的工作思路，努力做到以市场为导向，按市场经济规律办事，正确引导而不旁观，热情支持而不干预，认真参与而不包办。在引导和规范的过程中需要把握以下几点：一是坚持以专业生产为主体，体现专业性。二是要有比较明晰的产权关系。即不改变土地承包关系，不改变成员的财产关系，资产归成员共同所有。三是坚持自愿，实行民主管理。四是对外开展经营活动，追求经济效益最大化，对内不以盈利为目的。五是开展多种形式的服务或实行二次分配（按交易量大小返还利润），让成员得到实惠。六是可以在村级范围内，也可以跨乡、跨县甚至跨市、跨省进行专业合作。

各级行政部门和上级组织绝不能越俎代庖，搞违背农民意愿的行政干预。要引导农村专业合作经济组织坚定不移地走自主发展的道路，在发展中自觉规范行为，提高素质。只有充分尊重农民的意愿，不限形式、不限规模、不限产业，从现实需要出发，由农民自主创立的专业合作组织，才会受到农民的欢迎；只有充分尊重农民的选择，始终如一地贯彻"入社自愿、退社自由"的原则，才能使农村专业合作经济组织成为真正的自由联合体；只有实行民主管理，才能有效地避免盲目决策、混乱管理和损失浪费等行为，才能更好地树立农民在农村专业合作经济组织中的主人翁地位；只有尊重办会宗旨，对内以搞好服务、增加成员收入为己任，对外以追求最大利益为目标，才能保证农村专业合作经济组织的可持续发展。

要探索建立农产品行业协会。农村专业合作经济组织要与有较强实力的大公司竞争，更好地应对"入世"的挑战，走联合发展的道路、建立农产品行业协会是大势所趋。一些农村专业合作经济组织发展较好的地方，已在进行这方面的探索。新发展农村专业合作经济组织中，有些是市一级的行业性协会，有些是县一级的行业性协会。行业协会不但能在组织生产、开拓国内国际市场等方面发挥重要作用，而且将在实施行业自律、维护行业秩序、参与制定行业标准、减少无序竞争、提高谈判地位等方面发挥着不可替代的作用。

农村专业合作经济组织还处在探索阶段，还远远不能满足农村经济发展和农民增收的需要。相当一部分农村专业合作经济组织的运行机制还不健全，民主管理尚未实现，成员联系比较松散，章程不够规范且约束力不强，制约了农村专业合作经济组织的发展。很多农村专业合作经济组织的市场竞争力不强，难以在组织农民、统一生产、开拓市场等方面发挥更大的作用。农村专业合作经济组织的发展水平远远滞后于市场经济和农业发展新阶段的要求。究其原因，并非农民不需要自己的合作组织，而是在很大程度上受制于外部发展环境的制约，尤其是合作组织制度供给上的严重不足。

把加快农村专业合作经济组织发展纳入工作的议事日程，加大工作力度，务求认识到位、工作到位、措施到位；制定发展规划，加强规范化管理与指导，做好服务工作；引导广大农民积极参加农村专业合作经济组织，切实保护农村专业合作经济组织的合法权益，并引导其健康发展；加强对农村专业合作经济组织的帮扶与指导，坚持"引导不领导、扶持不干预"的基本准则，使其规范化管理、科学化运作，真正成为发展县域经济的一支主力军。

（二）政府要转变职能，从政府包办、替农民做主转向由农民自主

为了使农村专业合作经济组织能在经济上逐渐自立，政府必须给予必要的扶持。包括：①财政扶持。要把扶持农村专业合作经济组织作为补贴农民的一条重要途径，对农村专业合作经济组织及其成员的生产性基础设施建设、技术引进、

人员培训、农产品促销等，财政给予一定补贴。②税收扶持。农村专业合作经济组织应该优先享受农业社会化服务组织、农业产业化龙头企业等应有的税收优惠；对农村专业合作经济组织加工、经销的农产品应视同农民自产自销的农产品免征增值税；农村专业合作经济组织为农业生产提供的产前、产中、产后服务应免征所得税。③信贷支持。各金融机构对农村专业合作经济组织的贷款申请，在健全评估机制的基础上，根据项目用途与实际需要，适当放宽担保抵押条件，积极提供信贷资金，以解决农村专业合作经济组织发展资金不足的问题。④项目支持。在符合国家项目立项政策的前提下，农业开发项目、农业技术推广项目、农产品加工重点项目等，应优先安排给农村专业合作经济组织组织。

农村专业合作经济组织在发展过程中要体现"三民主义"和"四大自由"，即民办、民管、民受益和农民自我组织、自我管理、自我服务、自我受益。因此，政府的主要职能是支持和帮助。在农村专业合作经济组织发展的前期，政府应加强对农村专业合作经济组织的宣传教育，在资金上和技术上给予支持，促进农村专业合作经济组织的发展。当农村专业合作经济组织发展到一定阶段后，政府要从直接参与中退出，充分利用世界贸易组织绿箱政策，在技术推广、人员培训、营销贷款、农资供应和科研上给予政策支持，彻底转变其行政干预的功能，发挥宏观调控的作用，使自己成为农村专业合作经济组织发展的引导者、扶持者和服务者。从而为农村专业合作经济组织的发展营造良好的市场环境，让其能积极、主动地应对市场，真正做到"引导不参与，鼓励不包办，扶持不干扰"。

整合社会利益，化解社会矛盾。农村专业合作经济组织要发展就必须对社会个体和群体的利益进行调整，消除利益主体间的摩擦和冲突，使其协调和均衡，形成和谐统一的社会利益整体。通过利益保护、利益表达、利益协调等整合机制的建立，有效地化解社会中显现的或潜在的矛盾。同时广泛开展有针对性的信用教育活动，为农村专业合作经济组织的发展营造良好的信用环境，培育完善的信用体系，建立有效的信用机制。

要防止为片面追求政绩，好大喜功，急于求成，脱离实际的搞强行合作；不要定指标，赶进度，政府需要做的，就是提供公共管理和服务，因势利导，尊重农民的创造，总结农民的经验，制定政策、程序、规则和办法，为农民成立完全属于自己的农村专业合作经济组织和促使它发展壮大创造条件。可以看到，当我们按照合作经济的原则要求发展时，合作事业就蒸蒸日上；而当我们违背合作经济的原则要求时，合作事业就停滞不前，甚至倒退。在社会主义新农村建设的时代要求下，只要我们坚持合作经济的基本原则要求，坚持从四川丘陵地区实际出发，因地制宜地发展农村专业合作经济组织，就一定能够取得成功，为社会主义新农村建设作出巨大的贡献。

1. 丰富合作内容，提高合作水平

农村专业合作经济组织的优势就在于它能够把分散的资金、人才、技术、信息等资源网罗起来，充分发挥各种资源禀赋，通过成员之间的合作，共同分享规模生产和经营带来的成果，获得单家独户经营状态下所无法获到的效益。从现在的情况看，农村专业合作经济组织在统一提供技术服务、统一提供投入品、统一组织销售等方面发挥了很好的作用。但这还不够，要进一步引导和帮助农村专业合作经济组织在统一生产标准、统一品牌和包装、建立健全质量检测监督体系，以及争取农业建设项目等方面发挥更大的作用。

2. 突出专业特色，做大优势产业

要有意识地利用农村专业合作经济组织这个平台，突出专业特色，在做大优势产业上大做文章。力争通过几年努力，每个县（市、区）都要有几个突出本地产业特色、规模较大的农村专业合作经济组织，并以此为载体，促进区域块状经济经济发展。

3. 制定规划，突出重点

一是要加大指导力度。各区、乡镇应结合本地的农业发展规划，制定出近期和较长期的农村专业合作经济组织发展规划，各级相关部门要运用经济手段和政策与导向作用，加大指导、协调服务工作的力度，注意总结和推广各类农村专业合作经济组织的成功经验，县、乡、村都要树立起自己的典型，加大帮扶力度，以充分发挥典型的示范带动作用。二是要突出发展重点。各地应把发展潜力大的农村专业合作经济组织作为今后发展的主攻方向和形式，对已有基本雏形和初具规模的农村专业合作经济组织，要采取有力措施重点扶持；同时，各类农产品示范基地也要以农村专业合作经济组织的形式来经营，真正实现生产、加工、销售的一体化，对专业经营区域特色产品的农村专业合作经济组织，如养兔协会、养牛协会、蚕桑协会等要帮助其做大做强。

4. 大胆探索，多样化发展

一是要鼓励农民在生产、运输、销售、加工、服务环节上开展专项合作，自愿创办专业协会、合作社等组织，更要引导农村各类能人（大户）、企业、乡、村集体组织技术服务部门和供销、粮食等流通组织牵头，兴办农村专业合作经济组织。二是要结合乡镇事业单位分流人员和农业科技人员带头创办各类农村专业合作经济组织。三是要使农村专业合作经济组织加快发展，就应坚持在发展中规范，在规范中发展，逐步向组织规范化、形式多样化、运作标准化、决策民主化、经营规范化、服务标准化、效益社会化的目标迈进。

5. 补充完善政策，引导做实做强

要采取措施引导农村专业合作经济组织向联系更紧密、动作更规范、合作内容更丰富、利益机制更健全、实体特征更明显方向发展。首先要争取再出台一些实实在在的政策措施，抓一批有实际内容的示范典型，引导其发展。其次要研究推动进一步发展的具体政策，给予农村专业合作经济组织实实在在的支持。

6. 营造良好环境是农村专业合作经济组织健康发展的基本保障

农业生产不仅面临着自然风险，而且面临着市场风险。这种"弱势"地位，决定了农村经济的快速发展离不开政府的支持和帮助。农村专业合作经济组织的发展同样如此。不干预、不包办，不等于放任自流。管与不管大不一样。管就是搞好服务，就是给农村专业合作经济组织的发展营造良好的环境。四川丘陵地区在推进农村专业合作经济组织发展过程中，党委、政府必须从战略全局的高度给予高度重视，从改善环境入手，加强引导和扶助。要认真分析新形势、新情况、新问题，制定工作措施，改善政策环境。各级各有关部门应从各自的业务工作角度加强协调配合，齐心协力抓好政策措施的落实工作，切实在提供优质服务、优化环境上狠下工夫。帮助农村专业合作经济组织解决土地、资金、技术、办理证件等实际问题；加大查处乱收费、乱罚款和乱摊派等侵犯农村专业合作经济组织利益的行为。只有良好的环境，才能保障和推动农村专业合作经济组织快速、健康发展。

（三）健全农村专业合作经济组织的规章制度和组织机构

1. 制定指导性章程框架，供农村专业合作经济组织参考

当前，农村专业合作经济组织内部管理混乱，与缺乏符合实际和具有指导价值的示范章程有很大关系。应由中央级农业行政主管部门制定一套符合各类农村专业合作经济组织的框架性章程，或者分别就农民专业协会、农民专业技术协会、农民专业技术研究会、农民专业合作社等类型制定比较详细的章程，以供各类农村专业合作经济组织在成立时参考。章程至少要包括以下内容：①宗旨和主要业务内容；②法定代表人和办公地点；③股金构成；④组织成员的责、权、利，不允许"搭便车"的行为发生；⑤组织结构，包括主要领导人和内部各种机构；⑥换届年限；⑦决策方式和收益分配方式；⑧组织的解散。

2. 建立健全农村专业合作经济组织的各项内部管理制度

①建立健全财务管理制度，实行财务公开；②建立健全工作会议制度，提高农村专业合作经济组织的"民管"水平和会员的主体意识；③建立健全会员交纳会费制度，提高会员的责任意识；④建立健全项目责任制度和奖励制度，提高办理具体事务会员的责任意识和积极性。

3. 切实建立好农村专业合作经济组织的"三会"制度

"三会"制度包括会员大会、理事会、监事会，规定好各自的职责、权限和互相之间的制衡关系。会员大会是农村专业合作经济组织的最高权力机构，决定着组织发展的方向和一切重大事项，会员大会选举产生理事会和监事会。理事会是会员大会决策的具体执行机构，负责开展各项业务，处理组织在运转过程中出

现的各种具体事务。监事会是监督机构，其职责是监督理事会执行会员大会的决策；当理事会因故不能行使职责时，监事会有权暂时代行其职责，并尽快主持召开会员大会，选举产生新的理事会。

4. 完善相关登记和管理

确定农村专业合作经济组织为"合作社法人"性质的主体，由于其经营的主要目标就是利润，并依靠利润手段为成员服务，因此，农村专业合作经济组织是一种特殊的企业类型，在工商行政管理部门登记比较合适。如前所述，在民政部门只能登记为社团法人，不利于农村专业合作经济组织开展经营性业务；而在农业行政主管部门登记也会存在社会对其经营资格不信任的问题。在工商行政管理部门登记，能够照顾到社会上对经营主体的习惯性认识，有利于开展经营性、盈利性业务，如统一购买生产资料、统一销售农产品等，而农村专业合作经济组织也的确应该算做一种特殊类型的企业。但要专门为这一特殊企业类型在税收上给予特殊规定，在登记时要免收各种费用；同时，不能一年一检，可以在换届时到登记部门申报本届董事会（或理事会）的经营状况。

农村专业合作经济组织的管理职能必须由农业行政主管部门行使。①农村专业合作经济组织是为农民服务的机构，农业行政主管部门对其业务最熟悉，最便于在宏观上进行指导和管理；②农村专业合作经济组织是沟通政府和农民的桥梁，在必要时应该承担政府赋予的宣传和执行某项政策的任务，这样的任务当然要由农业行政主管部门具体赋予，并明确责、权、利之间的关系；③农村专业合作经济组织处于发展的初期阶段，离不开政府的扶持和支持，这样政策的具体执行者也是农业行政主管部门。

（四）先从专业合作开始，逐步发展为综合合作组织

建设社会主义新农村的首要任务是生产发展，在农村实行土地联产承包责任制的大前提下，生产单元分散、小规模是"生产发展"的基本状况，发展农村专业合作经济组织显得尤为重要。因此，无论是制定新农村建设规划，还是研究具体的新农村建设措施，我们都必须主动出击，强调农村专业合作经济组织在新农村建设生产发展中的重要作用，争取把农村专业合作经济组织作为当地新农村建设的重要推动力量，纳入重要议事日程，并以此争取到更多的支持和政策。

农村专业合作经济组织可以是单一功能的，特别是在发展的初期更是如此，也可以是只有综合性功能的。从目前的状况来看，还很难建立起真正有效地大规模农民综合合作组织，那就先从专业合作开始，通过建立各种类型的农村专业合作经济组织，为农民提供科技、信息、资金、物资和产品销售等服务，实行利润返还，入股分红，逐步形成利益共享、风险共担的利益共同体。

（五）把发展农村专业合作经济组织与推进农业产业化经营有机地结合起来

发展现代农业必须大力推进农业产业化；而要搞好农业产业化又离不开农村

专业合作经济组织，或者说，建立和发展农村专业合作经济组织是农业产业化发展的必由之路，两者互为依存。因此，在实际工作中，要把农村专业合作经济组织的发展与农业产业化有机地结合起来、统一起来，从战略上考虑，长远规划，分步实施。发展农村专业合作经济组织组织不论采取哪种形式，都应以推动特色产品生产专业化、规模化为目标。

（六）强化农村专业合作经济组织的服务功能，让农民真正从中受益

农村专业合作经济组织应当根据成员的需求，具有明确有效的服务和增加农民收入的功能；否则，这种组织很快就会失业吸引力和生命力。四川丘陵地区的农村专业合作经济组织应把重点放在提供非盈利性的优质服务上，如制定行业标准，提供信息咨询、开发市场、推广技术、举办展览、开展培训、协调纠纷、维护行规等。一个农民合作组织功能发挥状况与业务量密切相关。当农民认为这个组织值得他们参加时，业务量才会越来越大，才会实现规模化，才会具有好的前景；否则，农村专业合作经济组织的运作、发展就会陷入恶性循环。让农民能够从中获得实实在在的经济效益，是农村专业合作经济组织拥有旺盛的生命力和持续发展的内在动因。

选择强有力的组织领导人，吸纳更多的优秀人才。培养和造就热心合作事业、同时具有现代管理能力的合作组织带头人，对农村专业合作经济组织的健康发展具有关键的作用。在坚持以农民为主体的前提下，吸收技术、管理方面的专业人员进入农村专业合作经济组织的领导层是一个值得借鉴的做法，不仅能大大提高领导层的综合领导能力，还可以防止大量的农业专业人才外流到其他行业，为受过农业高等教育的待业人员提供一个就业和运用所学专长的机会。政府通过一系列措施加以扶持。如创造良好的政策环境、完善立法并保障其合法地位、给予办社投资津贴、享受优厚的纳税待遇，提供信贷补贴等，使入社农民降低生产成本，获得他在其他地方得不到的优惠待遇和各种服务。如果政府对其采取扶持政策，农村专业合作经济组织就能获得优越的外部和内部发展环境；反之，农村专业合作经济组织的发展就会困难重重。

（七）把加强合作教育、抓紧培训作为农村专业合作经济组织可持续发展的长远大计

首先，各级政府要加强对合作思想的教育，加大对农村专业合作经济组织的宣传力度，并且建立示范点，让农户切实感受到建立农村专业合作经济组织的优越性，转换其"搭便车"的观念，促使农户积极加入各种类型的农村专业合作经济组织；其次，农村专业合作经济组织要加强对会员的教育和培训，让会员帮助宣传，扩大农村专业合作经济组织的规模，促进农村专业合作经济组织的发展和壮大。

抓好培训既是更新农民观念、提高农民素质的重要途径，也是保证农村专业

合作经济组织规范运作的有效措施。农村专业合作经济组织培训的开展，给农民的思想观念带来根本性的变革。许多工作由过去的"要我做"，转变为现在农民的"我要做"。这种由被动观念向主动观念的飞跃，充分地证明农民正按照市场经济发展的思路，自觉走上了"合作闯市场"的道路。四川丘陵地区农村专业合作经济组织良好的发展势头，已经开始把弱势产业中的一部分弱势群体带动起来，共同学习科学技术，共同走向市场，使长期困扰四川丘陵地区农业和农村经济发展中的一些问题有了新的解决思路。

（八）强化对代理人的监督

农村专业合作经济组织应依据相关程序确定决策内容，及时、准确、可靠地向成员公开发布各种信息，对采购机构、招标代理机构进行监督、检查和管理。最重要的是加大监事会的监督力度和完善监事会成员的构成，加强对代理人的监督，防止出现逆向选择和道德风险。首先，要选择懂经营、善管理、会理财、有威望的专门人才参加监事会。其次，加强对监事会的管理，强化监事会的职责，扩大其监督权限，并确定其报酬。由于监督不力给农村专业合作经济组织带来的损失，在追究理事会责任的同时，要由监事会承担连带责任。最后，扩大监事会的监督权限，加强监事会管理力度。

第七章 四川丘陵地区农业科技
创新与发展现代农业

农业现代化就是科学化的农业，即是当代科学技术在农业生产上综合应用的结晶。所以，它是一个科学概念，也是一个历史概念，有一个不断提高和发展的过程。根据我国人口多、资源相对不足、资金并不充实和区域差异较大的情况，在全国实现农业现代化，不可能一蹴而就，必然有一个较长发展现代农业的过程。发展现代农业的核心是科学化，特征是商品化，方向是集约化，只有紧密依靠科学技术，才能走出一条具有中国特色的社会主义现代农业的道路。

一、发展现代农业要求农业科技创新

从近代农业科学技术和生产的发展看，科学技术在发展生产力中显示了无比强大的推动力量。德国科学家李比希创立的植物矿质营养学说，为农业施用化肥奠定了理论基础，成为 1850—1950 年 100 年间世界粮食产量成倍增长的主要因素。英国科学家达尔文奠定的植物杂种优势理论，导致农作物杂交技术广泛应用，使美国从 20 世纪 30 年代开始种植杂交玉米，50 年代育成杂交高粱，70 年代杂交水稻在我国突破并大面积应用于生产，增产效果十分显著。20 世纪初叶以来，科学家先后发现研制出畜禽疫苗、维生素、抗生素等，使畜禽饲养和防疫技术大发展，世界畜牧业出现了一个大的飞跃。可见，科技进步在发展现代农业中已经起到了决定性的作用。

我国农业现代化的重点支柱是科技，关键是提高科技的贡献率，而"瓶颈"则说明科技成果转化率低。要实现农业增长方式的转变，其重要内容是提高科技成果的转化率和贡献率。

区域性和分散性的特点，决定了农业必须有一个强大的技术推广体系。科研院所和高校创造的技术成果，需要通过推广的环节，做区域性适应操作才能有效地转移到生产者手中。这是科技流向生产者的一条重要通道。在市场经济发达的国家，农业科技产业起着更加重要的作用。农业科技产业是美国现代农业的重要组成力量，是发达国家科技成果转化率能达到 70% 以上的主要因素。

近年来，我国在探索适应我国国情、农情的组织形式和生产规模，如合作制、股份合作制、集体农场等。而广西的糖、云南的烟、山东的菜等，以公司加农户组成农工贸联合体是具有普遍意义的一种好形式。对此，我们可以称之为农工贸一体化模式。这种形式多样的经济组织，可以扩大农业的资金来源，可以使农产品多次增值，可以增强科技应用能力，可以引导农民进入市场和提高其竞争能力，可以大大提高农产品的经济效益和农业的自我发展能力，可以组织专业和区域化的现代化农业生产。这种形式多样的经济组织，可大可小，可紧可松，可高可低，可集可散，在向社会主义市场经济体制转变过程中，具有很强的适应能力。

（一）技术进步促进现代农业发展

现代农业的实质是发达的科技型农业。农业经济增长主要是追加农业生产要素资源，特别是在投入现代生产要素的同时，依靠现代化农业科技、优化资源配置而导致的要素生产率提高。我国农业取得的成就主要依靠的是技术进步。根据我国专家测算，科技对农业发展的贡献率，1976—1980 年为 27%，2001 年以来为 42% 以上。科技对农业的贡献，体现在我国相继育成的一批早熟、高产、适应性又强的作物品种所发挥的作用上。由于有了这些新品种，我国粮、油、棉等主要农产品品种在全国范围内已经更换了 3~5 次，平均每年增产幅度都在 10%以上。进入 20 世纪 90 年代，我国农业科技工作者又把目标瞄准世界农业的高新技术。我国的水稻等原生质体细胞培养技术接近或达到国际先进水平，转基因抗虫棉研究有重大突破，成为美国之后的第二个转基因抗虫棉的国家。试管的研究与开发已经达到世界先进水平。

（二）技术创新是农业可持续发展的主要动力

改革开放以来，我国农业和农村经济保持了良好的发展势头，为国民经济持续、稳定和健康的增长提供了有利的支撑作用。但在看到农业取得重大成就的同时，也应清醒地认识到，目前我国农业科技的总体水平还较低，科技进步对农业增长的贡献率只有 40% 左右，农业仍未摆脱弱势产业和靠天吃饭的局面，离现代发达基础产业的目标还有较大的差距。因此，构建我国农业科学技术创新体系，实现农业现代化，依靠科技和人才的强大动力实现我国的农业和农村经济持续发展，就成为当前我国农业科技发展面临的首要任务。农业技术创新是农业可持续发展的必由之路，农业可持续发展必须建立在农业技术创新的基础之上。

（三）技术创新促进生产要素配置改善

作为经济增长的基本条件和表现形式，资源配置通过对现代技术成果与各种投入要素进行有机组合，缩小个别利润率与平均利润率之间的差别来保持微观经济的竞争优势和实现宏观经济效率的最大化。由于个别利润率与平均利润率之间始终存在着差别，表明资源配置是一个连续的动态过程，资源配置的根本任务是要构造一种优化配置的机制。

农业可持续发展取决于农业生产力的水平，而农业生产力的水平又取决于生产要素的质量和配置。技术创新不仅可以提高生产要素质量，而且可以优化生产要素的配置，提高资源配置的效率。由于技术创新具有追求经济目标的特征，低效率的生产方式必然要被高效率的生产方式所取代。

（四）技术创新促进农业产业结构调整

技术创新所带来的农业科技进步，不但会把农业生产力不断推向新的水平，而且会促进农业结构的合理化进程。从农业产业结构角度看，农业技术创新推进农业持续发展的过程，就是指现代农业在技术创新的推动下，农业产业结构不断有序和优化的过程。没有技术创新，就没有农业产业结构的调整。从我国20世纪90年代以来的农村产业结构可以看出，由于种植业栽培技术的创新和耕作栽培制度的调整，饲养作物、经济作物的比重逐渐增大。由于农业机械技术的创新和大力推广使用农机具，农业劳动力逐步由第一产业向第二产业和第三产业转移，在同一时期内、不同的地区间，经济越是发展，劳动力由第一产业向第二产业和第三产业转移的速度越快。从农业社会总产值结构看，随着农业总产值在时间序列上的变化，农作物种植业的比重越来越小，而林业、牧业、渔业的比重越来越大。在同一时间截面上，农业总产值越高，往往是种植业的比重越低，而牧业、渔业和林业的比重越高。农业生产结构这些调整是一个渐进的、庞大的社会系统工程，而整个过程中技术创新是推动并加速这一系统工程顺利进行的重要途径。

（五）技术创新促进传统农业改造

由于目前我国正处于传统农业向现代农业的转变过程中，因此，对传统农业的改造具有特别重要的意义。传统农业的改造往往依赖于高新技术的开发和创新。

二、四川丘陵地区农业科技发展的现状分析

四川丘陵地区现代农业发展中农业生产工具由手工农具、半机械化农具和机械化农具共同组成，农业机械化水平总体上不高，手工操作仍然在农业生产中居主体地位。农业的基础设施条件逐步改善，但靠天吃饭的格局尚未从根本上改变，农村基础设施体系还存在功能不全和效率较低的问题。农业技术体系中包括传统生产技术和现代农业科学技术，但以直接经验为基础的传统生产技术仍是主体，现代农业科技的作用还相对有限。

南充市强化农业科技园建设，提升农业产业化科技支撑水平。把科技当成进步的源泉，不断增强技术链支撑农业产业链实力，建设没有围墙的特色农业科技园，唤醒沉睡的丘陵农业产业化大步向前。

技术集成，对接千家万户的农民。南充市采取政企共建、校地合作、科农联姻等方式，在蚕桑、水果、蔬菜等产业规模发展基地集中建立农业科技示范园，建成了川东北高新农业科技园、凤垭山农业科技园、大山坡生态农业科技园等市、县、乡三级科技园区 360 个，以"民办公助"的方式率先在全市 70 个市级蚕桑、水果基地乡镇建立农民技术指导协会，切实解决了基地建设与农技服务脱节的问题。

品牌铸造，服务千变万化的市场。支持企业、业主、农户在标准化生产、品牌争创上下工夫。南充市建立粮油、蚕桑、畜禽等项目标准化生产体系 27 个，主要生产领域农业标准全部与国家标准、行业标准基本协调配套，2009 年实施标准化项目 56 个，全市无公害农产品、绿色食品、有机食品基地认证面积已达 230 万亩；西充县突出打造"中国西部有机食品基地县"，2009 年申报有机农产品品种 77 个、基地面积 1.1 万亩。全市注册农产品商标 956 件，培育了保宁醋、张飞牛肉、营山黑山羊、仪陇大山香米、南部脆香甜柚等国家驰名商标和地理标志产品 8 个，农产品质量显著提高。

基地扩张，升级盈千累万的产业。南充市实施种子工程、科技入户工程，带动特色产业发展，通过"一保两挂"（保留原身份、与经费挂钩、与职称挂钩）等措施，鼓励 1200 多名基层干部和科技人员领办、创办科技示范基地 1000 多个，先后有 870 多项成果获得国家、省级科技进步奖，其中 360 多项就地转化成生产力。引进、培育新品种 500 多个，推广科技兴农项目 800 多个，全市农产品良种率达到 100%，农产品商品率达到 58%。

遂宁市在现代农业产业的发展中依靠科技进步。在现代农业产业发展中，技术推广上重点推广了地膜覆盖栽培、配方施肥、病虫害综合防治等标准化、规范化种植，把新品种、新技术组装配套建立示范基地。推广了抗虫杂交棉高产栽培及棉田综合利用技术；推广了大蚕省力化养蚕新技术、纸板方格蔟新技术，提高了蚕茧单产和质量；在遂宁市特色水果产业发展中，在栽植上做到了"五统一"，即统一技术标准、统一规划、统一供苗、统一打窝定植、统一组织专业栽植队伍，全市大力推广了地膜覆盖栽培技术，船山、安居、大英、蓬溪的地膜覆盖栽培面积达 90% 以上，大力推广了柑橘容器苗定植技术，推动遂宁市特色水果产业发展。

三、四川丘陵地区农业科技发展中存在的问题

（一）四川丘陵地区适用技术供给总量不足

四川丘陵地区的农业生产技术系统仍然是以短缺经济、追求最高产量为目标的技术支持系统，难以适应现阶段优化结构和提高品质、增加收入的要求。同

时，农业科技总体水平仍然不高，存在常规技术多，关键技术和高新技术少；产量技术多，品质技术少；生产技术多，加工技术少；知识形态技术多，转化为现实生产力的技术少的现象。这说明技术的供需结构严重脱节。

充足的适用技术供给是丘陵地区农村经济发展的发动机。而适用技术供给不足严重制约其工业化进程和经济发展速度。丘陵地区适用技术有效供给不足表现在以下两个方面：一是存量不足。生产过程中所使用的技术不多，替代技术少，尤其缺乏针对特定资源条件的专门技术。农业技术中良种选育、施肥、灌溉、病虫防治、土壤改造、饲养等方面的技术存量不多。如丘陵地区许多县仍是放水灌溉、撒施化肥，利用率只有百分之三四十。乡镇企业技术简单、工艺落后，大量存在拼设备、耗资源的现象，产品技术含量低。二是增量不足。每年新增加的适用技术数量极其有限，与丘陵地区资源结构和生产地位极不相称。

适用技术的潜在需求是指农户等经济主体现实没有采用但有能力采用的新技术，也即用户采用新技术的欲望的强烈程度。在丘陵地区，多数农户没有采用新技术的强烈欲望，部分农户虽然想采用新技术，但受客观条件制约而不能采用，需求不足。许多乡镇企业靠粗放型的资源开发也能获利，因此，不愿意投入大量资金，不愿意采用新技术。造成农户对利用农业新技术有效需求不足的最为重要的原因是农民素质较低。新技术对农民素质要求较高，需要农民有较高的知识水平、技能等。新技术的采用还要求农户有一定的经济实力，从而形成一定的技术市场购买能力和抵御风险的能力。但丘陵地区农民人均纯收入较低，农民负担比较重，用于投资新技术的比例很小，承受新技术失败的风险能力弱。政府还没有建立新技术的风险保障机制，农民不愿也不敢独自承受失败的风险。农业生产的比较利益低，进一步削弱了农户对新技术的需求。近几年来，农产品价格上涨较多，但农业生产资料价格上涨很快，农业比较利益仍然偏低，许多有能力的农户都不愿经营农业，转而从事工商业。乡镇企业无国家专项更新改造资金，企业自筹资金能力弱，技术创新的投入不足。

（二）农业技术市场尚未启动

农业科技成果有其特殊性。推广的效益主要体现在社会效益上，科研及推广不易直接收回自身的成本，因而实行有偿服务的难度较大。绝大多数农户还没有进入市场购买技术的观念。这使得丘陵地区农业技术市场远远滞后于其他市场，在整个技术市场体系中明显处于落后地位，通过市场交易转让的技术寥寥无几。在已有的为数不多的农业技术市场交易中，都侧重于良种、化肥、农药等其他先进的生产资料有形转让，而属于先进的工艺流程、科技信息及咨询服务等无形技术交易很少。在宜宾县，仅有两个特种养殖场通过收费培训、出售种苗的形式推广新的养殖技术。

（三）农业技术和机械的运用程度低

我国农业技术运用具有低层次性的特征，运用较多的化肥和农药，而新品种开发速度缓慢，农业基础科技研发资金投入低，农业科技转换率低。与此同时，农业机械化程度也很低，在丘陵地区，农业生产还是以手工和半机械化为主，即使平原地带也未实现全机械化生产。隐藏在低层次的农业技术应用和低程度机械化运用背后的一个原因是我国农民素质较低。

（四）农业科技研究和推广滞后

在耕地不断减少的态势下，农业科技进步就成了农业增长的关键因素。然而，我国农业科技的发展现状与农业生产对技术的需求却存在较大的差距。①农业基础研究滞后尤其是高产品种的培育极其缓慢。农业科研滞后，固然与投入不足有关，但因动植物生长的周期性而决定的农业科研与实验的周期性，也使得科学技术在农业中的发展不可能像在非农业部门那样做到日新月异，更何况科技创新总是在无数次的失败中成功的。②农业技术推广体系不全、渠道单一、活力不够、动力不足的矛盾仍十分突出，使得许多科技成果转化不畅，推广效率偏低。由此可见，大幅度提高科技进步对农业增长的贡献率将是一个长期的过程，不可能在短时期内出现奇迹。

（五）农业科技推广体系不健全，特别是基层农技服务站严重缺位

科研成果和转化相互依托、互相促进的良性循环机制没有建立，农业科技产业发展受到制约。在市场经济条件下，由于科研单位和技术推广部门在体制上不协调，加之农业科技成果的价值与价格严重偏离，科研单位无法从社会上收回科研成果费用，而成果的受益对象——农民又无力接受成果的有偿转让，使成果用于生产的渠道更加不畅，导致一方面生产缺乏进一步发展上台阶的新技术；另一方面已研制成果又搁置，不能迅速转化为生产力，从而影响经济发展。

目前丘陵地区农业科技推广机构普及率不高，有一部分乡镇还未建立农技或林业服务站。科技推广人员分布极不合理，绝大多数集中在县以上推广机构、科技推广的最前沿乡村科技断层，科技人员严重缺乏。

乡农技推广站工作人员工作条件差，地位低、待遇低又不落实，"心在曹营身在汉"，有的人员想方设法跳出农技部门。大专院校毕业生又不愿意去；造成农技推广队伍青黄不接，后继乏人。

（六）农业科技资源配置不合理

丘陵地区农业科技资源配置中存在着目标与资源配置的失衡问题。作为我国重中之重的农业，其科技资源配置与之极不相称。从科技资源的第一要素——人力资源看，由于农业科技人员工作条件艰苦、生活待遇差，出现了严重的人才流失现象。

资金是农业科技资源的另一要素，也是保证科技运行的关键要素。从整个农

业科技投入水平来看，近年来，我国农业科技投资仅占全国科技投资的 4% 左右。这个水平不仅低于发达国家与世界平均水平，也低于发展中国家和地区的平均水平。除科技投入不足仍是制约农业科技发展的因素之外，对国家而言，投入本来就十分有限的资金，被因科研结构体制缺陷引起的资源配置不合理而浪费不少。

农业研究机构中小规模的较多，而内部行政、后勤和科研人员比例失调；科研机构重复设置、条块分割、相对封闭；科研力量相对分散、研究内容重复，重大成果少。

（七）农业科技创新不足

1. 农业科技目标偏向，难以形成高效的农业结构

长期以来，农业科技目标重视提高农产品单产，忽视品质的提高。在这一目标的促使下，我国的高产育种技术、施肥技术、灌溉技术、农作物病虫害防治技术、高产栽培技术等迅速发展。但随着生活水平的逐渐提高，人们对食品的品质、质量、营养、安全及多样化有了更高的要求。仅有单一的高产目标，不可能促进农业的可持续发展。

2. 农业科学研究领域较窄，农业产业结构升级困难

随着现代科学技术的发展以及全球经济一体化的要求，农业结构的调整正逐步向深度和广度发展。高技术园区的兴起，农村第二产业和第三产业的发展，正是这一趋向的标志。现代农业科技是和传统农业科技相对应的，主要是以动植物产品为研究对象，与现代农业结构相比，研究领域过窄。当前在加工技术、环保技术、农产品检测技术、电子信息技术在农业上应用的研究十分薄弱甚至缺乏。由于农业科技产量主要集中在第一产业，使得农村第二产业和第三产业的发展与城市之间的结构具有同构现象，且层次较低。我国的农产品加工技术落后，加工率低，仅为 10% ~ 20%，发达国家为 50% ~ 80%。从农产品加工业产值与农业产值比来看，发达国家约为 3∶1，而我国只有 1∶2。美国农产品加工业相当发达，产值和能耗都占整个制造业的 1/4 强。加工率低使我国农产品附加值难以提高，从而导致农村产业结构升级困难。提高加工力度必须依托于科技资源合理配置，改变传统农产品只销不加工的做法。

3. 农业科研结构调整滞后

由于现存的农业科技管理体制，农业科技人员主要围绕国家的宏观目标开展农业科技研究与开发，多年来主要集中在产业研究尤其是粮食生产上。全国 1500 多个农业科研机构，集中在产品研究阶段的占 90%，而产前和产后力量薄弱。从大农业的结构看，从事种植业研究的人员及研究经费的比重过大，据统计数据表明，目前的种植业研究与开发人员、研究课题个数以及课题经费投入均在 70% 左右，而林业、畜牧业、渔业的合计仅有 30%。从学科专业的内部看，传统学科和专业的比重

过高，高新技术和综合性的学科专业比重偏低，研究增产高效的成果多，产品创新的成果少；常规技术多，高新技术少，严重地制约了农业结构的调整。

长期以来，我国的科技管理体制是一种高度集权的、完全由国家投资的、以行政管理为主的体制。从科研任务的下达到研究成果的鉴定都是由政府部门负责的，大多数科技人员对农业科技的发展态势、农业结构的发展方向以及农业在发展过程中对农业科技的需求状况了解不够充分。加之我国的农业科研、推广和生产各自为政，生产市场需要和科研选题缺乏有机联系，从而导致农业科研成果不能针对农业经济发展中迫切需要解决的问题，科研中低层次的多，低水平重复的多，农业科技推广部门也缺乏有效的成果进行推广。在这样的科技管理体制下，农业科技在农业产业结构调整中难以发挥较大的推动作用。

4. 农业科技投入的强度不能满足结构调整的技术要求

农业科技投入和农业技术创新的资助不足，不适合当前农业结构调整的要求。农业结构调整需要技术创新，需要提供优良品质产品的生产技术和服务。农业技术创新目标的转换需要通过增加对创新行为的资助，使得科学家在品质改善、优良品种培育、主要农艺过程创新等领域作出积极有效地探索。

（八）农户、企业对科技需求动力不足

1. 缺乏科技意识和需求动力

政府部门、企业管理者、农户对依靠科技不断更新农产品品种、应用高新技术提高农产品的市场竞争力的认识不足，自主开发能力差，因循守旧，不善于开拓创新，停留在模仿、重复的低水平上。由于科技投入偏少，一些主导产品的科技含量低，产品质量差，大大降低了市场竞争力。作为市场主体的农户对普遍的适用技术缺乏足够的选择愿望，更何况是引入高风险的农业高新技术。

2. 农民组织化程度低制约了科技需求

农民分散的经营形式、较低的组织化程度，影响了农民对农业技术创新的需求和吸收，而且还影响到农民在结构调整中所获得技术支持的有效性。一方面，农民在寻求结构调整的技术支援的时候要花费较高的交易成本和非交易成本。例如，当单个农户寻求技术创新结构的服务时，在建立人际关系、花费的时间与物质的开销等方面都可能要付出比组织实体更大的代价。

3. 科技与农户、企业之间缺乏推广、中介机制

我国农技推广事业有了长足发展，并取得了许多有益的经验。但也面临若干难题，如资金不足，体系不够完善，农民接纳能力弱，技术市场和农技企业发展缓慢等。21世纪农业将突出重大技术成果产业化，组织实施重大项目，建设示范基地，提高农民科技素质等；并以政策法规建设、加强财政支持力度、完善推广体系、加快人才培养和规范市场行为等措施为其支撑。如何培育农业技术市场和加快农业科技产业化发展，也是当前农业科技推广面临的任务和难题。

科技推广服务系统不健全。首先，缺乏一个持续、深入的推广服务系统来为农户的结构调整提供技术支持和技术服务。结构调整时期正是农民强烈表明技术需求和渴望技术服务的时期，农户从熟悉的生产方法和生产品种转向新品种的生产，需要付出相当大的调整成本，如对新技术的学习、探索等。因此，农户在结构调整中需要更周到、细致的技术服务和指导。但由于推广服务和创新行为的分离，一是推广经费的短缺、农业科技经费的不足，使得农户很少能得到来自农业科学家和科研结构的直接服务。二是农户经营分散不利于指导和服务。分散的农户使得技术服务和推广过程中要花费更多的精力来推行统一的技术规范。同时也使得技术推广的成本增加。其次，农业科研单位及科技人员缺乏一个系统的渠道来感受和掌握农民对结构调整的技术需求，因而制约了为结构调整服务的创新技术供给的数量和节奏，也影响了结构调整的速度和进展。

技术市场与信息网络不完善。由于经费不足，农业信息部门对信息加工处理严重滞后，90%的信息尚未电子化。成果与市场、科技与经济脱节现象相当严重，成果推向市场的渠道不通畅。因此，农业科技创新成果难以在结构调整中发挥应有的作用。

四、农业科技发展的重点

（一）充分利用生物的遗传潜力

选育和推广优良品种仍将是农业科技的一个发展重点。农作物、畜禽鱼等杂交优势的利用，已在生产上发挥了巨大效益。常规育种方法作为一个基本手段，将更加注意抗病虫、抗旱、抗盐碱等品种的选育。品质育种，如高蛋白和高赖氨酸玉米，"双低"油菜、优质纤维棉花、瘦肉型猪以及其他具有重要经济性状的优势品种，将得到有效利用。

（二）保持和提高土壤肥力

土壤是农业之本，改善土壤的物理、化学性质，创造作物生产的最佳条件是农业科技的一大重点。化肥施用量将稳步增长，同时更加注重科学施用方法，减少污染。实行轮作，扩种固氮作物和绿肥，利用厩肥、作物残茬、垃圾等有机物，在发展中国家仍将是主要的土壤培肥技术。

（三）保护和有效利用水资源

水是农业的命脉，发展灌溉农业已成为地区进一步发展农业的主要措施。发展中国家80%以上的耕地位于半湿润、半干旱地区，且雨热不同步或降水不均。在这种情况下，营养农业技术获得广泛应用，其中包括作物与品种选配等。水资源的保护、水质的改进、灌溉工程的科学管理，都是重要的研究内容。

（四）提高科学种植与养殖水平

在现代农业条件下，作物栽培和畜禽水产养殖的各个环节，包括土壤调查与环境调控、配方施肥和配合饮料、品种选用、栽培和饲养管理、病虫害与疫病防治以及产后处理等过程，都已实现了规范化、标准化。几乎所有操作都要求采用机械，一部分生产实现了工厂化，并应用电子计算机进行管理。

（五）改进农产品加工、贮运技术

产后处理是农业生产的延续和深化。发展农产品保鲜、加工、贮运、包装、销售等技术是现代农业发展的必由之路，也是今后农业科技的一个重点。

（六）积极发展农业生物技术

生物学以及生物技术发展对植物、动物和人类本身都将产生重大的影响。农业是生物技术最有应用前景的一个产业。近年来，决定水稻、大麦、玉米、大豆等蛋白质含量的遗传基因已陆续被分离出来，为作物品种改良提供新的途径。花药培养已在40多种植物上获得成功，并育成水稻、小麦等多种作物新品种，大面积用于生产。牛、羊、猪等胚胎移植也已成功，开辟了家畜改良繁育的新路子。在作物病害与畜禽疫病防治、食品加工等方面也出现了一些好苗头。

五、实现农业科技创新的路径

（一）发挥科技在农村经济一体化经营中的先导作用

实行种养加、产供销、贸工农一体化经营是加速我国农业现代化的重要途径。这种经营体制，既是农村经济产业组织形式的创新，又是农村经营体制改革的深化。近年来，一体化经营在广大农村发展很快，已显示出广泛的适应性和强大的生命力，要及时引导、大力扶持、积极推行、逐步完善。在一体化经营中，一些地方创造了以市场为导向，科技为先导，龙头带基地，基地连农户，生产、加工、销售有机结合的一种好形式；创造了区域化布局、专业化生产、一体化经营、社会化服务、企业化管理的农业发展模式，对提高农业综合效益，引导农民进入市场，起到了很好的作用。实行一体化经营，要高度重视科学技术的应用。首先，要选好龙头企业，使企业与农民结成利益共同体。龙头企业要面向市场开发科技含量高的支柱产业和拳头产品，以科学的管理和先进的技术增强市场竞争能力，带动整个产业的发展。其次，农产品基地建设要科学规划，合理布局，健全服务体系，采用先进种养技术，发展适度规模经营，走专业化、集约化的道路。最后，加强农产品储藏、运输、保鲜、加工技术的研究和推广，运用信息网络系统搞好市场分析和预测，使科学技术渗透到农产品生产、加工和销售的各个环节，提高农业现代化水平。

当前，农业科技资源的配置受到技术力量不足和资源需求不足的双重制约。

从农业科技资源的生产过程来看，它既有社会性又有公益性。农业科研成果中有较大数量的公共产品，具有很强的外部性，会导致市场配置失灵，这决定了政府财政投入必须占主体地位。在发达国家，私人和非政府对农业的投资比例高于发展中国家但也不到科研总投资的一半，各国政府在农业科技资源研究、开发和推广上都给予强力支持。一些发展中国家用于农业科研方面的公共投资，其社会收益已超过了100%，这些收益远高于其他投资领域的收益，应大幅度增加农业科研投资。所以，在科技资源配置方面，政府还必须是推广应用投资的主体，但充分发挥市场导向的作用也不能忽视。要建立多元化的农业科技资源配置的投资渠道，对于没有直接经济效益但关系到未来科技发展的基础性研究和应用性研究主要依赖于政府投资，对能直接应用于生产、具有市场潜力和高额利润的开发性研究则吸引民间企业、个人和国外机构投资。从国外的经验看，竞争性的领域如农业机械、食品加工等民间投资占主导地位，而在农药、化肥、种子等领域，则以政府投资为主。

总之，以往人们从事农业生产的手段主要是人畜力耕、人工收种、人背马驮等。随着经济和科学技术的发展，这种以手工劳动为主的生产方式将逐步被机械化、电气化、化学化和良种化等现代生产方式所替代。今后农业的发展，将主要依靠包括航空作业、遥感技术、电子计算机应用、自动灌溉系统、信息监控系统和现代生物工程等在内的现代技术手段，以及科学化的栽培技术管理和生产经营管理方式，实行专业化、规模化、集约化和社会化大生产。

（二）深化农业科技体制改革

深化农业科技体制改革，要实现农科教结合和产学研一体化，促进科技与农业和农村经济的紧密结合，建立适应社会主义市场经济体制、符合农村特点和科技发展规律的农村科技体制。首先要在全国农业科研院所和高等农业院校的科研机构中，择优支持一批重点单位，保持一支精干的科研队伍，以加强基础研究、应用基础研究、高新技术研究和重大技术攻关。这些研究以政府投入为主，但也要建立开放、竞争、协作的运行机制，以增强科技工作活力。其次要在国家政策引导下，发挥市场机构的作用，让一大批从事技术开发、技术服务的机构面向市场，从事科研成果转化工作。鼓励科技人员深入农业生产第一线，参与农业重大建设项目的实施，如农业综合开发、商品粮基地建设、"菜篮子"工程、扶贫攻坚和各项科技服务。鼓励科技人员和科研机构按照市场需求，进行技术开发，兴办各种科研、生产联合体和科技型企业，积极探索新途径，逐步走上自我发展的道路。鼓励各种形式的民办农业科研机构和民办科技型企业的发展，充分发挥其机制灵活、市场适应性强的优势，使其逐步成为农业科技体系中的一支重要力量。通过改革，形成科研、开发、推广相互衔接、紧密结合的新型农业科技体系。

继续推动开发型科研机构改制。通过改制在科研机构中建成现代企业制度。制定积极的配套政策，进一步加大财税支持力度，改制后的企业继续享受参与国家科研课题的竞标申请，享有与其他科研机构同等的权利，转改制的科研机构申请高科技股份制企业上市可优先推荐，改制后的科技企业经审查批准可享有自营进出口权。

建立科学的管理和运行机制。改革后的科研院所按照"产权清晰，责权明确，政企分开，管理科学"的要求，树立现代管理思想，提高决策的科学性和规范性。对公益型科研机制，按照非营利性科研机构进行管理。在研究工作方面实行"首席专家负责制"，最大限度地保证其业务权利。在科技人力资源方面实行"流动、竞争、开放、协作"的运行机制。全面推进岗位聘用制，推动固定岗位与流动岗位相结合的用人制度；在分配制度方面实行"课题工资制"，落实按岗定酬、按任务定酬、按业绩定酬的分配制度。通过深化科技体制改革，理顺系统内部关系，精兵简政，使宝贵的科技资源得到充分利用。要按照"稳住一头，放开一片"的方针，集中少数精兵强将在基础研究、高新技术研究和重大攻关应用方面，保证足够的资金物资投入。允许科研机构快速转变为企业，要以产业化经营科技产品的思路进行生产。形成以企业为核心，科研机构、高校、中介服务机构和政府机构之间联动的创新网络。坚持技术推广与科技教育并重的原则，发挥农、科、教部门联合的优势，推进农业科技向纵深发展。技术推广与科技教育同步发展是现代农业推广的必然趋势，也是拓宽农业科技推广部门职能的有效途径。需要协调农业推广、科研、教学部门，发挥"三农"协作优势，加强农村信息网络体系建设，提高农业科技推广教育的质量和水平。并以此来加速我国由传统农业向现代农业过渡的进程。从单纯技术推广向技术普及和提高农民科技素质与能力发展。

（三）大力发展"高"、"新"与"适用"技术

丘陵地区工业相对落后，而农业相对发达；丰富的物产是丘陵地区农业的一大特色，却没有用好这一特色。丘陵地区今后工作的重点是大幅度增加农业科研投入，着力支持与丘陵地区资源禀赋高度相关的农业关键技术攻关和新型技术研究，开展重大应用技术攻关和试验研究，加强农业重点实验室、良种繁育基地等基础设施建设，加大对农作物和畜禽水产新品种选育、农产品精深加工、农业生物技术研制开发的支持力度。这就需要深化农业科研体制改革，以农业科技园区、农业可持续发展试验区及龙头企业为主要载体，加强高等学校、科研院所与地方紧密结合，积极开展各类科技示范活动，加快实施星火富民和粮食丰产两大科技工程。组织实施好"农业科技入户工程"。推广"农业科技专家大院"、"科技特派员"、"专家＋协会＋农户"等农村科技服务模式，落实转化资金，加速农业科技成果转化。广泛开展技术培训，加快农业先进适用技术和农机新技术、

新机具的示范推广，加强农作物病虫害防治。按照强化公益性职能、放活经营性服务的要求，加大改革力度，逐步建立政府引导、市场主导的新型农村科技推广服务体系。各级财政对公益性技术推广工作要在经费上给予支持。加快农村科技信息化建设，扩大"农民科技110"覆盖面，逐步解决农业科技信息进村入户问题。

1. 实施作物良种科技行动，促进种植业结构调整

以优质高产作物新品种选育及其产业化为重点，加快种植业结构战略性调整；开发节本增效技术，发展优质高产高效种植业，促进种植业生产和产品标准化、布局区域化、经营产业化。加速优质、高产、专用作物新品种、新组合选育。针对种植业结构调整和农产品加工业发展的需要，按照优化品种、优化品质、优化布局的原则，加快有利于发挥区域比较优势和主要农产品基地建设的农作物新品种选育。加强良种快速繁育技术开发，推动良种产业化。建立和完善良种检测标准与技术体系，推动区域化、标准化、规模化良种繁育体系建设，加快新品种推广与应用，提供符合市场需要的、丰富多样的良种。发展优质、高产、高效农业综合生产技术体系，进一步提高土地生产率。研究开发不同区域、不同作物的优质高效生产技术，建立适应不同生态区的生产模式，大幅度提高我国土地生产力水平。

2. 实施优质高效畜牧水产品科技行动，加速养殖业规模化、产业化、标准化进程

开展畜牧水产品优良品种选育、饲料开发、生产设施设备研制、疫病综合防治等技术研究，加快畜牧水产业的专业化、规模化生产；建立健全畜禽水产品质量检测体系，推动畜牧水产业全面发展，大力开拓国际市场。加快畜禽新品种（系）的选育与产业化。充分利用国内外遗传资源，采用常规技术与高新技术相结合，提高新品种选育及其快速扩繁技术水平，加速畜禽良种繁育体系建设。加强畜禽疫病防治技术研究开发。加快开发规模化饲养疫病监测和控制技术，降低畜禽死亡率；加速高效疫苗、新型兽药、疫病诊断技术的研究与产业化开发。加速新型饲料技术及其加工设备研究开发，加快饲料工业技术进步。广辟饲料来源，研究开发蛋白质饲料、农副产品饲料的生产及高效利用技术；应用基因工程、发酵工程、酶工程、精细化工等技术，加速研制开发安全、无污染、高效的饲料添加剂；研究开发大型加工设备及成套技术；提高信息技术在饲料工业中的应用水平；建立健全畜禽健康养殖标准体系。加快建立新型畜牧业规模养殖技术体系，发展优质高产高效畜牧业。利用我国农区、草原和草山、草坡丰富的畜牧业资源，大力发展草产业，促进畜牧业健康、持续、快速发展。加快渔业科技进步，促进渔业可持续发展。大力加强淡水和水产品加工技术、滩涂综合开发技术、渔业病害检测和防治技术、健康养殖技术与设备设施、新型饲料技术的研究

开发；培育名特优水产品新品种（系），加强渔业种质资源保护与开发；提高水域生产率，实现渔业可持续发展。

3. 建立健全农产品加工质量标准体系和监测、检测技术体系

开发先进监测技术与设备，推动主要农产品监测、检测网络体系的技术升级，加速农产品加工质量监测、检测技术体系与国际接轨。发展有机（绿色）食品等无公害产品，提高农产品与食品的安全性。大力开发农产品加工储运技术与设备。开发粮食、油料、果蔬、肉类、奶类等大宗农产品贮藏、保鲜、加工、包装技术与设备，发展农产品专储、专运技术，提高农产品附加值，增强市场竞争力。研究开发林产品高效利用技术，提高林业资源利用率。依靠科技，建立新型农产品加工业。采用"公司＋基地＋农户"的农业产业化模式，引进良种，开发配套生产技术，推动标准化、规模化优质农产品原料生产基地建设；大力加强农产品加工技术与设备的研究开发，培育大宗农产品加工科技企业，开发国内外市场，促进农产品加工业的全面快速发展。

4. 实施节水农业科技行动，提高水资源利用率

针对丘陵地区水资源短缺、利用率低、浪费和水污染严重等突出问题，研究开发先进适用、符合区情的农业高效用水技术与设备，特别是节水灌溉技术和设备。研究制定科学可行的调配水方案，实现地区间水资源的科学配置。根据不同地区水土资源条件，研究制定生产用水、生活用水和生态用水的科学方案；开发高效输配水系统及调控技术，研究制定主要河流水资源分配方案。加速开发一批节水灌溉技术与设备。开发并加速推广新型节水灌溉技术，逐步改变落后的灌溉方式；建立节水灌溉技术标准和示范，为主要灌区技术改造提供成熟技术支持和样板。大力开发旱作农业技术。针对我国旱作农区降雨量少、蒸发量大的特点，采用免耕、秸秆覆盖等农艺技术和工程技术，选育适宜品种，开发有效的集雨技术、保水技术和保水新材料，建立高效配套的旱作农业技术体系。研究与开发水肥配施适用技术与设备。大幅度提高水肥利用率，降低化肥、灌溉水使用量，有效减少水源污染，降低生产成本，改善农业生态环境。

5. 实施农业高技术研究与产业化科技行动，推进传统农业技术的改造，提高农业科技的整体水平

以生物技术、信息技术为重点，加强农业高技术研究与开发，培育一批具有自主知识产权的农业科技企业，带动农业产业升级，大幅度提高我国农业国际竞争力。加强农业生物技术研究。运用生物技术培育动植物新品种，注重分子水平上的生物育种技术与育种方法研究；在新品种培育与食品开发技术上取得突破；大力开展动植物转基因和生物安全性研究。培育农业生物制品新兴产业。推进生物农药、生物兽药、生物肥料、动物疫苗、植物生长调节剂的研制与产业化，支持动植物生物反应器的研究与开发。大力发展农业信息技术。研究与开发适合我

国农业特点的农业信息系统平台，促进市场、资源、技术、生产等信息的共享。研究与开发多种形式的农业科技服务信息系统网络，为政府决策、市场开发、农业生产、技术推广和提高农民素质提供有效的服务。开发农业信息识别、信息管理等技术，促进现代信息技术在农业生产过程中的广泛应用。充分应用全球卫星定位系统、地理信息系统、遥感和管理信息系统等技术，提高我国农业监测、预报、预警能力。加速工厂化农业技术研究与设备开发，推进农业现代化进程。开发各类温室设计、环境自动调控、温室建筑材料和节能、节水技术；研制温室小型农业机械与设备；研究温室种苗生产、病虫害防治、栽培管理等设施农业配套技术；在不同区域建立工厂化农业示范区。大幅度提高农用工业技术水平，用现代工业装备农业。加强农业生产、加工、储运等机械设备的研制与开发；开展农用新材料，安全、高效的化学农药和制剂的研制，以及产业化生产。

6. 实施农业生态环境建设科技行动，提高农业可持续发展能力

研究与开发天然林保护和恢复、水土保持、退耕还林还草、农业资源高效利用技术，为改善生态环境，实现农业可持续发展提供技术支撑。加强天然林区生态恢复与重建技术研究与示范。开展天然林保护和恢复重建技术研究；支持生物多样性保护和利用技术研究；加强森林灾害监控与病虫害综合防治技术研究，提高抵御病虫等灾害的能力。加强林业生态工程和生态网络建设技术研究与示范。开展长江上游、黄河中上游生态脆弱区综合治理和植被恢复技术研究与示范，以及喀斯特地区生态恢复技术研究与示范；建设我国水土保持监测网络和信息管理系统。培育林业新品种，提高林产品加工技术水平。加强生态林、用材林、经济林、竹藤、城市绿化林木与花卉新品种选育和快繁技术，促进林业产业结构的调整。加强农业资源有效利用技术研究，提高农业资源利用率。研究农作物秸秆和农林废弃物的无污染利用技术，保护农村生态环境；研究滩涂、内陆湿地的保护与利用技术，南方草山、草坡和草原的综合开发利用技术，提高国土资源利用率。大力发展生态农业技术，提高抵御农业自然灾害的能力。开展无公害农业生产技术研究；建立无公害农业生产技术标准；开展乡镇企业污染治理技术研究和示范；大力开展农业病、虫、鼠害防治技术研究；建立生态农业技术体系，提高抵御旱、涝、风、雹等气象灾害的能力。

7. 加快中小企业技术改造

中小企业是国民经济的重要组成部分，是农村经济的主要支柱。必须切实把中小企业的发展真正转移到依靠科技进步和提高劳动者素质上来，在加强技术改造、降低生产成本、提高产品质量和经济效益上狠下工夫。资金和各种资源的潜力是有限的，但科技的作用是巨大的。起步较早的中小企业要采用和发展高新技术，加快技术改造步伐，彻底改造一些传统产业，特别要对骨干企业进行新一轮技术改造，提高技术装备水平，提高产品质量、档次和附加值，提高科技进步在

经济增长中的贡献份额。兴办新的中小企业，要立足开发本地资源，采用先进生产工艺和科学管理方法，走集约化经营的道路，提高企业的经济效益。要培养和造就一批用得上、留得住的科技人才，支撑中小企业技术上水平、产品上质量。要抓好产业结构、产品结构、企业组织结构的调整，提高中小企业的市场适应能力和竞争能力。

（四）推广农业先进实用技术，抓好农民技术培训

推广和普及农业先进实用技术是实现农业现代化的关键，也是把科研成果转化为现实生产力的重要环节。加快农业科技进步，最关键、最迫切的是要加强农技推广工作，尽快把增产增效显著的重大实用技术大面积推广到生产中去，形成新的生产力。农业科技工作要面向农业和农村经济发展这一主战场，紧紧围绕发展"高产、优质、高效"农业，加大先进实用农业技术推广普及力度，确保增加农产品供给和增加农民收入两大战略任务，促进粮食生产再上新台阶。重点抓好优良品种推广、节水灌溉、配方施肥、病虫害综合防治、作物栽培与管理等关键技术。加快农业技术推广，必须巩固和发展农技推广专门机构和专业队伍，健全农技推广体系，保证农技推广经费。要充分利用各种民间科技组织的力量，发挥科技示范户、农民专业技术协会的作用，形成以国家技术服务部门为骨干，专业队伍与群众相结合，各方面共同参与的完善的农业技术推广网络。

农业科技推广作为农业科技发展的主要组成部分，和农业科技研究与开发创新同样重要，尤其是面对我国农业成果转化速度慢、产业化程度低、科技对生产贡献不高的现状，加强农业科技推广就显得更加重要。根据国家实施"科教兴农"、"可持续发展"的战略要求，农业科技推广的重点和方向也必须进行相应调整。其基本思路是：在推广方式上，从单纯技术服务与行政手段推广逐步向技术服务与农村教育结合的方式过渡，并且从产中服务为主逐步向产前和产后服务领域延伸。在体系建设上，改革运转机制，促进推广人员知识更新和专业技能提高。在强化政府行为基础上，继续发挥科研、教学部门的作用，并鼓励科技企业等积极参与，建立一个多元化的科技推广体系。同时，建立一批稳定的农业科技推广示范基地，进行重点农业技术领域成果转化和辐射带动。

1. 突出重大农业技术推广和关键技术成果产业化，实现重点突破、全面带动

在大批农业新科技成果中，选择一批针对性强、辐射面广、带动力大，并能产生重大经济效益和社会效益的农业技术进行推广示范。尤其抓好一批特色和优势明显、生产与市场需求大的关键技术项目，进行产业化开发，初步建立起我国农业科技产业化的体系框架和发展模式。

2. 以政府农业科技技术推广为龙头，带动和引导不同层次及多种形式的农业科技推广发展

抓好国家级重大农业科技推广计划，如由农业部和财政部组织实施的"丰收

计划"和"跨越计划",以及"国家重点技术推广计划"、"高新技术产业化项目"等。以此为龙头,带动地方各级政府的农业科技推广和新技术成果转化事业的发展,并有效地引导和推进我国农业领域中各种形式、机制多样的农业科技成果转化与技术服务工作。

现在国内一些发达地区已经在群众组织的基础上成立了农业专业协会,具体承办农业科技资源的推广和配置工作。这种自发的组织形式,是农业科技推广的基础,有利于农业科技资源的配置。政府要制定和实施促进农村专业合作经济组织发展的政策,如在财税、贷款等方面要及时提供融资服务。

3. 坚持实施大面积推广与建设科技推广示范基地、产业化示范基地并重发展的原则

农业科技推广示范基地建设是一项长期性任务,通过基地建设,可以实现技术引进、示范推广、技术培训和科技教育等综合功能。在实施大面积技术推广的同时,应结合推广示范基地建设,不断提高农业科技推广体系规范化和持续发展后劲,为农业科技产业化发展提供典型样板和经验模式,培育具有竞争力的科技先导型企业。

4. 立足自主知识产权技术成果转化,兼顾国外引进的先进技术转化

随着全球经济一体化进程的加快,国外先进技术引进工作逐步纳入正规化,并在我国农业技术发展体系中占有一席之地。农业科技推广在重点转化国内自有知识产权的技术成果外,还应注重国外引进技术成果的推广转化。

农业科技成果转化和农业劳动生产率提高,与农民科学文化素质的关系极大。要重视对农业劳动者的技术和技能培训,把提高农民的素质作为科教兴农、发展现代农业的一项重大措施。围绕提高农村劳动力素质,一要深化农村教育改革,增加职业教育的比重,办好各类农业专科学校,改革农村中小学的教学内容和教学方法。二要充分利用现有农林水气中专和农业广播电视学校等培训条件,广泛开展对农民的职业技术教育和培训。三要组织科技人员深入农村传授科技知识,结合实施"星火计划"、"丰收计划",对农民进行一技一训、一业一训,开展多种形式的文化教育和科技普及活动,把学习和应用农业实用技术变成农民群众的自觉行动。四要在基础教育中加强农业信息教育。农业是利用光、热、水、气、土等自然资源从事有生命物质生产的一种产业。因而具有分散性、区域性、时变性、经验性,以及稳定程度和可控程度低的行业弱势。信息技术将成为克服农业行业弱势的有力武器。搞好农业信息的发展必将有效地推动农业现代化的进程。

(五)搞好科技扶贫,继续加大农村科技扶贫力度

加大扶贫开发力度,必须紧紧依靠科技进步,在提高农民素质上狠下工夫。解决温饱问题,要着力提高贫困地区农业科技含量,因地制宜地推广符合当地实

际的增产增收技术。大力推广地膜覆盖、节水灌溉及旱作农业等适用于贫困地区的农业技术，着力提高粮食生产能力。因地制宜、有针对性地推广林果生产及畜禽等农产品快速养殖技术和产品加工技术，加快贫困地区养殖业和林果业的发展，提高农民收入水平。加大中小企业"东西合作示范工程"的实施力度，加快贫困地区现有企业的技术改造，尽快使贫困地区的资源优势与发达地区的人才、技术、经济优势结合起来，增强贫困地区自我积累和自我发展能力。要有计划地组织国家机关、企事业单位的科技人员，深入贫困地区，开展技术培训和技术推广工作。继续做好经济发达地区对口支援贫困地区的工作，加大技术扶持力度，为贫困地区培养一批技术骨干，促进贫困地区经济发展。

一是开展科技成果产业化科技示范，结合科技项目，重点选择一批适用于贫困地区农村结构调整的农业新品种、新技术及新产品，建立科技园区、基地等示范工程，通过园区、基地的示范作用，加快脱贫步伐；二是充分发挥涉农科研院所科技人员的作用，组织他们深入贫困山区围绕主导产业发展，通过实地指导、现场培训等多种形式，提高贫困地区农民的科技意识和科技文化素质；三是加大丘陵地区科技扶贫工作力度，加快引导丘陵地区试点县主导产业和特色产业的形成，推进丘陵地区工作的全面发展。

广泛应用可持续发展的科学技术，实现城乡经济长期稳定发展。以解决农村富余劳动力转移为突破口，强化城镇化共性技术研究。以先进实用技术开发与应用为重点，强化城镇居住环境、城镇规划、综合交通、水系统健康循环利用、土地利用等瓶颈技术研究，推动城镇人居环境可持续发展，包括人居环境科学体系、建筑节能关键技术开发与利用、城市综合交通发展战略与关键技术、城镇水系统健康循环理论与关键技术、城乡土地资源合理利用的方法和技术、城乡减灾防灾关键技术和应急系统等的研究。以增加城镇就业岗位和提高城镇质量为核心，强化绿色建筑产业、住宅产业、建材产业等关键技术创新研究，促进城镇化进程。

以可持续发展为着眼点，围绕丘陵地区人口、资源与环境等重大问题，突破一批关键技术，抓好试点示范和推广工作。重点开展水污染、废气污染、废弃物污染治理的技术研究，建立一批环保技术示范工程和产业化基地，带动我市环保产业的发展；加强我市人居环境改善、医疗卫生、文化教育等社会公益性技术研究，开发先进适用技术和产品，促进社会事业发展；抓好岷江、沱江成都段各条河流的综合整治和小流域生态建设中的退耕还林、还草、还药科技示范工程，为长江上游生态保护和恢复提供科技支撑。

深化科技管理体制改革，以市场化的科研机构运作模式统筹城乡发展。要整合科技资源，以体制创新为动力，采用市场化的科研机构运行模式，促进"产、学、研"创新要素的互动与合作，缩小城乡经济社会发展的差距。

（六）加快技术改造和创新，推行清洁生产

转制企业技术层次低是导致环境污染难以控制的重要因素。经过近三十多年的发展，丘陵地区转制企业技术水平虽然得到了很大提高，但总体而言，水平还不高。主要表现在：①转制企业技术装备陈旧、落后，不少是大企业淘汰置换的设备；②技术力量薄弱，普遍缺乏专业的环境保护技术人才；③生产工艺简单落后，机械化水平较低，有的甚至是纯手工的劳动；④污染治理设备简陋，相当一部分转制企业缺乏必要的环保措施，由此带来了能源、资源的浪费和环境污染的加剧。因此，普遍提高转制企业技术水准，实施技术改造和创新，推行清洁化生产，实现废物排放最少化，是有效控制转制企业污染的技术策略。

1. 加快技术改造，提高技术水准

一方面要加快工艺改进和设备更新，逐步淘汰能耗大、污染重、效益低的陈旧设备，必要时可依据环境检测标准实施强制淘汰；另一方面要适度扩大企业规模，普遍提高工人的技术水平和管理人员的管理水平。

2. 加速生态技术创新和推广清洁化生产，实现废物最少化

清洁生产是污染治理的新思维、新途径，从生产过程到产品本身做到废物排放最少化，以减少对环境的危害，其中包括清洁的能源、清洁的生产过程和产品。废物排放最少化包括削减废物源和循环两部分。前者是指改变生产过程减少废物源的废物总量，后者是指将废物循环或回用于原生产过程，实质是对废物及其污染的超前控制和生产过程控制。清洁生产不同于污染达标排放的控制管理，它是在追求经济效益的前提下解决污染问题，要求在全生产过程中节约能源、降低消耗、减少污染、提高资源和能源的利用率，减少产品生产过程中对环境的不利影响，把环境保护扩大到生产的全过程，使转制企业在实现环境效益的同时实现经济效益，进而实现资源的优化合理配置，在环境优势转化为资源优势和经济优势中减轻环境压力。要积极支持和鼓励转制企业研究、引进、消化和推广实用的清洁生产技术，努力从产品设计、原料选择、工艺改革、基础设施管理、生产过程内部循环等方面推行清洁生产，积极开发中国环境标志产品。

3. 合理设置工业园，实现集约化治污

目前丘陵地区中小企业布局过散的状况还没有得到根本解决，尤其是中小企业分布较散，虽然都加强了污染治理，但这种分散的点源治理、重复投资和建设，浪费了大量的人力、财力，建设成本和运行成本高，是一种极不经济的方式。因此，加快工业园区的规划和设置，实现集约化治污是一项非常紧迫的任务。

4. 加强对转制企业的环保管理

（1）严把审批关。在企业转制过程中，要建立和完善以预防为主、防治结合、强化监督的管理体制，规范环境管理制度和运行程序，充分发挥乡镇一级环境管理网络的作用。对乡镇所有转制企业都必须经乡一级环保机构审核，后上报环境保护部门审批，确保审批率。在运行机制上要强化监督机制，建立奖罚机制，加强舆论监督，促进建设项目的环境管理落到实处。

（2）严把执法关。企业转制是深化和实行环境管理的良好途径。在转制企业中必须严格执行环境影响评价制度，对企业污染物排放实行总量控制。对环境资源的开发和利用实行"谁开发、谁保护；谁破坏、谁恢复；谁受益、谁补偿"的原则。做到鼓励保护者，惩罚破坏者，调动企业保护环境的积极性，从而达到保护环境的管理目标。

（3）严把管理关。环保设施是企业资产的一部分，在企业重组时应对企业的治理设施进行评估，并明确产权所有者应承担的责任风险，加强排污总量控制。不论企业如何重组、产权如何界定，各企业排污总量均不能超过原企业排污总量。加强对转制企业的环境管理要做到"四个不变"，即环保工作隶属关系不变、污染治理达标时间不变、污染治理标准不变、排污收费不变。

（七）农业生产从主要依靠传统技术转向传统技术与现代技术相结合，努力提高农业的科技含量和附加值

1. 吸取传统技术精华，与现代农业技术结合

要切实抓好新品种、新产品、新技术的推广应用；推广良种改良法配套的现代化耕作栽培技术，应用新型农药、化肥、节水灌溉、畜禽改良品种选育和科学饲养等先进实用配套技术，提高农业机械化、生物化、专业化水平；加快种子产业化步伐，使育种向科研、生产、经营一条龙方向发展。加强农业科研，集中力量对重大农业和科研项目进行协作攻关，加强对生物工程、信息技术、新品种培育、农产品加工等方面的科学研究，提高科研成果的应用转化率。

2. 发展高新科学技术，促进农业产业升级

这项工作的关键是：在加大对农业科技投入的基础上，推广和应用以提高投入产出水平为目标的生产技术；以提高质量为目标的优化农产品品质技术；以增值为目标的农产品加工、保鲜、储运技术；以高效节约为目标的资源综合利用技术；以可持续发展为目标的农业生态及环境保护技术，以促进农业产业的优化升级。

3. 大力发展高科技含量和高附加值农产品

这项工作的重点是：大力发展生物工程技术，加强对遗传工程、细胞工程、酶工程、发酵工程等科学技术的研究发明，提高农产品加工深度和资源综合开发利用水平，加长农产品产业链，提高农产品附加值。

（八）完善农业科技资源创新与配置的法规体系

农业基础地位是否牢固，关键要靠科技，要提高农业的技术含量。一方面，要加强科学研究，提供技术源泉；另一方面，要把现有的科技成果尽快推广出

去，转化为现实生产力。而农业科技资源创新与配置是一个庞大的系统工程，除了农业科技系统自身要深化改革、创造条件外，还需要相应的政策措施、资金支持等外部环境和条件作为坚强的后盾。

1. 加强政策法规建设，逐步使农业科技产业化发展纳入法制化轨道

在农业科技产业化过程中，尚有许多法律、法规、制度需要建立。因此，有关职能部分要加紧这方面的工作，逐步使我国农业科技产业发展纳入法制法轨道。

2. 加强政府财政支持力度，增加农业科技资金投入

一是对"丰收计划"等国家重大推广计划项目要继续组织实施并加大支持强度，使各类项目的资助强度有明显提高。建立农业科技发展专项基金，并能逐步增加财政支农资金用于农技发展的份额。二是利用"绿箱"政策，增加农业投入，调整支农资金投入结构。与加强农业基础设施建设、调整农业产业结构、提高科技水平等联系起来。三是多渠道筹集资金，如采取贴息的方式引导金融部门或企业投资农业高新技术；乡镇企业收入中以工补农资金用于农业技术的发展；加大对龙头企业的直接科研的资助力度，或通过高校、科研院所签订协议给予其研究活动以财政资助等。

3. 加强推广体系建设，更新观念和鼓励创新

农技推广体系具有不可替代的社会公益性职能，它是农业社会化服务体系的主体，是国家对农业支持保护体系的重要部分，是实施科教兴农战略的主要载体，是新阶段推动农业和农村经济结构战略性调整的依靠力量。由政府建立一支履行公益职能的农技推广队伍，不仅是我国农业和农村经济发展的客观需要，而且是绝大多数国家农业发展的共同经验。现行的农业科技推广工作必须更新观念和进行机制创新。要结合农业产业结构调整，按照市场经济发展要求，把服务领域由产中向产前、产后延伸，由单项向综合服务延伸，利用技术和信息引导农民进入市场，参与并促进农业产业化经营。各级推广机构在切实履行公益性职能的前提下，可以兴办经营实体，实行"一站两制"、股份制和股份合作制等新的管理运行机制。

4. 加强科学普及和宣传力度，利用多种方式加快人才培训

一要利用各种渠道加大科技宣传力度，充分发挥农业广播学校的作用，深入农村对农民进行科普宣传；组织技术推广示范基地之间的相互观摩、交流。二要培训一批农业专业技术人才、管理人才和农民企业家。组织一系列与农业科技发展有关的农民科技企业家培训班，不同层次的农业专业技术人才培训班；利用高等农业院校和中等农业学校的定向招生方式，培养一批基层技术推广人才，造就一批既有理论水平，又有实践经验的高级农业推广专家。三要坚持不懈地开展农民技术培训，开发农民智力，培养一批掌握并能应用现代科技的新型农民。

5. 发展和引导农业技术市场，规范农业技术推广市场行为

要加强农业技术市场建设，促进农业技术转让。为农业科研机构、高等农业院校及民营科技企业的成果转化及市场化提供便利条件和措施保障。要通过各种途径发布农业技术成果、专利等技术转让信息，密切技术供需双方的关系。通过各种媒体宣传、信息网络、新闻发布会等促进农业技术贸易。还要鼓励农产品购销企业积极参与农业科技推广和宣传教育活动，通过法规、管理办法等规范其行为，杜绝坑农害农现象的出现。

（九）加强农业科学技术研究

要着眼长远，兼顾当前，统筹规划，制定和完善农业科研规划，紧紧围绕农业现代化建设急需解决的一些重大课题，组织力量攻关。首先，要加强生物技术的基础性研究，特别是育种研究，力争在理论和方法、基因工程实用化、病虫害防治机理等方面有新的突破。重视生物技术在作物遗传育种上的应用，培育适应性强的高产、优质动植物新品种。其次，要加强农业重大技术的应用研究，在自然灾害综合防治、区域农业综合开发、农业生态环境保护、农产品加工及综合利用等对农业发展有重大影响的关键技术上，取得突破。加快电子计算机、遥感信息、核辐射、大气物理等高新技术在农业上的应用，为农业资源调查、环境保护、灾害预测、产量估算等提供先进的科技手段。最后，要加强农用工业的开发研究。当前，要把研制优质复合长效肥料，高效、安全、低残留农药，先进的农业机械和设施，农产品加工机械作为重点，用现代工业来装备和支持农业。在加强农业科学技术研究的同时，加强农业国际交流与合作，积极引进国外农业先进技术成果，加快消化、吸收和创新，缩短与国外的差距。

第八章 四川丘陵地区农业可持续
发展与发展现代农业

可持续发展已经成为当代经济及社会发展的基本理念和必然选择的发展模式。农业作为国民经济中与自然环境最直接相关、受自然环境制约最大的部门，尤其必须在可持续发展的理念的指导下，实现可持续发展。理论与实践以及国际经验，都已证明只有建立在持续发展的基础上，农村经济才能实现真正地、持久地繁荣，农业生产才能真正实现持久发展，农民生活才能真正实现持久富裕。

一、坚持农业可持续发展是推进农业经济发展的一个重要问题

近几年来，农民收入增长缓慢是制约农业经济快速发展的一个大问题。阻碍农民增收的症结有很多，主要包括：农业结构不尽合理，农产品价格大幅下降，乡镇企业发展趋缓，非农产业受阻，非农收入下降，农民收入过低等。农业发展中存在的经济问题包括：农业结构有待调整、农民收入增长缓慢、科学经济与技术经济推广缓慢等。我国长期形成的以追求产品数量为偏好的思想对我国农业发展的影响是很大的，同时，农村市场体系和市场交易规则还不规范、不完善、不健全，因此，我国农产品的供给与市场需求不能得到有效平衡，无效供给过剩、有效供给不足。这必然会影响农民的收入增长，影响农民的生产积极性，影响农业的可持续发展。

农业发展所造成的农业资源短缺和农业环境恶化问题，是随着原始农业向现代农业的发展而逐渐显现出来的。因此，坚持农业可持续发展是推进农业经济发展中的一个重要问题。

发展循环经济是丘陵地区缓解资源约束矛盾的根本出路，是减轻环境污染的有效途径，是提高经济效益的重要措施，是以人为本、实现可持续发展的本质要求。丘陵地区资源人均占有量较少，要保持经济快速增长，必须大力发展循环经济，以最少的资源消耗、最小的环境代价实现经济社会的可持续增长。

原始人群以采集和狩猎为生，他们的生存和发展几乎完全依赖自然环境和自然条件，受到动物竞争规律、种群调节规律及自然资源的限制和制约，尚不存在为生存而自觉开发的农业。自然环境、自然资源依然按照大自然的固有规律运动变化，所以，也就不存在人类社会对自然环境和自然资源的破坏，自然也就不存

在人类社会以及农业的可持续发展问题。

原始人在采集过程中发现并喜爱一些植物，并在自己生活的领地种植这些植物，于是便产生了人类及早期的农业。不过这种种植地块的选择多是流动的、随机的。随着这种种植业满足原始人生活需要的优势的显现，原始人的生活也相对固定下来。当原始人的需求超过其栖地资源再生能力和随机种地的供给时，种植农业便开始有了较强的选择性与目的性，并通过游耕轮作、放火烧荒、清理林地、扩大耕地、增强土地肥力，产生了"刀耕火种"的原始农业。在这种原始农业制度中，由于人口数量少、土地绝对丰富、生活水平简单低下，资源供给和人类需求处于相对平衡状态，再加上生产力水平极其低下，人类对自然资源的开发和利用程度尚没有超过其更新再生能力，农业开发对环境造成的破坏和损害程度远未超过环境的承载力，自然生态系统仍处于稳定状态。所以，原始农业也就不存在农业可持续发展问题。

随着人口规模的扩大和人类需求的增加，需要更多的农田提供更多的农业产出，越来越多的土地不断转变为永久性农田，传统农业也随之形成。伴随传统农业的形成所产生典型的农业制度，就是封建社会长期延存的小农经济。在这种传统农业制度下，人类对包括农田在内的农业资源的利用和控制明显加强。但是，传统农业的技术是原始的、简单的、落后的，缺乏创新，长期处于停滞状态。为了提高农业效率，对农业资源环境的利用和控制除了投入更多的人力和畜力之外，就是不断扩大农田面积，很难有其他技术手段。于是，越来越多的包括草地、林木植被在内的自然环境受到破坏，自然生态自我保护、补偿、恢复功能受到损害，农业生态上的不稳定性越来越明显，抵御水灾、旱灾和病虫害的能力越来越弱。这样，农业的资源环境问题、可持续发展问题便随着传统农业的形成和发展而明显地暴露出来。

20世纪以来，人类为了提高农业效率，进行农业技术创新，不断将现代科学技术大规模地应用于农业。特别是第二次世界大战以后，农药、化肥、农膜、除草剂和农业机械在农业中的广泛应用，极大地提高了农业生产力和农产品商品率，农业生产方式也因此由传统农业向现代农业发展。由于这种现代农业是以高能耗为代价和标志的，故被称为"石油农业"。很明显，现代农业是以工业性能源为动力，以工业化的方式进行生产的。由于工业性能源投入不断增长，在促进农业效率不断提高的同时，产生的副作用也越来越严重，诸如农药、化肥在农产品中的残留、对土地的污染、土地肥力下降、地壤板结、有机质含量降低等。

与此同时，广大发展中国家为了应付过快的人口增长的需要和不断加剧的贫困状况，在农业生产上几乎是采取了杀鸡取卵、竭泽而渔式的掠夺性经营。大规模砍伐森林，过度开垦草原、泥地、地下水以及围海、围湖造田，从而引起了土地荒漠化、水土流失、草场退化、水域和森林大面积减少，农业资源及生态环境严重恶化。这种对农业资源和环境的掠夺、破坏和损害，远远大于其自然更新和替代，是一种透支性的开发和利用。于是，农业的这种不可持续问题引起了各国的关注，迫使各国为改变这种状况寻求可持续发展之路。20世纪70年代以来，发达国家先后出现了一系列替代"石油农业"的农业思潮和实践，其中包括有机农业、生态农业、生物农业、再生农业、生物动力农业、超工业农业等。但是，这种替代农业在反对使用化肥、农药，强调保护资源和环境的同时，却忽略了效率和成本，使这些替代农业在实践中无法通行。于是，可持续农业便应运而生，并于20世纪80年代形成雏形。

可持续农业最早是世界银行在《世界发展报告》中提出的，到1986年逐渐为世界各国公认，认为可持续农业才是农业发展的科学模式。1985年美国开始把可持续农业的理念运用于实践，这一年美国加利福尼亚州通过了《可持续农业教育法》，并在加州大学戴维斯分校成立了"可持续农业研究所"。1986年，美国通过了《可持续农业法案》。1987年世界环境与发展委员会提出了"2000年：转向可持续农业的环球政策"。联合国粮农组织制定了"可持续农业生产：对国际农业研究的要求"的文件；这一年美国曾连续两次召开了"可持续农业"国际研讨会、"美国农业"国际研讨会；美国农业部还把"低耗可持续农业"列为重点科研项目。1989年联合国粮农组织第25次大会通过了有关可持续农业发展活动的决议。1990年，美国又提出了"高效可持续农业"口号。1991年联合国粮农组织在荷兰登博斯举行了有124个国家参加的"农业与环境"国际会议，提出了可持续农业发展的国际合作计划，通过了《登博斯宣言》。该宣言提出了"可持续农业与农村发展"的战略决策，这个创新概念的重大意义在于它首次把农业与农村发展统一起来。1991年有关可持续农业的另一件世界大事是，联合国总部成立了世界可持续农业协会。1992年在里约热内卢举行的全球环境与发展的首脑会议通过的《世纪行动纲领》，正式提出了在全球实行"可持续农业与农村发展"战略。1993年联合国粮农组织在罗马召开了第27届国际会议，强调到2010年要逐步在全球建立可持续农业生产体系。

国际社会的这一系列行动证明，消除传统农业和现代农业对农业资源和农业环境破坏的弊端，实现农业的可持续发展，已经成为国际社会的共识与世界各国经济和社会可持续发展的不可缺少的一环。中国积极响应国际社会的号召，紧跟国际社会的战略部署，1992年中国政府提出的中国环境与发展的十大战略，第一条就是实行可持续发展战略。1994年国务院第16次常务会议批准的实施可持续发展的纲领性文件专门提出了中国"农业和农村可持续发展"战略，指出"农业和农村的可持续发展，是中国可持续发展的根本保证和优先领域。其目标是：保持农业生产率稳定增长，提高食物生产和保障食物安全，发展农村经济，增加农民收入，改变农村贫困落后状况，保护和改善农业生态环境，合理、永续地利用自然资源，特别是生物资源和可再生资源，以满足逐年增长的国民经济发展和人民生活提高的需要"。在《中国 21 世纪议程》中，对农业和农村可持续发展规定了以下七个方案领域：①推进农业可持续发展的综合管理；②加强食物安全和预警系统；③调整农业结构，优化资源和生产要素组织；④提高农业投入和农业综合生产力；⑤农业自然资源可持续利用和生态环境保护；⑥发展可持续农业科学技术；⑦发展乡镇企业和建设农村乡镇中心。1995 年中共十四届五中全会通过了中国《2000 年至 2010 年发展规划》，该规划明确提出"在现代化建设中，必须把实施可持续发展作为一个重大战略，要把控制人口、节约资源、保护环境放到重要位置，使人口增长与社会生产力的发展相适应，使资源建设与资源环境相协调，实现良性循环。"1998 年中共十五届三中全会通过了《中共中央关于农业和农村工作若干重大问题的决定》，把实现农业可持续发展作为实现中国农业的农村跨世纪发展目标的十大方针之一，指出"实现农业可持续发展，必须加强以水利为重点的基础设施建设和林业建设，严格保护耕地、森林植被积水资源，防止水土流失、土地荒漠化和环境污染，改善生产条件、改善生态环境"。1999 年国务院通过的《全国生态环境建设规划》，规定了全国生态环境建设的重点项目主要是天然林等自然资源保护、植树种草、水土保持、防治荒漠化、草原建设、生态农业等，并把全国生态环境建设规划为八个类型区域，其中优先实施的重点地区有黄河上中游地区、长江上中游地区、风沙区和草原区。1999 年江泽民同志在提到"西部大开发战略"时指出："改善生态环境，是西部地区的开发建设必须首先研究和解决的一个重大课题。如果不从现在起，努力使生态环境有一个明显的改善，在西部地区实施可持续发展的战略就会落空。"2000 年中国政府果断决策，在广大西北地区实行退耕还林还草战略。

上述这一系列实施农业可持续发展的重大举措，为中国经济社会的可持续发展、农业和农村的可持续发展提供了有力的政策、制度和法制保障。

农业与农村可持续发展以经济可持续发展为前提，以社会全面进步为目标，改变目前消耗资源和破坏环境为代价的农业发展方式，转向经济、社会与资源、环境相互协调、持续发展的道路，建立与完善持续农业和农村发展的市场运行机制与技术体系，形成"种养加、贸工农、农科教"相结合的格局，合理利用和保护农业资源，改善生产条件，创造良好的生态环境，实现生态、经济和社会持续性的统一。可持续农业是一种帮助农民科学地选择优良品种、施肥措施、排灌方式、病虫害综合防治措施、栽培技术、作物轮作制度、农业与相应工业的合理配置，以降低生产和经营成本，增加农业产出，提高农民净收入，以及永续利用资源和保护生态环境的农业。

发达国家与发展中国家对可持续农业的认识也不尽相同。由于发达国家农业的现代化、集约化和投入水平比较高，生产规模大，农产品过剩，农产品贸易竞争激烈，农产品补贴的财政负担重，增加粮食生产不再是发达国家农业发展的主要目标，保护自然资源和维护生态环境已成为发达国家农业发展的主要矛盾。因而，发达国家可持续农业理念的主旨是，在保持现有高水平生活、稳定现有农业产量的基础上，保护自然资源和维持生态环境；发展中国家则不同，发展中国家的农业现状大多尚不足以维持温饱，因而对发展中国家而言，可持续农业意味着以提高农业产量、摆脱贫困为前提而不损害环境。

实现农业生态可持续发展是农业可持续发展所必需的环境，也是农业经济发展所依赖的资源和农业可持续发展的前提。无论是人的现代化还是农业生产的现代化都无法摆脱其对环境的依赖。目前，我国生态环境的破坏日趋严重，水土流失，土地沙漠化日趋恶化，我国农业可持续发展受到严重阻碍，而这脆弱的生态环境和日趋减少的自然资源，却又承受着发展给农业经济带来前所未有的压力。消除生态恶化，保护自然资源，减少人口压力是促进农业可持续发展的必然选择。首先，选择退耕还林为重要切入点开展草地建设，绿化荒山，治理荒地；同时，积极开展防护林体系建设和生物多样性保护体系建设。其次，坚持用法制手段控制环境污染；同时，科学、合理地使用化肥、农药、地膜等化学物质，减少农业自身的污染。最后，严格实施人口政策，控制人口数量、提高人口质量。

推进农业现代化进程，必须把实现农业可持续发展作为一项重大战略方针，下大力气改善农业生产条件和生态环境，提高资源的利用率和产出率，走可持续农业发展道路。

实现农业可持续发展是农业经济发展的物质保障，也是农业发展的根本动力。农业经济的可持续发展，是永续地向人类提供粮食的保障，也是提高农民收入水平，消除贫困，实现人类社会全面发展的物质保障。为此，必须将农业产业化作为农业可持续发展的主要途径，将农业结构调整作为主要任务，把发展知识经济作为农业发展的新增长点。当前，中国农业已告别产品供给短缺的阶段，在此期间，小农户与大市场的矛盾和产业结构不合理已成为制约农业经济发展的主要矛盾。发展农业经济必须首先解决这些矛盾。

二、可持续发展与农业可持续发展的内涵

（一）可持续发展的内涵

一个社会、一个国家、一个政府可持续发展理念的确立，无疑是包括农业可持续发展在内的整个社会可持续发展战略确立的首要前提。可持续发展理念的形成，是人类对已经走过的工业化发展道路以及传统发展模式的反思和否定的结果。可持续发展的思想首先是从环境保护的角度来倡导保持人类社会的进步与发展的。可持续发展思想的提出，源于 20 世纪工业文明造成的公害的加剧和能源

危机的冲击，使人们看到了破坏环境带来的危害，使人们开始对环境问题热切关注并有了新的认识。可持续发展思想包含了当代与后代的需求、国家主权、国际水平、自然资源、生态承载力、环境与发展相结合等重要内容。具体内容包括以下三个方面：一是环境可持续性，即以自然资源的可持续利用和良好的生态环境为基础的发展，其核心在于证明自然资源及其开发利用程度间的平衡关系，是一种维持生命保障系统的生态可持续性。二是经济可持续性，即以经济可持续发展为前提的可持续发展。三是社会可持续性，即以谋求社会的全面进步为目标的可持续发展，它强调人类生产方式和生活方式要与地球的承载力保持平衡，同时谋求人类健康水平和生活质量的改善以及人类自由和平等权利得到保障。

从可持续发展的社会实践看，可持续发展的政策主要包括：限制人口增长、鼓励自然保护、改良生态、保护生物多样性、探求资源和能源的永续利用、提高资源能源的利用率、推行清洁生产和环境标志，采取源头控制、增加环境投入、控制城市化进程等。正确的人口政策、经济政策和环境政策，对于可持续发展具有关键意义。

实现可持续发展是一项政府调控行为、科技能力建设和社会公众参与的三位一体的复杂的系统工程。各级政府是推进可持续发展的首要社会力量；科学技术在可持续发展的能力建设中具有无可替代的作用；公众参与是可持续发展得以实现的基础。

世界环境与发展委员会在《我们共同的未来》的报告中，对可持续发展所下的定义是：可持续发展就是指既满足当代人的需求又不危及后代人满足其需求的发展。可持续发展理念的形成，使人类对其自身生存和发展的认识提高到一个新的境界，这是人类认识世界、改造世界的一次质的飞跃和进步。然而，可持续发展作为当代经济和社会发展的基本理念和唯一正确的发展模式的形成，人类是付出了沉重的代价的，是人类经济及社会发展经验教训的结晶。

（二）农业可持续发展的内涵

可持续农业就是在维持生态平衡和资源永续利用的基础上实现农业的发展。农业可持续发展的核心和关键则是持续，而对资源和环境损害、破坏的农业，其后果都是不可持续的。所以，可持续农业的三大要素已逐渐成为共识。可持续农业的三大要素包括：一是尊重生态学和系统学原理；二是承认现代农业科学知识同传统农业精华相结合的必要；三是改变人与自然的现存关系，实现"天人合一"。

三、农业可持续发展的特征

（一）可持续性

可持续性强调农业发展要确实能合理利用和保护农业自然资源，特别是可再生的农业自然资源，减少对农业生态环境的破坏与污染，以便在当代农业发展的同时，为后代农业的发展留下公平利用农业自然资源与环境条件的机会。为此，就需要把当前利益与长远利益结合起来，防止只顾眼前利益而忽视农业的持续生产能力，以致削弱农业赖以发展的基础条件。

（二）公平性

公平性要求农业资源利用及其收益要在国家、地区以及不同的社会利益集团之间进行公正而合理的分配，以保证农业获得公平的收益率。为此，就既要防止**农业对其他国家、地区以及社会集团利益的损害**，也要防止其他国家、地区与社**会集团对农业利益的损害。**此外，也要保证后代人能获得与当代人对同等的资源的利用与收益的分享机会，以保证代际间的公平。为此，就需要防止当代人对农业自然资源与环境的过度利用而造成农业生产成本或环境治理成本的增加，防止当代人对后代人利益的损害。

（三）可行性

可行性强调农业的持续发展必须在技术上适当、经济上可行，且能为社会所接受。技术上适当，是指技术的选择与应用应有助于增强农业可持续发展的能力，而不至于造成农业自然资源与生态环境的严重退化；经济上可行，是指必须控制投入成本；社会所接受，则是指农业生态环境变化、农业制度与技术变革所引起的社会震荡应当控制在人们可以承受的范围内。

（四）协调性

农业可持续发展涉及生态、经济与社会三个方面，需要把这三个方面有机结合起来，探索出一条有别于以往各种农业发展模式的全新的农业发展道路。这种农业发展道路既可以协调经济社会发展与资源环境之间的关系，兼顾生态、经济与社会效益，又可以协调当代人与后代人之间的关系，兼顾当代人与后代人的利益。

四、农业可持续发展的目标

在现实中，由于各国国情不同，它们在农业可持续发展目标的选择方面也存在很大的差异。发达国家所面临的往往是农业生产过剩、国家财政负担加重以及农业生态环境破坏严重的困境，它们所关注的重点已经从食物安全转向环境质量。因而，这些国家所选择的农业可持续发展目标往往存在以下优先序列：首先是生态可持续性与代际公平，其次是代内公平，最后才是产出、效率、农产品需求的满足等。对多数发展中国家而言，尽管同样存在生态环境问题，然而，更为迫切的问题则是如何减少日益增长的人口以及如何摆脱贫困。因此，这些国家往往首先重视的是农业产出的增长以及农产品需求的满足，其次才能考虑效率、公平与生态环境保护等问题。

由于发达国家对农业可持续发展的研究往往领先于发展中国家，因而，后者往往需要借鉴前者的经验。然而，由于国情不同，在借鉴时就需要防止盲目照搬。在国内对农业可持续发展的研究中，有不少人主张中国农业可持续发展应当走低投入道路甚至不使用化肥、农药，也有人主张采取免耕休耕等措施。这显然与我国国情不符。

近几年，四川丘陵地区农业发展取得了一些成绩，但也出现了一些问题，如水土资源流失、生态环境遭到破坏、趋于恶化等。这些问题严重阻碍甚至破坏了四川丘陵地区经济发展。目前，四川丘陵地区正处于大开发时期，我们应吸取过去的历史教训，实施农业可持续发展战略。

农业可持续发展生态方面的目标在于农业自然资源与环境的可持续利用，一是合理利用和保护土地、水、生物等农业自然资源，二是防止对农业生态环境的破坏与污染。农业经济可持续发展经济方面的目标一是提高农业产出能力，二是提高农业的效率（包括生产效率与经济效率）。社会方面的目标则是社会的可持续发展，一是满足社会需求，二是保证农业生产者能获得公平的收益率。

总之，农业可持续发展的目标是：农业自然资源与环境的可持续利用，提高农业产出能力以满足社会需求，提高农业生产效率以节约利用资源、提高农业经济效率以保证农业生产者获得公平的收益（与收益率）和保持农业生产自我维持、自我发展的能力。

五、四川丘陵地区农村环境保护中存在的主要问题

（一）人口密度大，人口素质不高

仅占四川省辖区面积的20%的丘陵地区居住着四川省近60%的人口，21个百万以上人口大县全部集中在这一地区。该地区的人口密度每平方千米高达572人，即使同全国平均水平比较，也是人口密度最高的区域之一。但人口文化素质相对较低，文盲人数占总人口的比重达7%、比平原地区高2.4个百分点，中专以上人数仅占总人口的3%、比平原地区低7个百分点，每万人中人才拥有量仅为130人（含乡土人才）、比全省平均水平274人少144人。

农村人口受教育程度低，就不可避免地造成素质低，也就带来了许多问题。如生产时不能有效节约、不能合理利用资源，造成不必要的浪费，甚至导致资源紧缺，生产中不注意保护环境，造成严重污染，在科技的应用推广方面，步伐十分缓慢，效率很低等。同时，农村人口素质低也是农民收入增长缓慢的原因之一，而收入低，用在受教育上的支出就不会高，这就导致了恶性循环。

（二）过度使用资源，忽视生态环境保护，导致生态环境日益恶化

改善生态环境是丘陵地区实现可持续发展必须首先解决的一个问题。如果不从现在起努力使生态环境有一个明显的改善，在丘陵地区实现可持续发展战略就会落空。生态环境是公共资源，而长期以来，丘陵地区在发展经济时，有许多农民和企业在各自的经济利益驱动下，过度使用资源，破坏环境，忽视生态环境保护，导致生态环境日益恶化。

丘陵地区农村劳动力人均耕地仅为 0.73 亩、比四川省平均水平低 0.05 亩，复种指数高达 256%、比全省高 18 个百分点。水利、矿产生态资源匮乏，水力资源仅为 8000 多万千瓦，仅占全省水力资源总量的 8.5%，且开发量已占可开发量的 70%，森林覆盖率为 17%、比全省低 7 个百分点。可开采的矿产资源分布极少。与此同时，多数丘陵地区"十年九旱"，甚至多灾并发，风灾、雹灾、虫灾时有发生；水土流失面积达 2.2 万平方千米，约占丘陵地区幅员总面积的 23%。四川省丘陵地区农业资源的负荷相当沉重，土地垦殖率很高，对环境的压力极大。人地之间的矛盾十分突出，而且由于忽视对土地的保护和合理利用，造成生态环境恶化，森林覆盖率低，水土流失严重。

农民大量使用化肥，造成环境污染。化肥除一部分被植物吸收外，大部分经过淋溶、挥发而进入水体和大气。此外，农村焚烧秸秆造成的大气污染，工业酸性沉降物造成的"酸雨"，农用薄膜废弃物造成的"白色"污染等，使环境遭到破坏、生态系统失去平衡，直接影响到可持续发展。

（三）水资源缺乏，水利设施落后

四川丘陵地区属严重缺水区，多年平均地表水资源量为 470.77 亿立方米，人均水资源量为 940 平方米，亩均水资源量为 857 立方米，仅分别占全省的 18.1%、30.4% 和 22.5%，加之该地区水资源时空分布不均，洪旱灾害发生十分频繁。因此，四川历来把丘陵地区作为水利建设的重点和难点。经过多年努力，截至 2008 年年底，丘陵县（市、区）共建各类水利工程 34.7 万余处，占全省的 58%。其中，大型水库 4 座，中型水库 77 座，小型水库 4579 座，山平塘、石河堰、引水沟渠、提水工程 34 万余处，蓄引提能力为 107.16 亿立方米，有效灌溉面积 2115.9 万亩。另外，还兴建了若干处城镇用水工程，供水能力为 24.14 亿立方米。其中，城镇生活供水 7.54 亿立方米；建成堤防总长 2342.8 千米，保护人口 589.72 万人，保护耕地 472.13 万亩。近年来，资源性缺水、工程性缺水和污染性缺水问题十分突出。而从农业用水效率上看，又普遍存在浪费用水、低效用水现象。

目前，丘陵地区水利方面存在的问题是：大型骨干调蓄工程建设滞后，已建工程年久失修，带病运行，供水能力逐年下降；水土流失和生活、生产污水排放造成水质严重污染和水环境恶化，加剧了水资源供需矛盾，制约了当地经济和社会发展。

农业用水短缺，然而浪费却很严重，利用率很低。目前，农业用水的灌溉方式，大部分以浇灌为主，浪费了大量水资源。同时，农业用水利用效率很低。

（四）坡坎资源集中

四川丘陵地区的坡坎分布面积大。据 738 个坡坎代表样方量测统计，区域单位耕地面积内坡坎所占比例（坡坎系数）为 0.2073。按此系数计算，四川丘陵地区坡坎总面积为 51.23 万平方千米，相当于四川丘陵地区耕地总面积的 1/4，占四川丘陵地区未利用土地总量的 67.08%。由此可见，坡坎是四川丘陵地区一种数量极为可观且极具开发潜力的土地资源。其中，田埂系数 0.1594，面积 13.08 万平方千米，占四川丘陵地区坡坎总量的 25.53%，主要分布于河谷平坝和浅丘、中丘地貌区；而土坎则主要集中于丘陵地区，面积 38.15 万平方千米，占四川丘陵地区坡坎总量的 74.47%，是田埂面积的 2.9 倍，土坎系数为 0.2345，亦较田埂系数高 0.0751。

（五）排污总量控制难

由于历史的原因，丘陵地区大多数转制企业的科技水平比较低，从事行业大多数为纺织、机械、化工、皮革等传统产业，企业把主要精力用于生产规模的扩大和产品数量的增加上，忽视了通过科学技术提高生产水平和产品质量来提高企业的竞争力。其中，大气污染主要来自燃料产生的废气，燃料主要以煤及油为主，其次是生产工艺过程中排放的工业废气和产生的粉尘。随着丘陵地区各县市推广清洁生产，工业废气排放得到了有效控制，但工业废水控制难。按照丘陵地区现有的环境容量，不能再扩大印染项目。目前，转制企业的扩张、裂变、招商引资不断增加，经济发展不断扩大，排污总量难以控制。

科学技术的普及和推广对农业可持续发展也有很大影响。目前，丘陵地区农业经济发展中的科技普及率很低，农民大多数还是采用传统的耕作方法，高科技农业微乎其微，因此，加快丘陵地区农业科技推广步伐势在必行。

六、四川丘陵地区建立农业循环经济体系的可行性

丘陵地区经济发展水平长期落后，而生态环境由于贫穷而陷入"越穷越垦、越垦越穷"的恶性循环中。在资源存量和环境承载力两方面都经不起传统经济模式下的高强度的资源消耗和环境污染。如果继续走传统经济发展之路，沿用"三高"（高消耗、高能耗、高污染）粗放型模式，以末端处理为环境保护的手段，那么丘陵地区将不可能持续发展，更谈不上赶上发达地区。从长期来看，良性循环的社会应该从发展阶段开始塑造，才不会走弯路，才会得到更快的发展。丘陵地区大开发对丘陵地区来说是前所未有的机遇，走循环经济之路，已经成为必然选择。

（一）人们的观念已发生重大改变，符合循环经济的要求

自 1996 年全国人大八届四次会议批准的《中华人民共和国国民经济和社会发展"九五"计划和 2010 年远景目标纲要》正式把可持续发展确定为国家的发展战略以来，可持续发展思想观念逐渐深入民心。传统经济发展模式造成的环境危机，促使人们的观念发生了重大的改变，如发展观念、效益观念、消费观念、环境保护意识等都有了质的飞跃。这些观念的转变给循环经济理念的树立及贯彻创造了有利条件。

当然，政府部门也应该采取措施强化人们的这些观念。具体来说就是增强系统发展意识和环境资产意识，树立人和自然的和谐、经济与生态的兼容观、经济效益与生态效益和社会效益的统一观、生产经营的集约观以及生活消费的适度观等。为此，可以采取教育培训、社会宣传等手段进行合理引导。

（二）丘陵地区的发展状况有利于循环经济体系的建立

丘陵地区经济发展水平虽然处于落后状况，但是对于一种与传统经济模式有重大区别的全新经济发展模式在该地区的建立，又是一种优势。发达地区建立循环经济体系需要在打破原来已经定型的经济体系的基础上来重新规划发展，个别地区或领域甚至已经无法改造或者改造成本太高，因而建立循环经济体系的障碍要大得多，而丘陵地区却没有这方面的障碍。丘陵地区可以在发展之初就依据循环经济理论进行科学、合理的规划，相对而言成本比较低，建立的循环经济体系也更科学。

（三）科学技术的不断进步，促进循环经济的发展

当今的世界正处于科学技术突飞猛进的时代，很多新技术都有利于环境保护和发展，对循环经济的发展将起到重大的促进作用，特别是微生物技术和基因技术、纳米技术和微波技术等使循环经济发展有了重大突破。例如：运用基因技术，能够在有限的土地资源上，尽最大可能地提高作物产量和质量，以此来解决粮食短缺和人口增长的矛盾。运用微波技术，可以处理废气、污水、固体废弃物，也可以用于环境监测以及清洁生产。运用纳米技术，可以使产品微型化，使所需资源减少。不仅可以达到"低消耗、高效益"的可持续发展目的，而且成本低廉。可以预测，未来资源浪费、造价昂贵的大型机械设备会逐渐被淘汰，以实现资源消耗的"零增长"；可以制造高效率的光热、光电转换材料，以很高的效率转变为热能或电能，实现消耗的"减量化"。

七、四川丘陵地区农业可持续发展战略

制定和实施丘陵地区农业可持续发展的战略措施，是为了在发挥丘陵地区农业发展现阶段的特有优势，解决丘陵地区农业发展现阶段存在的特定问题的基础上，实现丘陵地区农业可持续发展。

（一）资源战略

合理开发利用资源，提倡节约、反对浪费，保持资源持续增值和供给能力，低投入、高产出、低消耗、高效率，促进资源重复、循环、永续利用。

1. 土地资源

降低化肥施用量，提高有机肥料施用量，采用保持性耕作体系技术，发展有机农业、生物动力农业、无污染绿色农业，提高农业保水保肥、供水供肥能力。如秸秆过腹还田，减少化肥用量。注意培养地力，做到以地养地，严防掠夺式生产，作物合理布局，科学翻耙，精耕细作，选择优良品种，合理密植，鼓励休耕、轮耕。四川提出了以聚土改土粮肥分带垄作技术为核心的"坡改梯——绿肥——粮肥轮作"开发种植模式，具有保持水土、增强地力的价值。

2. 水资源

采用节水技术，加大对节水灌溉技术、节水灌溉工程、节水高产耕作技术、节水作物选育、集水农业技术，局域集雨加高效微灌技术的研究推广，发展节水农业、集水农业。农业灌溉用水如果改进灌溉技术，使用有效利用率将提高10个百分点，每年可节水400多亿立方米。实践表明，采用管道灌溉可节水30%，喷灌可节水30%~50%。此外还有滴灌。

3. 森林、草场资源

退耕还林还草，发展自然农业，全面实施山川秀美工程。丘陵地区恢复林草植被、治理水土流失，可减轻长江、黄河流域洪水灾害。因此，要落实中央"退耕还林（草），封山绿化，以粮代赈，个体承包"的政策措施，有的地区可能出现退耕还林（草）之后相当长一段时间内，农民无法从退耕土地上获得直接经济效益，如果政府对农民退耕还林（草）补贴力度小，农民的生活保障将成问题，农民缴纳农业税、农林特产税和作为乡村基层政府主要收入来源的"三提留五统筹"费用的能力将降低，使基层政府财政收入减少。因此，中央财政应通过转移支付手段加大对退耕还林（草）地区农民和财政的补偿。要发展林草产业及相关产业，做到宜牧则牧、宜果则果、宜茶则茶、宜药则药、宜渔则渔，开展多种经营，开辟新的增收门路。有条件的地方可发展"山上种树、山腰种果、山脚种作物"的经济带，坡地退耕还林还草后，为了稳定粮食生产，保障粮食安全，要建设高标准基本农田，走精收多收路子。同时，丘陵地区开发要结合流域综合整治，最终实现生态效益。

我国已制定《森林法》、《草原法》、《野生动物保护法》等，1998年四川省又作出了《实施天然林资源保护工程的决定》，颁发了《停止天然林采伐的布告》，并制定出台了《四川省天然林保护条例》和《工程实施方案》及管理办法。四川省凉山州已停止了对天然林的采伐，退耕还林，积极发展水源涵养林、水土保护林、风沙防护林；宜宾正在努力将自己建成长江上游生态保护的重要屏障；阿坝州坚持保护现有森林资源与培育后续资源并重，实行造、封、育、管相结合，发展立体生态农牧业，如牧区和农区高山地带退耕还草，农区河谷地带实行农田林网化，农区山谷中间地带退耕还林、发展经济林、生态林、薪炭林，荒山、荒坡、荒地、荒滩地带实行综合开发治理。这些都是丘陵地区地区"退耕还林（草）"的典型措施，丘陵地区各地区应根据自身特点及存在的突出问题因地制宜，并大力推广好的措施。

（二）人口战略

控制人口数量，提高人口质量。当前应积极配合第六次全国人口普查，加大农村各级各类教育投资力度。尤其是中央要通过转移支付的手段，帮助丘陵地区地区发展基础教育、中等职业技术教育和高等教育，努力提高农村人口的素质，在农村内部培养出推动农业可持续发展的各类人才，特别是科技人才。

（三）环境战略

保护生态环境，开发绿色工程，建立生态示范区，大力发展立体生态农业。具体实施过程中应注意减少农用化肥施用量，增加有机肥料施用量，采用秸秆过腹还田，停止秸秆焚烧，治理工业"三废"，治理农业废弃物污染，治理农村生活垃圾污染，吸取美国丘陵地区开发时"先开发、后环保"的教训，实施"清洁生产"，在生产过程中保护生态环境。

（四）经济战略

调整农业结构，合理配置资源，立足当地优势，发展特色产业，发展高产、低耗、优质、高效的管理农业，推进农业产业化，开发技术含量高、高创汇、高附加值的农产品。

加快小城镇建设步伐，大力发展乡镇企业，减轻农民负担，增加农民收入，提高农民生产积极性，同时加大扶贫攻坚力度，帮助落后地区农民尽快脱贫致富。

加大科学技术推广力度、广度、深度，提高科学技术普及率、科技成果转化率、科学技术成果有效利用率及其对农业增长的贡献率。

八、促进四川丘陵地区农业可持续发展的思路

目前，生态环境恶化与经济可持续发展之间的矛盾已成为影响和制约丘陵地区经济社会发展的一个突出问题。丘陵地区应采取积极措施，切实加强对转制企业环境治理的有效管理，促进生态环境保护与经济社会的可持续发展。

（一）实现丘陵地区农业可持续发展的指导思想与促进农业可持续发展应坚持的基本原则

1. 实现丘陵地区农业可持续发展的指导思想

依据丘陵地区可持续农业发展面临的问题和现有优势，以邓小平理论为指

导，坚持"三个有利于"标准和"三个代表"重要思想，全面贯彻落实科学发展观，以农业可持续发展为目标，稳定党在农村的基本政策，继续深化农村改革，进一步发展和解放农村生产力；加强农业的基础地位，理顺农业与国民经济其他产业的关系，完善农村社会化服务体系、农村市场体系和国家对农业的支持保护体系；进一步减轻农民负担，提高农民收入，调动农民生产积极性；以市场为导向，以科技进步为推动力，对农业结构进行战略性调整，转变农业发展方式，大力提高农业产量、质量、效益和农产品国际竞争力；增加农业投入，加强农业基础设施建设，提高农业的科学技术装备水平和综合生产能力；保护农业资源和生态环境，把农业发展同农业生态、资源、环境的改善统一起来，促进农业向集约化、产业化、专业化、区域化方向发展，努力实现农业现代化和农业可持续发展，满足经济和社会发展对农业及农产品的不断增长的多样化需求。

2. 促进农业可持续发展应坚持的基本原则

依据丘陵地区可持续农业的现实情况，促进农业可持续发展必须坚持以下原则：

（1）高土地生产率原则。丘陵地区人地之间的矛盾十分突出，必须立足国内基本自给解决吃饭问题及其他主要农产品需求，这就必须提高土地生产率，科学、合理而又最大限度地提高单位面积产量。

（2）高劳动生产率原则。因为提高农业劳动生产率，是农业生产提高农产品商品和农民收入，并在农业高投入的条件下实现农业高产出的基本条件和可靠保证。

（3）高科技投入原则。这是提高土地生产率和提高劳动生产率的必然逻辑，因为农业资源稀缺将成常态，要提高农业的土地生产率和劳动生产率，只能通过提高对农业的科技投入和人力资本投入才能实现。

（4）生态关系高度和谐原则。丘陵地区生态环境具有先天脆弱性，农业资源与农业的环境后天破坏严重，倘若不能改善和维护生态关系的高度和谐，丘陵地区的农业资源和农业环境现状就难以支持农业的可持续发展。

（5）得到高保护原则。丘陵地区农业的自然特点和社会特点主要体现为：一是长期的工农产品"剪刀差"及其所具有的多重外部经济性，使中国农业表现为"弱质"产业；二是丘陵地区农业生产的技术落后，比较利益低，使其表现为"幼稚"产业；三是丘陵地区农业在很大程度上受制于自然资源和自然环境，使其表现为"靠天"产业。所以，丘陵地区农业必须在生态环境、国内市场和国际市场得到国家政策的保护。

（二）坚持发挥市场机制作用与政府宏观调控相结合，努力形成促进循环经济发展的政策体系和社会氛围

1. 加强政府领导，发展循环经济

坚持科学发展观，走新型工业化道路，提高资源利用效率和循环利用水平，

大力推进节约降耗，全面推行清洁生产，加强资源综合利用，积极发展环保产业，实现经济增长方式的根本转变。

按照走新型工业化道路的要求和实施工业强县总体战略部署，形成有利于节约资源、保护环境的消费模式与生产方式；坚持推进结构调整，依靠科技进步和强化管理，提高资源利用效率；坚持发挥市场机制作用与政府宏观调控相结合、依法管理与政策激励相结合、政府推动与社会参与相结合，努力形成促进循环经济发展的政策体系和社会氛围。

（1）转变观念。加快发展循环经济，必须摒弃传统的发展思维和发展模式，把发展观统一到坚持以人为本、全面协调可持续的科学发展观上来，在发展思路上彻底改变重开发、轻节约，重速度、轻效益，重外延发展、轻内涵发展，片面追求 GDP 增长、忽视资源和环境的倾向。

树立生态、经济、社会可持续发展观，实现生态、农业经济、社会可持续发展。首先，要进一步提高认识，加强对农业自然资源和生态环境的保护。保护农业自然资源和生态环境就是保护农业生产力。要坚定不移地制止工业和城市建设乱占滥用耕地以及耕地撂荒行为，确保耕地占用和使用总量动态平衡。建立健全有关法律法规和制度，加快重点地区环境监测和综合治理，加强农村环境保护教育，通过工程技术与生物措施相结合等多种办法，控制农业生态环境恶化的趋势。其次，要搞好农田水利基本建设，提高农业抵御自然灾害的能力，特别要改善灌溉条件，从根本上改变靠天吃饭的局面。同时，以提高农业综合生产能力为主要目标，改造中低产田为重点，进一步加大资源开发力度，拓展发展空间，重视山地、森林、水面等各种资源的综合开发利用。

（2）搞好规划。要把发展循环经济作为编制"十二五"规划的重要指导原则，用循环经济理念指导编制各类规划。加强对发展循环经济的专题研究，加快节能、节水、资源综合利用、再生资源回收利用等循环经济发展重点领域专项规划的编制工作。建立科学的循环经济评价指标体系，研究提出国家发展循环经济战略目标及分阶段推进计划。

加快发展低耗能、低排放的第三产业和高技术产业，用高新技术和先进适用技术改造传统产业，淘汰落后工艺、技术和设备。严格限制高耗能、高耗水、高污染和浪费资源的产业，以及开发区的盲目发展。用循环经济理念指导区域发展、产业转型，促进区域产业布局合理调整。开发区要按循环经济模式规划、建设和改造，充分发挥产业集聚和工业生态效应，围绕核心资源发展相关产业，形成资源循环利用的产业链。

2. 大力推进环保产业的发展

①发展环保产业需要政府的重视。环保消费主要是一种公共消费行为，政府消费和政府预算投资对环保产业的发展至关重要，要逐步加大政府预算投资占全

国环保投资总量的比例。②应用现代金融工具，建立全新的投融资机制。设立环保产业基金、利用资本市场融资，发行环保彩票、优惠贷款、引进外资、风险投资等多渠道筹集环保产业发展资金。③促进企业不断进行技术创新。运用财税、金融等手段加大对环保产业技术创新的支持力度，特别是支持研发具有自主知识产权的环保技术和产品。④培育具有国际竞争力的环保企业。通过上市、兼容、重组、联合等形式，培育扶持环保优势企业和骨干企业，组建大型环保企业集团，增强环保企业的竞争力。

3. 倡导绿色消费方式

目前东部沿海地区正在倡导"小即美"的消费方式和生活方式，培养人们的绿色消费观和绿色消费行为。而在丘陵地区，人们仍在追求"大即美"的审美观念和物质消耗多多益善的消费方式。要建立与循环利用为基础的新型消费方式，既要满足人们日益提高的合理的物质消费，更要注重满足人的自身发展需要的教育文化等精神消费和自然生态环境的改善，以利于人的身心健康和全面发展。绿色消费观和绿色消费行为将导致消费结构发生重大变革，消费结构的改变必将导致产业结构、技术结构和产品结构的调整与升级，形成绿色消费需求与经济增长之间的良性循环，从而推动循环经济的发展。

4. 强化技术支撑

发展循环经济必须充分发挥科学技术的作用，开发建立绿色技术体系。绿色技术体系包括环境工程技术、资源化利用技术和清洁生产技术。要发展主要环境污染物监测技术、烟气脱硫技术、机动车污染控制技术、城市污水处理成套技术、城市生活垃圾处理处置及资源化利用技术、生态环境监测技术、水土保持技术、防沙治沙技术等。要积极采用清洁生产技术，全面推行清洁生产；随着科技的快速发展，生物技术、电子技术和通讯技术等都将在循环经济中得以应用；信息技术通过互联网以最快的速度、最低的成本，最有效地提供环境信息和传播知识等，为循环经济提供技术支撑。

5. 建立共同参与体系

循环经济的参与主体包括政府、企业、非政府组织和居民等。丘陵地区各级政府要通过利益的驱动和精神的号召使社会各界都参与到循环经济发展当中。在现阶段，政府应侧重采取行政、法律措施进行宏观调节，逐步在大中型企业推行清洁生产模式；加大企业改革特别是产权制度改革力度，使企业成为真正的市场主体，充分发挥市场配置资源的基础性作用，这也符合我国推行清洁生产和循环经济的基本要求；根据我国东部地区的经验，应组建专门回收处理包装废弃物的非营利性的社会中介组织，发挥其在循环经济中的特有作用。同时，通过舆论、宣传教育等大量信息让公众了解循环经济的原理和理念，引导居民正确购物、适度消费；尽可能减少垃圾排放；增强反复利用和多次使用意识，以提高公众参与循环经济的意识和能力，实现公众监督和倡导下的生态文明。

6. 建立政策体系

在政策层面上，要建立有利于丘陵地区循环经济发展的政策体系。一方面要通过政策调整，使循环利用资源和保护生态环境有利可图，使企业和个人对生态环境保护的外部效益内部化；另一方面在丘陵地区开发中要大力推进生态环境的有偿使用制度，建立污染者治理、受益者补偿机制。例如，一些亏损或微利的废旧物品回收利用产业，对于污染物无害化处理产业可通过税收优惠和政府补贴政策，使其能够获得社会平均利润率。对污染治理、废旧物品回收处理和再利用技术的研究与开发等公用性事业，政府应加大投资力度。建议专门设立丘陵地区生态环境技术基金，重点支持科研机构和企业进行环保适用技术的研究开发和推广应用。

7. 完善法律制度，加强环保队伍建设，提高监管执法能力

目前，我国已经制定了一些鼓励开展资源综合利用的政策措施，颁布了《清洁生产促进法》和《环境影响评估法》，为企业实施清洁生产、促进循环经济发展提供了必要的保障。从2003年开始，丘陵地区进入家用电器更新换代的高峰期，潜在的能源浪费、环境污染十分严重。我们应借鉴日本的做法，通过立法要求厂家对其生产的特定家用电器在废弃后必须进行回收和再循环利用，甚至在产品的设计和开发阶段就应考虑再循环利用问题，依法全面推进循环经济的发展。

随着环境治理的不断深入需要有一支具备高素质技能的环保工作者队伍，为环境保护保驾引航。要造就这样的队伍，一是要进一步强化环境法律法规学习，增强依法管理的自觉性和提高依法监理的准确性，在行政执法的过程中，用好权，把好关，树立清廉执法的良好形象。二是通过人事制度改革，从多种渠道引进环保专业所急需的各类人才特别是高层次人才，要创造条件开展环境研究，为行政决策提供科学的依据。要探索污染物治理的新方法，解决污染治理的难点和重点课题，更好地为企业提供服务。三是要加快监测装备更新升级，在建设城市空气质量自动监测站的基础上，还要逐步建设断面水质自动监测站。只有不断地提高监测装备的现代化水平，才能更快、更准、更好地为环境管理和监理提供可靠数据，使行政执法有据可依。加强环保队伍建设，是环境保护发展提出的必然要求。

（三）农业经济从主要重视产量增长转向产量和质量并重、更加重视质量和效益

目前，中国的农产品生产经营，应抓住农产品市场供给比较充裕的有利时机，以市场为导向，以效益为中心，大力调整和优化农业生产结构，在提高农产品产量的同时提高其质量。这是农产品进入市场、农业增产增效的基本保证。

1. 在保证农产品产量稳定增长的基础上，大力提高农产品质量

要加快农产品质量标准的制定和修订，尽快完成农产品的国家标准和行业标准的制定；用标准化规划农产品的生产经营；加强农产品质量监测技术队伍建设，建立健全国家农产品质量监测体系，完善监测手段，加强对农产品质量的监测；严厉打击制售伪劣种子和种苗、种畜及假冒伪劣农产品欺农、骗农、坑农行为。

2. 调整产业结构，发挥区位优势，提高生产效益

为了解决农产品市场疲软、农产品价格持续偏低、农民收入增长缓慢的问题，必须通过调整和优化农业生产结构和布局，形成种植业内部粮食作物、经济作物、饲料作物的合理比例；畜牧业和养殖业要在稳定牛、羊、猪、禽、蛋、鱼等生产总量的基础上，优化品种结构，加快品种改良；推行规模化饲养，降低生产成本进行深加工，提高附加值。总之，要通过调整布局、优化结构，充分发挥自然的、经济的、市场的、技术的、区域的比较优势，提高农产品生产效益，增加农民收入。

3. 注重创农产品品牌，实行名牌战略

这是提高农产品市场竞争力和农产品附加值，树立和提高农产品形象和声誉，占领和扩大农产品市场的有效手段。

（四）农业从主要是传统密集转向劳动密集与资本和知识密集相结合，实现规模经营和集约经营

1. 实现农业生产由粗放经营向集约经营的转变

在发挥传统手工劳作、精耕细作、密集劳动优势的同时，提高农业生产的资本和知识的密集度，实现农业生产由粗放经营向集约经营的转变

2. 创造条件，发展农业企业化生产经营

发达国家的农场经营实践证明，运用现代化高新技术设备，实现农业企业化生产，可以大大提高农业生产效率，降低生产成本，实现农业土地的规模经营。这是农业生产经营发展的必然趋势和历史潮流。丘陵地区应努力创造条件，顺应历史潮流，发展农业企业化生产经营。

3. 发展专业化生产、区域化分布

要按照土地产出率高、劳动生产率高、加工增值率高、机械化作业水平高、生态环境质量高的要求，实现农业生产的专业化、布局区域化、经营一体化，以促进农业的现代化进程。

4. 从主要依靠资源消耗型生产的传统增长方式转向保护生态环境、城乡协调、可持续发展，是实现农业可持续发展的根本方向和出路

（1）加强农业资源的综合开发、合理利用，保护耕地、保护生态，大力发展绿色产品和治理环境污染，推广科学、合理的农业生产方式和技术，避免对农

业资源及生态环境造成破坏。

（2）增加对农业的投入，实行农工贸一体化经营，大力发展乡镇企业和第三产业，积极发展小城镇，促进城乡一体化，提高对农村剩余劳动力的吸纳能力，减轻人口对土地、农业、资源和环境的压力。

（3）注重产业协调配合，促进农业生产的良性循环，实现生态、经济、社会效益的统一相结合。要统筹对农业资源的开发和利用，依法保护合理利用土地、水、森林等农业资源。坚持粮食生产与多种经济作物生产相结合，发展种植业与养殖业、饲料业相结合，发展农业与第二产业和第三产业（工业、服务业）相结合，利用和发挥中国传统农业技术精华与现代农业科技优势，协调和促进农村经济发展，实现城乡社会生态上和经济上的良性循环与可持续发展。

5. 大力发展农业产业化经营

一是通过农业产业化把千家万户的农民用各种联结方式组织起来，进入市场，参与市场竞争。即公司、农户等主体以市场调节为基础，政府干预为辅，通过采用高技术及先进的生产管理和生产组织结构，实现农业产加销系列化的经营方式。二是通过农业产业化战略的实施，以培育支柱产业为契机，大力调整产业结构。首先着眼于世界农业科技加速发展的趋势和我国区域差异，适应国内外市场，全面发展农、林、牧、副、渔业，重点围绕农副产品加工和发展优势产品，调整提高农业工业化水平，紧密结合小城镇建设，大力发展第三产业和抓好农产品品质结构升级调整；要确保粮食作物总产量稳定增长，提高单产、改善品质，尽快淘汰不适销品种；要提高主要经济作物质量，合理调整区域布局。菜篮子产品要推广优化品种，降低成本，提高效益，实现均衡供给。大力促进小城镇和乡镇企业协调发展，推进区域结构调整。实行农业结构调整和实施农业产业化，政府责无旁贷。首先制定扶持农业产业政策，引导产业结构调整，同时政府应加大对主导产业的投资力度和税收扶持；其次为农业产业化的实施提供法制保障，既要建立市场经济所具备的组织制度，又要完善市场经济运作的法规。因此，政府应建立完善的市场体系，培育劳动力、资金、土地和技术等要素市场；建立各级各类产品批发市场、积极引导和帮助龙头企业开拓国内外市场，制定规范公司主体与农户行为的法规体系。确保公司依法成立后有承担法律责任的经济实力，且公司与农户之间的利益既合理又合法，更重要的是如果公司与农户发生经济纠纷，能有法可依。

（五）在实施丘陵地区农业可持续农业发展战略中，农业生产从主要自给自足经济为主转向以市场为导向面向国内外市场发展商品生产

为了大力推进丘陵地区农业的专业化、市场化进程，建立适应经济要求的可持续发展的现代农业，必须进一步完善农业双层经营体制和农村社会化服务体系，长期稳定家庭承包制，建立土地使用权合理有序流转机制，大力发展农村商

品流通。

（1）确立农民的市场主体地位，使农民面向国内外市场安排生产。这就要求各级政府要继续稳定党在农村的基本政策，切实尊重、依法保护农民自主经营的农业生产和农村市场的主体地位，保护农民的生产积极性，教育农民树立市场观念，帮助农民进入市场，严禁对农民的生产经营进行行政干预和强迫命令。

（2）重视对国内外农产品市场的调查研究，为农民进入市场提高信息和渠道。特别要重视研究市场、开发市场，大力培养一批具有开拓国内外市场能力的市场营销队伍，为农业的专业化、商品化提供市场保证。

（3）面对加入WTO后的新形势，提高农产品的国际市场竞争力。为此，必须尽快建立完整的农产品质量标准体系，并逐步与国际标准接轨。大力引进和推广优良品种，提高农产品品质，减少和杜绝农药、化肥在农产品中的残留，扩大无污染绿色农产品的种植面积，提高产量；努力创造一批科技含量高、生产成本低、特色鲜明的名牌农产品；创办一批农产品出口生产加工区，按国际标准组织生产加工，扩大中国农产品国际市场占有率。

（六）加大环境治理力度，完善对转制企业的环境管理

提高丘陵地区经济发展与其他系统的协调度。环境保护是可持续发展的必要条件，环境恶化一方面会降低人民的生活质量，另一方面也会妨碍资源的利用，进而影响区域经济的发展。盆地丘陵地区环境治理的关键是提高森林覆盖率，治理水土流失。首先，是增加林地面积；其次是退耕还林。丘陵地区是四川省粮食主产区，耕地使用已超过土地的承载力。从粮食和食品消费的角度看，扩大粮食播种面积的比例是丘陵地区的必然选择。但经过几十年的农业发展的实证来看，粮食播种面积比例的提高已无助于提高农民的粮食消费量和食品消费支出，那么此时充分利用国家实施退耕还林政策的有利时机，改善当地的生态环境，改变他们的生产方式应该是成本最低而收益最大的。从农民收入的角度分析发现，由于国家补偿的存在，短期内可大幅度提高退耕农民的收入，但尚未培育起有效的收入增长点，如果这种状况持续到国家补贴结束时，那么在比较利益的驱动下，农民依然存在着复耕的可能性。因此，政府必须找到新思路与新办法，解决农民收入的增长问题。比如，引进产值更高、更适合本地生长且生长周期短、兼具生态和经济效益的树种，从而大幅度提高退耕户的林业收入；培育发展劳动力市场，使退耕而节约下来的劳动力能够有效地进入市场，提高其工资性收入水平。水土保持工作的重点是搞好长江流域的长江防护林建设和退耕还林工作。

1. 加强对污染物排放的控制

（1）加强总量控制。丘陵地区各县市要合理编制环境保护规划，并严格按照规划实施控制，促使转制企业加快结构调整，鼓励发展轻污染、无污染的产业，限制发展污染产业，禁止发展重污染产业。在实施现有污染源整治的同时，

严把建设项目环境保护审批关，按照国家环保法律法规及国务院《建设项目环境保护管理条例》的有关要求，坚决进行环境影响评价，对不符合国家产业政策、污染严重且难以治理或选址不当的建设项目予以坚决否决，严格控制新污染源的产生。在控制污染物排放浓度的基础上，实行污染物排放总量控制。

（2）实现终端控制转向全过程控制。新建、扩建项目和改建项目起点要高，能耗物耗要低，污染的产生和排放量要小，要根据环境的承受能力合理布局，优化资源配置。对于污染严重的转制企业要限期整改，污染严重、效益不好或以污染换效益的转制企业要坚决关停，实现对污染的防治从终端控制转向全过程控制。

2. 加快建立环保市场化运行新机制

目前转制企业污染防治设施的建设和运行，并不是经济意义上的投资经营活动，不具有市场行为的性质，只是企业的一项责任或义务，是一般的设施建设活动和管理活动。过去我们强调"谁污染谁治理"，片面地把污染物排放单位治理污染的责任理解为直接的治理责任，要求所有排污企业负责治理污染设施的建设和管理，这是一种极不经济的运作方式。由于环保设施投资较大，且运行成本较高，所以不少转制企业虽建有环保设施，但为利益所驱使，往往不按标准运行。为提高环境污染治理实效，必须加快建立环保市场化运行新机制，推动环保运行、服务向市场化方向发展。

环保市场化运行机制的内容主要包括：

（1）投资股份化。即采用多元投资方式，由政府、企业、银行合作投资，建立一批专业化环境治理公司，使环境污染治理和环保设施的运营，由提供社会化服务的独立法人来承担，将有利于增强环保投资能力，使环境保护活动成为企业平等竞争、自愿参与的时常行为，形成运营服务市场。

（2）管理企业化。即对环保活动实现企业化管理，按照产权股份把效益与经营者的利益结合起来，将环保设施投资按企业化经营方式运作，以增强经营者的责任心，降低环保设施建设和运行的成本，加快技术进步和技术改造，提高设施的运行率，保证环境质量的改善。

（3）服务社会化。即通过造就专业化环境治理公司，完善环保中介服务机构，把环保企业从过去的部门所有制中解放出来，使之成为真正意义上的为全社会提供服务的独立法人，成为能够提供环境保护社会化服务的主体，加快环境保护产业化的进程。

（4）运行市场化。即把环保的投资和环保设施的运行转变为市场行为，使之投入有产出，使投资能产生效益，兼顾环保治理效果与运行管理者的经济效益，形成环境污染治理的良性循环。环保运行市场化，在一些经济发达地区施行取得了良好的效果，这种方式符合市场经济条件下环境保护发展的需要，对企业的发展也非常有利，可使企业获得一个长期、稳定的环保服务市场，受到了社会各界的广泛关注，深受企业界的欢迎，丘陵地区应尽快建立环保市场化运行新机制，推进环境保护市场化的进程。

（七）加强耕地管理，促进土地合理利用

丘陵地区耕地资源具有以下特点：一是优质耕地少。目前，丘陵地区人均耕地少，优质耕地少，大多数地区的耕地耕作条件差，农业生产能力不同程度地受到制约。二是退化严重。由于丘陵地区耕地受工业"三废"污染，大量耕地受酸雨危害，受长期施用化肥等影响，地力下降，并且每年有水土流失。三是后备资源严重不足。耕地使用已超过土地的承载力。通过开发补充耕地的潜力十分有限。四是工业化、城镇化、基础设施的建设占用了大量的耕地。五是耕地抛荒现象严重。因此，加强丘陵地区土地资源管理迫在眉睫。

（1）要保护耕地。把耕地保护作为考核行政领导政绩的一项主要内容，确保耕地总量动态平衡，严格耕地占用审批制度，防止占优补劣。

（2）要加快土地的流转，健全土地管理制度。目前农业在高品位、高品质、高效益的生产需求下，追求规模化生产、产业化经营，对土地流转提出了新要求。丘陵地区农民拥有土地使用权，农村土地使用权主要表现为土地承包经营权，即在一定年限内拥有使用、收益和有限的处分权利。土地使用权流转是指在农户与集体间的承包关系不发生变化的前提下，承包者把有限的使用权转让给他人并收取一定转让费的行为。如果承包者把土地使用权作为资本投入或折成股份进行合作生产，也是在另一层次上进行经营权转让的一种方式。丘陵地区土地流转经历了从农村基层组织转移到农户，再从农户转移到其他经营者的一个过程，两个阶段表现出两种不同效果：一是土地表现为一种生产资料，由集体所有分化为农户占有，农户获得使用权和生产经营权，其本质是土地生产融入农户家庭经营，形成村集体与农户双层经营；二是土地表现为一种资本或商品，具有交换价值。农户转让土地，或以土地为资本投入，或折成股份与他人合作经营，都获得相应的利益或获得更大的效益。这种流转体现土地价值，提升了土地利用效率，有利于土地资源有效配置和推动农业现代化发展。今后，要从法律上和政策上明确土地使用权的合法性。允许土地使用权依法有偿转让，并在尊重丘陵地区农民意愿的前提下，鼓励土地使用权转让，实现规模经营。丘陵地区政府可以大胆鼓励股份合作制式的土地流转模式。该模式的特点是土地集中经营、高效经营，易形成规模化生产，并由于采取现代企业管理方式，具有严格的管理制度和科学的管理方法。它是当今市场经济条件下，土地有效流转和规模经营的重要方式方法。这种模式对于丘陵地区走新型工业化道路意义重大。

（3）要发展绿色优质高效农业，开发绿色食品，减缓人地之间的矛盾。绿色高效农业是指建立在绿色农业的基础上，依靠科技进步，根据市场变化，发展具有区域特色，产品附加值高，能出口创汇的农业。开发绿色食品、发展绿色高效农业是缓解丘陵地区人地之间的矛盾的有效途径。农业由粗放型经营向集约化转化，产品由土地密集型向劳动密集型转化，可以说是未来丘陵地区农民致富的新门路。丘陵地区资源禀赋的特征是土地资源稀缺、劳动力资源丰富，适合开发劳动密集型产品。

（八）加强水资源管理

加快新的大型水利设施、引水工程的建设，整修既有引水设施与工程建设，具有十分重要的意义。因此，要有针对性地解决农村人饮水的问题。但更为重要的是加强丘陵地区水资源管理。目前，丘陵地区水资源管理存在许多问题，主要表现在：①缺乏有效的管理机制，导致水资源短缺与水资源浪费共存；②现行体制和政策难以形成有效的节水机制；③过度超采与使用，生态环境恶化；④水资源"农转非"现象严重，制约农业的发展。面对水资源存在的问题，必须在体制上狠下工夫。①从重需求向重供求管理转变。传统的水资源管理重需求，其主要的特征是根据工农业用水需求，建设大中型水利工程来实现水资源供需平衡，它为缓解甚至彻底解决水资源供需之间的矛盾发挥了重要作用。随着水利工程不断兴建，水利工程建设难度愈来愈大，成本也不断增加，而且随着径流开发加大，带来了系列的生态环境问题，水资源供需之间的矛盾也不断加剧，已经不可能完全依靠增加水利工程来解决水资源问题，运用综合手段缓解水资源供需之间的矛盾成为一种必然。供水管理的最大缺陷是忽略了用水者节水的可能性，它将解决水资源供需之间的矛盾寄托在水源供给上，其结果是造成水资源浪费的增加和利用的低效。因此，必须重视从重需求向既重需求又重供给转变。②由分散管理向系统管理转变。水资源管理是一个系统工程，涉及众多方面，如农业、水利、科技、气象、城建、环保、宣传、计划和行政部门等。在以往的水资源管理中，各个部门分散管理，缺乏全局性与系统性，其最终的结果是有利则争，无利则推，使水资源开发利用短期化，持续发展思想很难贯穿到实际工作中去。未来的水资源管理，是站在可持续发展的高度管理水资源，所以，其管理是综合管理，如地表、地下、降水、污水、中水综合管理等，并且与经济结构调整、社会发展等有机地结合起来。③由行政区划管理向流域管理转变。按流域、灌区统一开发利用和管理水资源，是我国水资源管理的一个方向。其最大的特点是打破了单纯的行政区划管理，走向以流域为单元的综合统一管理轨道。水资源按流域形成自然体系，只有按流域统一管理方可做到保护与合理配置相结合，使上下游依赖水资源的各经济部门得到均衡发展。灌区应以开发利用浅层地下水为基础，以地表水作补充，以浅层水的地层空间作为调节大气降水、土壤水、地下水、地表水的地下水库，以调控地下水埋深达到适宜动态为指针，最大限度地把天然降雨转化为可持续利用的水资源，综合治理旱涝盐碱，获取最好的经济效益、社会效益和生态效益。④由政府主导模式向政府与市场相结合的模式转变。丘陵地区水资源管理一直是政府主导模式在设计和运行，其结果是政府管得太多，市场作用没有得到发挥。随着市场经济逐步建立，水资源管理机制必然由计划机制向市场机制转变。⑤需求方与供给方共同参与水资源管理。目前，在丘陵地区出现了用户参与水资源管理模式，由供需双方各环节组成节水管委会，一切重大决策通过节水管委会决定。这是市场机制真正起作用的表现。

第九章 四川丘陵地区发展现代农业实证分析

一、南充市顺庆区建设现代农业园区的经验及启示

党的十七大提出："建设社会主义新农村要坚持把发展现代农业、繁荣农村经济作为首要任务。"如何发展现代农业园区、推进现代农业发展、实现农民增收致富，是当前新农村建设中的一大难题。南充市顺庆区对此进行了有益探索和实践，它首建了现代农业园区，缔造了闻名四川省的"顺庆模式"，成功破解了社会主义新农村建设难题，找到了一条适合丘陵地区建设社会主义新农村、发展现代农业的新路子。南充市顺庆区立足区情区位实际，坚持走以城带乡、城乡互动、发展现代农业的路子，以新农村建设为统揽，以现代农业园区为载体，大力发展城郊型特色农业产业，取得了一定成效。

（一）顺庆区的区位优势

顺庆区是南充市的中心城区，是南充市的政治、经济、科教、文化中心，是中国优秀旅游城市、国家园林城市，也是典型的城郊型农业小区、全省统筹城乡发展试点区、国家授予的西部地区农民创业促进工程试点区。顺庆区辖区面积555平方千米，全区辖20个乡镇、8个街道办事处，人口65万人，其中城市人口38万人、农村人口27万人。区域经济综合实力在全省丘陵县区中排名第4位，经济实力在南充市位列第一。2009年，顺庆区实现地方生产总值140.5亿元，地方财政一般预算收入3.4亿元，城镇居民年人均可支配收入14 228元，农民人均年纯收入5539元。

顺庆区处于西部地区交通枢纽次中心，是川东北区域中心城市核心区，境内有国道212线和漤新线等公路主干道和铁路运输线及嘉陵江航运线，交通便捷，地理位置优越，处于成渝"两小时经济圈"，有着非常明显的区位优势。

顺庆区位于四川省东北部，地处嘉陵江中游西岸，北纬30°31′~30°51′、东经106°~107°7′之间，属中亚热带湿润气候区，四季分明，气候温暖，冬暖夏凉，热量充足，雨量丰沛，空气湿度大，日照少，无霜期长，风力小。终年植物繁茂，且无季节性变化。其气候特点是：四季分明，热量丰富，日照适宜，降雨

较丰富，雨热同季；其地貌为浅丘平坝，总体地势平坦、开阔，岩层以沙溪庙组的泥岩和砂岩为主，土壤以紫色土、水稻土和冲积土为主，土质疏松，土层深厚，土壤肥沃，适合各种农作物和畜禽生长。

（二）顺庆区率先建设现代农业园区

2009年，顺庆区乘势而上，按照"连片建设、规模发展"的园区建设思路和政府引导、农民自主、企业带动、金融支持、协会组织的"五方合一"的建园模式，在顺庆区范围内大力推广，现代农业园区规模不断扩大，达到了80个。入园农户2100户，其中蔬菜、食用菌产业园47个，入园农户1200户。2009年现代农业园区总产值突破8亿元，入园菜农户均收入突破4万元。

2007年1月，顺庆区率先在新农村建设示范村——大林乡大林寺村开展现代农业园区建设试点。大林寺村距南充市区16千米，是典型的丘陵地区山村，自然资源匮乏，农业生产条件落后。全村辖7个社，共735人。全村幅员1.6平方千米，有耕地686亩，人均占有耕地0.93亩。多年来，农民人均年纯收入一直徘徊在2000元左右。试点启动后，采取"五种流转模式"流转土地，共流转75亩荒山、70亩荒坡和58亩稻田，引来绿科禽业、大百合农业科技有限公司、绿宝菌业三家龙头企业，带动建设蛋鸡、生猪和食用菌三个园区，吸纳57户农户入驻，入园农户户均年纯收入达到5万元以上，全村农民纯收入也由原来的2000元增加到4000多元。顺庆区大林乡大林寺村被列为顺庆区22个新农村建设示范村之一进行启动建设，经过实践，成功探索出"政府引导、农民自主、金融支持、龙头带动、集约经营"的丘陵地区新农村建设中现代农业发展模式。大林寺村的成功做法被总结为政府引导、农户自主、企业带动、金融支持的"大林模式"。

大林乡大林寺村在发展现代农业中的资金"瓶颈"得到有效破解。按照"杜绝包办代替、强化引导扶持、激发内生动力"的要求，区上拿出500万元成立农村小额信贷担保有限公司。通过担保公司担保、区信用联社提供贷款、区财政贴息一年的方式，为发展产业缺资金的农户提供3万~10万元贷款，引导该村农户贷款投入168万元，有效地解决了老百姓发展产业缺资金的难题。

大林乡大林寺村新村面貌明显改善。启动了"山、水、田、林、路"综合治理，建联户供水站4处，解决了7个社310人的人畜饮水问题。修泥结碎石路3.4千米，便民道8.7千米，解决了群众行路难的问题。新建村级活动室1个，开办农民劳务技术培训班，既提高了村民素质，又促进了乡风文明及和谐新村建设。

大林乡大林寺村蛋鸡养殖园区占地面积75亩（荒山），现有蛋鸡养殖户16户。园区由南充市最大的蛋鸡养殖龙头企业——绿科禽业公司带动农户养殖蛋鸡，实行集约化经营，由公司统一提供鸡苗、统一提供饲料、统一技术指导、统一防疫治病、统一产品回收。所产鸡蛋由公司按最低市场保护价回收，老百姓不仅化解了养殖技术风险，还化解了市场风险。目前，该园区已存栏蛋鸡6万余只，户均存栏蛋鸡3300只以上，养殖户年纯收入达5万元以上。

大林寺村生猪养殖园区占地面积70亩（荒山），现有生猪养殖户11户。该园区依托大百合高科技农业发展有限公司，实行生猪"托养"模式。由大百合高科技农业发展有限公司向养殖农户提供猪源、饲料、技术，农民喂养生猪达到一定体重后，由大百合高科技农业发展有限公司统一进行收购，农户为大百合高科技农业发展有限公司每养一头猪，可获劳务费50～100元；同时，大百合高科技农业发展有限公司先期按每头生猪12元的价格，为托养的生猪购缴保费，养殖户达到了"零风险"。目前，该园区11户养殖户每户每批存栏生猪330头以上，户均年出栏肉猪1000头以上。2008年，入园农户户均年纯收入达5万元以上。

大林乡大林寺村食用菌种植园区由省级农业产业化重点龙头企业——绿宝菌业科技有限公司带动农户发展食用菌种植。该园区采用"公司＋园区＋农户"的模式，由绿宝菌业科技有限公司向农户赊销菌种菌袋，并提供技术支持，对产品实行最低保护价收购。目前，共有30户农户建成38 000平方米的食用菌大棚，投放食用菌菌袋300万袋。每棚可装菌袋8000～10 000袋，每袋可获纯利润1.5元，一年可种植三四季，入园农户户均年纯收入可达5万元以上。

2008年，顺庆区在总结"大林模式"的基础上全面推广，按照"连片建设、规模发展"的建设思路，在潆溪镇大坪山、大林乡饶家墙、芦溪镇李家祠、搬罾镇干堰塘、金台镇万佛桥五个新农村建设重点村成功探索出了"政府引导、农民自主、企业带动、金融支持、协会组织"的"五方合一"的建园模式，入园农户达500多户，连片建设占地近2000亩的种养园区35个，大力发展生猪、蔬菜、蛋鸡、食用菌、蔬菜等产业，在家农户参与率达80%以上，入园农户户均年纯收入达5万元以上，五个重点村农民纯收入均超过全区平均水平的30%以上。在发展现代农业的同时，注重基础设施改善，为有效规避入园农户的市场风险，还建立了"基金＋保护价"的风险规避机制。顺庆区的这种"五方合一"的建园模式被称为"顺庆模式"。

顺庆区潆溪镇大坪山村位于潆溪镇北部，距南充市区13千米，全村土地面积1689亩，辖7个社208户，在家农户123户。2008年，通过竞争立项，该村被列为全区20个新农村建设示范村之一并进行打造。按照"产业立村，产业富民"的总体思路和新农村建设"二十字"方针的要求，大坪山村新农村建设总体规划为以下三个基地：①生猪养殖基地。整个基地共分五个园区，占地337.8亩，入园农户68户，年可出栏生猪7万余头。该基地采取生猪"托养"、农户入股和农户自主养殖三种方式，走"公司＋支部＋农户"的路子，由大百合生猪屠宰场和长新实业屠宰有限公司负责仔猪提供、技术指导、生猪销售。②蔬菜种植基地。该基地占地面积1500亩，由大百合高科技农业发展有限公司提供优质菜种，指导农户生产和蔬菜销售，年生产蔬菜6600吨。③工业促农基地。该基地通过招商引资，即将建成铸造厂、秸秆加工厂，可解决200人农村剩余劳动力就业。目前，该村新农村建设已初具规模，建成后有望成为丘陵地区生猪养殖第一村、顺庆区统筹城乡发展新农村建设样板村。

顺庆区芦溪镇李家祠村位于南充市北部，距市区20千米。全村共有耕地面积1300亩，辖7个社、333户、1345人，其中在家农户147户。2008年，该村被列为全区20个新农村建设示范村之一进行打造，建成了生猪、蛋鸡养殖和食用菌种植3个园区。①生猪养殖园区。依托顺新农业科技有限公司，带动农户40户建成占地100亩的自繁自养万头生猪养殖园区，由顺新公司提供圈舍、仔猪、饲料，并负责技术指导和产品销售。该园区共饲养母猪2000头，年出栏生猪可达40 000头以上，入园农户市场年纯收入可达5万元。该园区采用生物发酵床技术，做到了零排放、零污染。②蛋鸡养殖园区。引入业主建成了年育雏能力100万只的"铁骑力士集团圣迪乐村南充蛋鸡育雏中心"，带动农户30户在2个社建成占地40亩的蛋鸡养殖园区，养殖规模可达20万只。③食用菌种植园区。依托绿宝菌业科技有限公司在该村修建的菌袋生产基地及鲜菌加工基地，带动农户22户建成占地50亩的食用菌种植园区，建成大棚22个，以种植木耳、金针菇为主，年可投放菌袋50万袋，产量达50万千克，入园农户户均年纯收入可达5万元以上。

顺庆区饶家墙村位于大林乡东北部，距南充市区21千米。全村共有耕地987亩，辖11个社、1235人。2008年，饶家墙村被列为顺庆区20个新农村建设示范村之一进行打造，按照"一水二路三产业"的发展思路，采取"政府引导、农民自主、对接市场"的办法，建成了生猪养殖、蔬菜种植和蛋鸡养殖三个园区。①生猪养殖园区。引入业主建成了占地60亩的万头生猪养殖园区，入住农户10户，户均每批存栏生猪330头以上，年可出栏生猪1000头以上，养殖户户均年纯收入可达5万元。②蔬菜种植园区。引入业主建成占地200亩的大棚蔬菜基地，入园农户50户，已建成一期钢架蔬菜大棚100个，二期100个钢架大棚正在建设中。已育成16个优质蔬菜品种，种植户户均年纯收入达2万元以上。③蛋鸡养殖园区。发动农户20户建成了占地50亩的蛋鸡养殖园区，户均存栏蛋鸡3300只以上、户均年纯收入可达5万元以上。

顺庆区金台镇万佛桥村位于金台镇北部，距市中心18千米。全村共有耕地1070亩，辖13个社、379户、1256人，其中在家农户153户。2008年，该村被列为顺庆区20个新农村建设示范村之一并进行打造，按照"公司＋园区＋农户"

的发展模式，规划建设了生猪养殖园区和大棚蔬菜种植基地。①生猪养殖园区。引入业主投资600余万元建成了占地80亩的万头生猪养殖园区，带动农户30户入园发展。该园区采用零污染零排放的微生物发酵床养殖技术，每户每批存栏生猪330头以上，年可出栏生猪1000头以上，养殖户户均年纯收入可达5万元以上。②大棚蔬菜种植基地。引入业主发展大棚蔬菜基地150亩，建成了钢架蔬菜大棚100个，带动农户50户种植无公害蔬菜，入园农户户均年纯收入可达2万元以上。

南充大百合高科技农业发展有限公司位于国道212线潆溪镇弯柏树村，是集种养、供销和服务为一体的循环经济型农业产业化龙头企业，现有员工82人，科技人员5人，总资产5000余万元。该公司现已拥有种植、养殖基地3165亩，已建成5000只种羊场一个，万头猪场一个，枇杷园、梨园、桃园三个，园区内栽有优质果树31.5万余株，套种优质牧草2000亩、南瓜3000余亩。

南充大百合高科技农业发展有限公司坚持走"公司+农户"的经营路子，带动5个乡镇、5000多户农户种南瓜，户均增收2000元。采取生猪"托养"模式带动农户规模养殖生猪，农民为大百合高科技农业发展有限公司每养一头猪可获劳务费50～100元，每户年纯收入可达5万元以上。与此同时，南充大百合高科技农业发展有限公司非常注重可持续发展，采用"长藤结瓜、自由漫灌"模式，修建大型蓄水池13口，小蓄水池900余口，将猪、羊粪便干稀分离后，用于浇灌果树、蔬菜，优质蔬菜销售市场，次品蔬菜则用于猪、羊饲料，使粪便—果树、蔬菜—猪、羊形成生态循环链，其生态型综合养殖工程被省环保局列为四川省畜禽养殖综合治理示范工程，在四川省范围内广泛推广。南充大百合高科技农业发展有限公司启动了3500头母猪繁育场建设，共占地120亩，总投资3000万元。目前，已投资1600万元，完成了圈舍和办公用房建设，正在进行后期完善。该项目建成后，年可提供优质仔猪6万头以上，可带动大林、潆溪、金台等乡镇200多户农户饲养生猪，每户年纯收入可达5万元以上。

南充绿宝菌业科技有限公司是集菌业科研、开发、推广、示范、生产、加工、销售为一体的农业产业化龙头企业，其"果州绿宝"系列产品荣获中国西部商品交易会"知名畅销产品"、"中国优质产品"称号。2006年5月，被评为"四川省农业产业化重点龙头企业"。南充绿宝菌业科技有限公司走"公司+园区+农户"的产业化发展道路，在顺庆区搬罾、潆溪两镇投资3400多万元，建成了占地1.6万平方米的菌种厂、无菌接种车间、培养室、出菇房及产品加工厂，吸纳农村劳动力120余人务工，带动顺庆区10个乡镇、30多个村社及周边县区5800多户农民发展食用菌，形成了稳定的产前、产中及产后一条龙的企业运行模式。

南充绿宝菌业科技有限公司坚持"服务于民、让利于民"的宗旨，与农户建立紧密的利益联结体，先后在漱溪镇杨家桥村、大林乡大林寺村、芦溪镇李家祠村建立了食用菌生产基地，在舞凤、金台、辉景等乡镇及周边县市近 30 个村社建立服务点，与 5800 户农民签订了种菇合同，由公司赊销菌种、菌袋给农户，负责技术指导和培训，并按最低保护价收购，有效地解决了农民种菇缺资金、缺技术、缺市场难题。农民与公司合作，一户建一个 200 平方米的大棚生产木耳、香菇、姬菇、平菇，一年可获纯利 1 万元以上。该公司带动广大菇农生产食用菌逾万吨，种菇农户户均年增收 2000 元以上。

（三）顺庆区现代农业园区的类型

1. 按带动主体分类

（1）龙头企业带动型。这种类型是指由龙头企业采取统一技术培训、统一生产标准、统一种苗供应、统一物资供给、统一病虫防治、统一产品销售的"五统"办法带动农民投资自建的现代农业园区。例如，2008 年，南充市大百合高科技农业发展有限公司在顺庆区漱溪镇大坪山村采取"五统"办法，带动 68 户农户、租地 300 余亩建成了 5 个生猪养殖园区，园区年可出栏生猪 10 万头，入园农户户均年增收 10 万元以上。

（2）专合组织带动型。这种类型是指由农村专业合作经济组织充分发挥自身技术、市场等优势带动农民投资自建的现代农业园区。如大林寺食用菌专业合作社在大林乡大林寺村带动农民自建的食用菌菌种生产园区。

（3）龙头自建型。这种类型是指龙头企业为了调动农民参与现代农业园区建设的积极性，充分发挥自己的资金、技术、市场等优势在现代农业园区区内投资自建的种养园区，让农民进园养殖蛋鸡。如南充市绿科禽业有限公司投资 1000万元在共兴镇建成了年养殖蛋鸡 30 万只的蛋鸡养殖园区，现已带动全区农户发展蛋鸡 150 万只。

（4）业主带动型。这种类型是指业主依托政府的优惠政策，充分发挥自己资金、技术等优势自建现代农业园区，让农民入园发展产业。如业主庞必永投资1000 万元在大林乡饶家墙村租地 80 亩建成的生猪养殖园区和租地 100 亩建成的大棚蔬菜种植园区。

2. 按园区产业分类

按园区产业划分，主要有六类：①生猪产业园；②蛋鸡产业园；③大棚蔬菜产业园；④水果产业园；⑤食用菌产业园；⑥苗木花卉产业园。

3. 顺庆区现代农业园区的特点

（1）可推广性强。2007 年顺庆区成功探索出的"大林模式"在引起省市领导高度重视并向全省推出后，2008 年顺庆区以漱新线五村连片推进为起点，按照"大林模式"开始在全区快速复制"现代农业园区"，一个个现代农业园区在漤溪、搬罾、金台、芦溪、大林等或远或近或好或差的乡镇、村组"生根开花"，显示出强大的生命力，现代农业园区个数也由 2007 年的 3 个发展到 80 个，涉及的乡镇、村也由 2007 年的一个乡、一个村发展到 15 个乡镇、50 个村。实践证明，顺庆区现代农业园区的可推广性强。

（2）经济效益高。园区产业集聚发展，不仅降低了生产成本，而且让产业发展形成了规模效应，使得同样的产业在园区能够获得较高的经济效益。目前，顺庆区入园农户年人均纯收入可达 1 万元左右。

（3）与市场对接力强。为了防止发展产业的盲目扩张、项目趋同和散、小、乱形不成规模的"散打"，顺庆区本着什么能赚钱就搞什么的原则，充分尊重农民意愿和市场法则，引导农民建立品质型、效益型现代农业园区，现建成的 80 个现代农业园区里涉及蔬菜、食用菌、生猪、蛋鸡、花卉、果品六大产业、几十个品种，而这些农产品都是适销对路的品种，能有效对接市场。

（4）农民组织化程度高。主要表现在：①现代农业园区采取"龙头、业主＋园区＋农户"的模式发展产业，龙头与市场、农民联系紧密；②园区产业走规模化、集约化发展道路；③园区成立农村专业合作经济组织，有效地解决了小生产与大市场对接的矛盾，提高了农业组织化程度。

（四）顺庆区现代农业园区建设的经验

1. 以现代农业新理念谋划特色产业发展

按照"用现代物质条件装备农业、用现代科技改造农业、用现代产业提升农业、用现代经营形式推进农业、用现代发展思路引领农业、用培养新型农民发展农业"的现代农业发展理念，以"服务城市、致富农民"为目标，以实施城市"菜篮子工程"为抓手，走农业产业特色化、特色产业规模化之路，初步建成了沿江线绿色蔬菜产业带、漤新线畜禽养殖产业带、国道 212 线优质农产品生产加工示范带、城郊休闲观光农业产业带，形成了连接城乡、种养结合、循环发展的产业链条。

2. 以"五方合一"新机制推动现代农业快速发展

探索创立了"政府引导、农民自主、龙头带动、金融支持、协会组织"的现代农业发展机制。一是政府引导。主要负责搞好规划和基础设施建设，协调解决资金和流转土地，当好龙头企业、业主和农民的"红娘"，政府服务到位而不越位，区委、区政府已投入 2000 万元用于现代农业示范基地"三通一平"建设。二是农民自主。农民自选产业、自建园区、自主经营，发展产业资金全部由农民自筹，把群众发展产业的主动性充分调动起来并合理发挥出来。三是龙头企业带动。龙头企业为农民统一提供种苗、统一提供技术培训、统一疫病防治、统一收购销售。目前，顺庆区已培育省市重点农业龙头企业 25 家，其中，建设蔬菜科技园和示范蔬菜生产基地的蔬菜产业龙头企业 6 家。四是金融支持。政府成立农村小额信贷担保公司与金融机构建立风险规避机制，为农户提供 10 万元以内的担保贷款。五是协会组织。在园区成立专业合作社，由专业合作社组织成立风险基金，在市场低迷时补足农户，保障了农民发展产业无风险。

3. 以园区建设新模式推进现代农业集中经营

针对丘陵地区土地不多分散种、收益不高人人干的特点，用抓工业的理念抓农业，大力发展设施农业，成功地创建了现代农业园区，变一家一户分散经营向园区集中经营，实行规模化发展、标准化生产、现代化管理、集约化经营，一个园区就是一个产业车间，一个园区就是一个产业市场，既改变了"经营分散、效益低下"的传统农业生产方式，也解决了养殖污染集中治理、变废为宝；既方便了龙头企业统一技术指导，也便于农民集中销售产品；既提高了土地综合利用效益，也大量减少了政府公共投入，入园农户由"打工挣钱"变为"创业赚钱"。

4. 以推广新技术新品种促进现代农业提档升级

在相关职能部门选取一批专业技术人员，实行分片包乡，采取技术培训和现场示范相结合的形式，对农户进行技术指导，推广生物发酵生猪养殖技术，实现生猪养殖零污染；推广滴灌、测土配方施肥、蔬菜嫁接育苗、果菜间套立体栽培等新技术，减少种植成本，提高果蔬产品质量；购置食用菌真空包装机，延长食用菌保鲜时间，提高农产品市场价值；在蔬菜园区使用优良品种，安装杀虫灯、黏虫板等绿色防控，标准化生产优质绿色蔬菜，同时从注重本地筛选特色品种，目前筛选出的顺庆韭苔王、芦溪寸金黄瓜等已大面积推广，口感好，市场前景广阔，全区已在舞凤、荆溪、搬罾、渔溪 4 个沿嘉陵江乡镇认证无公害蔬菜基地2.5 万亩，年产无公害蔬菜 10 万多吨。

（五）顺庆区现代农业园区建设的启示

1. 创新配置机制是先决条件

资源配置不合理，生产要素就难以激活，发展合力就难以形成。因此，政府在指导园区产业发展上，应遵循市场规律，突出产业特色，整合土地、产业、环境、新型农民社区建设等规划，把政府有形之手与市场无形之手有机结合起来，充分发挥市场在资源配置中的基础性作用，使企业、金融、政府的能量汇聚于现代农业园区中，以此形成发展的巨大合力。

2. 创新发展机制是活力源泉

机制新则活力强。发展现代农业园区如果不创新机制，仍按过去传统的方式方法去发展，就会让农民产生错觉，认为政府又是在搞"形象工程"，这样不但不能起到推动作用，反而还会挫伤农民建设的积极性。因此，必须推行"政府引导、农民主体、龙头带动、金融支持、协会组织、保险保障"的"六方合一"发展新模式，农业产业园建设才有发展希望和活力。

3. 创新民主机制是内在动力

在现代农业园区建设中，应着力把"民主的力量"贯穿于整个建设过程。采取竞争入园方式，由农民自愿申请，充分尊重群众意愿，这样才能调动他们的参与积极性。顺庆区现代农业园区示范建设，采取充分尊重农民意愿的原则，把现代农业园区建设的主动权交给农民，让农民真正当家做主，以此激发农业园区建设的内在动力。

4. 创新培训机制是持久动力

现代农业园区对农民提出了更新、更高的要求，不仅要求农民掌握一定的科技知识，而且还要求农民具备先进的管理、营销经验。因此，建设产业园区必须充分整合培训项目，加大培训投入，创新培训机制，建立健全以区级业务部门为依托、园区为纽带、农户为基础的培训体系，大力培养懂技术、会经营、善管理的新型农民，让更多的农民真正成为活跃在乡村田野和园区的"田秀才"、"土专家"，进而促进现代农业园区持续发展，推进土地向园区集中、产业向园区聚集、农民向园区转移，有效破解城乡"二元结构"、助推城乡一体化进程。

5. 创新服务机制是重要保障

转变政府职能，创新政府服务机制，改过去行政包揽为引导服务，是现代农业园区建设的重要保障。顺庆区在现代农业园区建设中，政府到位不越位，一方面区上专门成立了现代农业园区管理机构，坚持每月召开一次专题会、每季度召开一次流动现场会，研究解决农业园区建设过程中出现的困难和问题，督促龙头企业、责任单位、乡镇和业主拉紧现代农业园区建设这根"弦"，以此确保现代农业园区建设快速推进；另一方面出台了凡农民发展产业、龙头企业技改扩能贷款的政府贴息一年，凡种养园区的"三通一平"由政府负责买单等激励政策，以此引导和调动广大干部群众和龙头企业参与现代农业园区建设的积极性。

二、富顺县发展农业产业化经营的新思路

党的十六届五中全会提出的建设社会主义新农村的重大历史任务，既体现了科学发展观基本内涵中统筹城乡发展的客观要求，也体现了科学发展观的核心要求中的以人为本、解决人民生活问题的根本目的，是我国经济社会发展的战略机遇期解决"三农"问题的治本之策，具有鲜明的时代特征。只有通过促进农业生产与农村经济的发展，强化产业支撑，大幅度增加农民收入，才能使农民生活宽裕。农业产业化经营不仅是化解农民增收市场风险、提高农业组织化程度、加快生产发展、构建农民增收长效机制的有效途径，也是丘陵地区实施工业强县战略的一条有效途径。农业产业化经营是农业结构战略性调整的带动力量，是增加农民收入的重要渠道，是提高农业竞争力的有力措施，是农业生产经营体制的重

大创新，是在家庭承包经营基础上实现农业现代化的有效途径，是发展丘陵地区县域经济的内在要求。

（一）富顺县农业产业化经营的现状

富顺县位于四川盆地南缘丘陵区，东邻内江市隆昌县、泸州市泸县，南连宜宾市南溪、江安和宜宾县。辖区内有 26 个镇乡、473 个村民委员会，总人口 1 005 471 人，其中农业人口 820 699 人、耕地面积 540 451 亩。地势西北高，东南低，海拔高度在 241～598 米之间。属中热带湿润季风气候，全年平均气温 17.9℃左右，极端最高温度 40.10℃，最低温度 -2.10℃，常年日照 1274 小时，年平均降雨量 1059 毫米，太阳辐射 264.3 千焦耳/平方厘米。地貌以浅丘为主，70% 的土壤品质先天性肥力较高，土壤宜种性好。良好的气候、光热、水分和土壤等条件，十分有利于粮食经济作物的生长发育和畜牧业生产发展。

富顺县以培育壮大龙头企业为关键，以完善农业产业化经营组织与农户的利益联结机制为核心，通过龙头企业带动群众、农村专业合作经济组织拉动群众建设优质农产品示范基地，加快推进农业产业化经营。富顺县围绕特色效益农业发展，坚持实行以奖代补、动态监测、定额贴息、品牌创建奖励等扶持政策；组织召开银政、银企联系会，搭建龙头企业融资平台，努力解决农业产业化龙头企业贷款难的问题，富顺县为龙头企业提供担保贷款，为企业发展注入了活力；通过健全股份合作、订单生产、二次返利等多种形式的利益联结机制，增强龙头企业带动农民的能力，在农民增收的同时，也大大促进了企业的发展。

通过积极培育和扶持，富顺县龙头企业规模不断扩大，效益不断提高。目前，富顺县的自贡威科生态农业开发有限公司、四川省富顺天地春食品有限公司等 16 户为市级重点龙头企业；自贡市三友畜禽养殖公司、自贡市尚好米业有限公司等 35 户为县级龙头企业。富顺县的省级重点龙头企业 5 户，有 6 户企业被确认为省级扶贫龙头企业。四川省远大集团富顺县美乐食品有限公司为上亿元龙头企业。

通过龙头企业带动、农村专业合作经济组织拉动、生产基地建设的促动，把农产品带到市场，把农民引向市场，有效地提高了农业效益、增加了农民收入。富顺县锦明笋竹食品开发有限责任公司、自贡市锦程农业开发有限公司、自贡市六顺养殖开发有限公司等重点龙头企业通过对优质稻、黑山羊、白鹅等优质产品实行订单生产、委托生产、保收入生产，带动富顺县 13.12 万户农户建立各类优质农产品生产基地面积近 54 万亩，发展牲畜养殖 52 万头（只），吸纳下岗职工、农民工 3300 人次就业，助农增收 2500 余万元。

农业产业化经营组织发展较快。目前，农业产业化经营有了长足的发展，带动了农户增收，但从整体上看，还存在着龙头企业规模较小，科技含量不高，市场竞争力差，带动能力不强，龙头企业与农户之间的利益联结机制不紧密、不完善，导致农民收入得不到有效保障。同时，农村经营大户不多，农民自己的营销组织和经纪人队伍发展滞后，部分镇乡农村专业合作经济组织的建立尚未起步，生产经营的组织化程度低，农民不能从产品的附加值和地区差价中得到更多的收入。

加快发展农村专业合作经济组织，推进农业产业化经营。在培育发展农村专业合作经济组织方面，富顺县坚持"民办、民管、民受益"的原则，按照"重引导、少干预、多服务"的工作思路，帮助建立健全民主管理、利益联结和风险防范机制，充分发挥农村专业合作经济组织连接龙头企业、农户、市场的桥梁纽带作用和推进新农村建设进程中的示范带动作用。目前，富顺县农村专业合作经济组织达到118个，会员数量达到15.5万人，带动农户10.68万户，实现销售收入1.35亿元，助农增收2420万元。富顺县富美甜橙专业合作社被确认为2010年省级示范农民专业合作社。在加快发展农村专业合作经济组织的同时，富顺县的种养大户总数达5637户、经纪人达961人。

目前，富顺县锦明笋竹食品开发有限责任公司引进成都客商，实行股权重组后，第一期每年6万吨麻竹笋深加工技改扩能项目已全面投产，2006年以后，进行第三期技改扩能，达到每年30万吨麻竹笋生产能力，年产值达5亿元；吉泰龙食品有限责任公司2005年收购宰杀生猪47万头，销售收入达4亿元；六顺养殖开发有限公司2005年收购黑山羊12.5万只，肉狗1.8万只，肉兔5万只，远销广州、深圳、海口、柳州、上海，实现经营收入2100万元；近年来开甑香农业发展有限公司与农户签订生产订单，生产无公害优质稻，打造出了"田玉"大米品牌，远销云南、贵州、西藏、重庆等地。县辣椒协会，经过10多年努力，会员由当时的38人发展到目前的3000多人，分布于全国10多个省80多个县（市），业务发展到进行杂交辣椒、茄子等蔬菜品种的研究、繁育、推广和经营，形成了"协会+公司+农户"的运行模式。

富顺县现有笋竹栽植面积17万亩，其规模居全省第一位，2009年产笋6万吨，优质稻、再生稻的生产技术水平全省领先；畜牧水产品位居全省前列，2009年生猪出栏94.3万头，黑山羊出栏85万只，水产品1.9万吨。桑果药业独具特色，富顺县是全国甜橙最适生态区之一。此外，高粱、造纸竹材、红苕、蔬菜、黄红麻、中药材、肉鸭等也具有一定优势，也能为农产品加工提供原料保障。

目前，加工类别主要有大米、白酒、肉类、奶类、笋竹、茶叶、香辣酱、中药材等。部分产品有一定知名度，市场前景较好。其中，"巧媳妇"牌大米和"美乐"牌香辣酱获四川省"著名商标"，"美乐"牌香辣酱获四川省"名牌产品"称号，"半坡"牌笋竹有7个产品通过国家绿色食品认证。但是，农产品加工特别是龙头企业整体发展水平不高，表现为员工素质较差、技术装备普遍落后、科技含量不高、缺乏名优品牌、参与市场竞争的能力不强。

（二）富顺县的农产品资源优势及农业产业化经营的有利因素

富顺县笋竹、畜牧水产品、优质粮、桑果药四大优势产业，笋竹、黑山羊、生猪、肉兔、白鹅、水产品、优质稻、蚕桑、甜橙、中药材 10 个骨干农产品的区域化、规模化、专业化生产基地正在逐步形成。

富顺县比较优势明显、开发前景广阔的农产品主要有：以水稻为主的优质粮食，以笋竹、蚕桑、甜橙、中药材为主的经济作物，以黑山羊、肉兔、生猪、白鹅、水产品为主的畜牧水产品。

1. 粮食作物

富顺县是"十五"规划中的第一批国家商品粮基地建设县，常年稻谷产量在 32 万吨以上，再生稻生产技术全省领先，而且是全省首批优质稻生产基地县及首批中稻—再生稻无公害生产基地县。稻米加工产业正日益发展壮大，市级龙头企业自贡市开甄香农业发展有限公司加工的"田玉"牌大米荣获"2002 年四川·中国西部农业博览会名优农产品"称号，代寺粮油收储站生产的"巧媳妇"牌优质无公害大米畅销省内外。富顺高粱品质好、出酒率高，1999 年被国家绿色食品管理中心认定为绿色食品。冬大豆的种植规模逐年扩大，区位优势不断增强。

2. 经济作物

一是富顺县的笋竹生产发展快、效果好，富顺县的笋竹种植面积已达 21 万余亩，其种植规模位居全省前列。富顺县锦明笋竹食品开发有限公司 2010 年已启动改（扩）建工程，全面投产后可年加工毛笋 45 万吨，年产干笋 3 万吨。二是富顺县系全国柑橘栽培最适生态区，柑橘种植面积 6.4 万亩，其中甜橙面积达 4.53 万亩。20 世纪 80 年代中期被国家计划委员会、农业部列为国家级优质柑橘商品生产基地，2002 年被规划为农业部柑橘优势区域发展的重点县。富顺的锦橙、脐橙品质优良，曾在中国农业博览会上荣获"两金一银"奖牌。三是蚕桑生产一直是富顺县传统的优势产业，早在 1983 年全县就发展有成年桑树 5 万株，年养蚕达 14 万张，收购蚕茧 5.9 万担，产茧量名列全省第六名；1987 年又被确定为省级优质蚕茧生产基地县；目前，富顺县富兴蚕业有限公司已成功改制，并实行全方位市场运作。四是富顺县具有种植中药材良好的气候条件和土壤条件，适宜多种药材品种生长发育，县内已有自贡丛林绿色产业有限公司、富顺永乐中药材种植发展中心以及富顺方蔚绿色种植开发有限公司等多家中药材收购加工企业加盟生产基地建设和产品市场开发，其发展前景广阔。

3. 畜牧水产品

一是富顺县黑山羊年出栏数量居全省第三位，居川南之冠，被列为四川省养羊十强县，富顺黑山羊被专家认定为独具特色的地方优良品种，畅销全国各地，其注册商标"贡洋"牌享誉省内外。二是富顺县生猪产值占畜牧业产值的 40%

左右，生猪出栏量位居全省前列，被列入国家级商品瘦肉型猪生产基地县；2003年还成功实施了省级生猪三元杂交项目，使富顺县生猪屠宰率提高12%，瘦肉率提高10%，饲养周期缩短30天，价格每千克增加0.4元以上，极大地增强了富顺县猪肉产品的工厂化生产能力和出口市场竞争力，为四川吉泰龙食品有限公司打造品牌创造了良好条件。三是富顺县属全省养兔大县，具有肉兔优良品种10个，产品畅销省内外。四是富顺县农户有白鹅养殖的历史习惯，现已取得白鹅无公害农产品生产基地认证。近年来，依托沱江白鹅协会、沱江白鹅养殖开发公司、锦程农业开发有限责任公司，富顺县白鹅养殖发展形势喜人，因势利导壮大富顺县白鹅产业是促农增收的重要途径。五是富顺县水产品总产量居四川省第六位，其养殖品种丰富，各类水产养殖水域面积达31万亩，发展潜力巨大。

4. 各项支农惠农政策措施进一步稳定、完善和强化

近年来，富顺县大力调整财政支出结构，财政政策进一步向"三农"倾斜，初步形成了财政支农投入稳定增长的机制；同时，全面落实了全部免征农业税及附加、粮食直补政策，开展了农村新型合作医疗工作，实施了农村公路、水利、沼气、农业综合开发等项目建设，坚持把农村劳务输出作为促农增收重要工程，启动了"阳光工程"、"劳务扶贫工程"、"百万农民工培训工程"等农民教育培训，鼓励农村劳动力向城镇和非农产业转移，到2009年，富顺县共转移农村劳动力38.42万人，占全县农村劳动力的70.84%。

5. 农民及民间资本对农业发展的信心增强

随着减轻农民负担及一系列惠农政策措施的落实，有效地激发了农民及民间资本对土地的投入以及发展生产的积极性，进一步促进了农村经济的发展，2009年富顺县农村居民生产性投入人均为830元，民间资本、外商资本已成为农业投入的一支重要力量，在带来大量资金的同时，带来了广阔的市场、全新的机制和先进的理念，仅富顺县锦明笋竹食品开发有限责任公司就投入资金2200万元，建设笋竹精深加工厂，为富顺县笋竹产业化打下基础。

（三）推进富顺县农业产业化经营发展的思路

1. 着力打造农业产业化生产基地

（1）笋竹产业

在东湖、琵琶、万寿、童寺、宝庆、古佛、骑龙、狮市8个镇乡建立笋竹生产基地，到2012年发展到13万亩；带动全县在现有21.2万亩的基础上新建8.8万亩，发展到30万亩。依托富顺县锦明笋竹食品开发有限责任公司，扩建总厂、新建4个初加工厂，对产品进行精深加工、包装和销售。到2012年力争打造竹笋优质品牌2个，完成绿色食品产地认证，商品量中绿色食品占50%以上；发展龙头企业1个、农村专业合作经济组织50个、农村经纪人120个，新建专业交易市场1个。

（2）畜牧水产品产业

黑山羊产业：在狮市、骑龙、永年、兜山、彭庙、板桥、福善、李桥、富和、安溪10个镇乡建立黑山羊产业基地。到2012年养殖大户由现有的200户发展到2000户。发展种源性龙头企业2个，即自贡市众兴牧业养殖公司和锦程农业开发公司；依托发展壮大流通型龙头企业自贡六顺养殖开发有限公司，到2012年力争打造黑山羊产品知名品牌2个，完成无公害基地认证，商品量中无公害产品量占50%以上；发展龙头企业4个、农村专业合作经济组织5个、农村经纪人100个，新建专业交易市场6个。

生猪产业：在互助、代寺、骑龙、瓦市、富世、狮市、东湖、琵琶、永年、板桥、龙万、宝庆、童寺、万寿、牛佛、富和16个镇乡建立优质生猪生产基地，到2012年优质肉猪发展到35.5万头，生猪发展到60万头；带动全县优质肉猪发展到42万头。养猪大户发展到2000户。发展种源性龙头企业2个，即晨光种畜场和李桥镇牧兴种畜场。在壮大现有龙头企业四川省吉泰龙食品有限责任公司的基础上，力争新发展龙头企业1个，打造优质猪品牌2个，完成无公害基地认证，商品量中无公害产品量占50%以上；并发展农村专业合作经济组织5个、农村经纪人400个，新建专业交易市场1个。

肉兔产业：在万寿、童寺、宝庆、怀德、赵化、飞龙、安溪、代寺、龙万、琵琶10个镇乡建立肉兔生产基地，到2012年肉兔出栏达到1100万只，带动全县发展到出栏肉兔2100万只。养兔大户发展到2000户。在万寿镇桂林村，建加工交易市场1个，年交易肉兔300万只以上。发展龙头企业1个，力争打造优质肉兔品牌1个，完成无公害基地认证，商品量中无公害产品量占50%以上；发展农村专业合作经济组织10个、农村经纪人100个，新建专业交易市场3个。

白鹅产业：在富世、东湖、骑龙、代寺、古佛、互助、狮市、永年、琵琶、万寿、赵化、怀德、飞龙、兜山、彭庙等镇乡建设白鹅产业带，到2012年产业带达到632万只，带动全县达到1000万只，种鹅存栏达3万只，年提供种蛋250万枚以上，养殖大户发展到420户；发展壮大沱江白鹅发展有限公司、锦程农业开发公司、发展或引进加工型龙头企业，打造优质肉鹅品牌，无公害产品量占80%以上，发展农村专业合作经济组织1个、农村经纪人50个，新建孵化中心1个。

水产品产业：东湖、代寺镇建成休闲、游钓复合型养鱼示范基地；沿沱江河流域的狮市、永年、赵化、万寿等镇建成网箱养鱼示范基地；板桥、兜山、古佛等镇建成高标准稻田养鱼示范基地；形成水产品产业带。发展养殖大户1000户，新发展龙头企业2户。拟在东湖镇建成年交易额5000万元以上的水产品交易市场1个，在赵化、怀德镇分别建成年交易额在1000万元以上的水产品交易区。发展农村专业合作经济组织20个、农村经纪人50个。

（3）优质粮产业

在代寺、中石、古佛、童寺、宝庆、龙万、东湖、琵琶、万寿、怀德、石道、牛佛 12 个镇乡，分别建立 100 亩优质稻新品种展示田、1000 亩优质稻核心示范片，到 2012 年优质稻产业带新建 10 万亩，发展到 16 万亩，带动全县新建 25 万亩，优质稻面积发展到 45 万亩。种粮大户发展到 100 户。并积极开发地方特色粮食品种，全县发展绿色高粱 5 万亩（以怀德、赵化镇为重点）、冬大豆 15 万亩（以互助、瓦市、仙市镇为重点，采取旱地作物间、套种植方式）。依托两家市级重点粮食收储加工龙头企业，即富顺县代寺粮油收储站、自贡开甄香农业发展有限公司，到 2012 年发展壮大龙头企业 4 个，力争打造优质粮品牌 4 个，完成无公害基地认证，商品量中无公害产品量占 50% 以上；并发展农村专业合作经济组织 11 个、农村经纪人 100 个，新建专业交易市场 1 个。

（4）桑果药产业

蚕桑产业：在飞龙、赵化、安溪、中石、骑龙、代寺、瓦市、永年 8 个镇乡实施，到 2012 年达到 2.35 万亩，蚕茧产量达到 980 吨；带动全县新发展桑园达 3.4 万亩，产茧量达 1500 吨（3 万担）。养蚕大户由现有 9 户发展到 50 户。依托富兴蚕业有限公司，扩建怀德丝厂，年加工干茧能力达 2000 吨，年生产生丝能力达 180 吨。发展壮大龙头企业 2 个，力争打造优质茧丝品牌 1 个，发展农村专业合作经济组织 9 个，新建专业交易市场 1 个。

甜橙产业：在巩固发展瓦市、仙市、牛佛、回龙等基地镇乡的基础上，重点选择互助、富世、东湖、狮市、骑龙 5 个镇乡实施，到 2012 年发展到 2.31 万亩；带动全县发展到 6 万亩。种植大户由现有的 1 户发展到 50 户。大力推广规范化栽培及标准化、无害化生产技术。发展龙头企业 1 个、力争打造优质果品牌 1 个，完成无公害基地认证，商品量中无公害产品量占 50% 以上；发展农村专业合作经济组织 6 个、农村经纪人 200 个，新建专业交易市场 1 个。

中药材产业：在板桥、兜山、彭庙、李桥、富和、永年 6 个镇乡，开发柴胡、丹参、银杏、芍药、桔梗、菊花、鱼腥草、赶黄草 8 个新品种，到 2012 年新增 1.53 万亩，种植面积发展到 2 万亩，种植大户由现有的 1 户发展到 50 户。依托富顺县永乐中药材种植发展中心、自贡丛林绿色产业有限公司、富顺方蔚绿色种植开发有限公司进行收购、加工以及产品开发和销售。做大做强龙头企业 2 个，力争打造中药材知名品牌 1 个，完成无公害基地认证，商品量中无公害产品量占 50% 以上；发展农村专业合作经济组织 3 个，新建专业交易市场 1 个。

2. 大力培育和发展农业产业化经营组织

（1）进一步做大做强做优龙头企业。龙头企业是农业产业化经营中主要的带动主体和带动力量。要结合实际，充分利用在全省范围内审视具有比较优势的农业资源，突出在特色产业中培育壮大龙头企业。对龙头企业的培育，要着力于树立和强化带动意识，增强其带动农民增收的能力。千方百计地引进和新发展一批龙头企业，全面提高农业产业化经营水平。同时，大力鼓励和支持民间资金投向农业产业化经营，兴办各类龙头企业，加快推进农业产业化进程。

（2）大力发展各类中介组织。坚持"民办、民管、民受益"的原则，按照"重引导、少干预、多服务"的工作思路，积极创造条件发展各种形式的农产品行业协会，把转变政府职能同加强行业协会自身建设紧密结合起来，充分尊重农民群众的意愿，做到组建自由，进退自由，农民真正参与管理，实现利益共享，风险共担。按照市场运作规律，大力扶持各类农村经纪人和专业种养大户的发展。使各类中介组织真正成为连接农户与龙头企业、农户与市场的桥梁，提高农民的组织化程度。

3. 不断完善农业产业化利益联结机制

鼓励通过提供生产基金和预付定金、优惠供应良种、赊销生产资料、技术培训与指导、产品储运与加工销售、资金的承贷转贷等方式，引导农业产业化经营主体树立互惠互利、长远发展的利益关系。引导和支持农业产业化经营组织将部分加工、销售环节的利润返还给农户，建立"双赢"利益联结机制。农村专业合作经济组织要加强自身建设，规范经营行为，坚持对内服务，对外公平竞争，合法经营，建立科学合理的积累、分配制度，把增加成员收入作为首要任务。

4. 改善用地管理，优化政务服务环境

（1）改善用地管理。农业产业化的非农业建设、农业生产性等用地要根据《富顺县土地利用总体规划》，在保护耕地特别是保护基本农田的前提下，统筹安排，合理布局。

（2）优化政务服务环境。各相关职能部门要积极为农业产业化经营组织服务，要严格规范执法行为，任何单位和个人不得干预农业产业化经营组织的合法经营活动。

5. 加快农业生产基础设施建设

农田水利基本建设既要立足当前，又要着眼长远，遵循"全面规划、统筹兼顾、标本兼治、综合治理"的原则，力求做到"三个结合"（即与增强防灾减灾能力相结合，与调整农业结构、推进农业产业化基地示范区建设相结合，与农村文明新村、小康建设相结合）。逐步建立起政府规划指导，投入引导，技术服务，农村集体和个人广泛参与，民主协调，自主兴办的新机制。重点组织实施好骨干工程、村社工程、户办工程、业主工程、滴灌工程。

6. 努力营造宽松环境，加快推进农业产业化进程

（1）要进一步加大财政扶持力度。整合由部门掌握的财政资金，最大限度地发挥财政资金支持农业产业化的作用。农业工程项目资金，要逐步与农业产业化经营相结合。用于农业基础设施建设的资金，优先投向与农业产业化基地配套

的项目。有关部门要优先申报农业产业化龙头企业的高新技术项目、农产品加工项目和技改贴息项目。县财政每年应安排一定资金用于农业产业化贴息。要切实抓好农业产业化招商引资工作，收集整理、包装推出农业产业化项目。

（2）要统一认识，形成合力。富顺县是丘陵农业大县，县域经济要加快发展，走工业化、城镇化的路子是必然途径，而从富顺县自身经济基础条件和资源状况来看，走工业化路子不能在平坝地区、城市郊区后面亦步亦趋，应当从自身实际出发，独辟蹊径。要把发展农产品加工业作为发展工业的重点，把推进农业产业化作为推进丘陵型县域经济发展的重要途径，在增加农民收入的同时增加财政收入。

（3）要切实贯彻农业产业化发展的各项政策。县有关部门应按照"重指导、强服务、多帮助、轻检查、弱处罚、少干预"的思路，为各类农业产业化经营组织营造良好的发展环境，全面推进富顺县农业产业化经营进程，促进富顺县经济跨越发展。

三、仁寿县在发展现代农业中大力发展农村专业合作经济组织

农村专业合作经济组织是继家庭联产承包责任制之后农村生产关系的一次伟大变革，是农民在实践中适应农村经济发展、适应市场经济需要的伟大创举。不断探索发展、壮大农村专业合作经济组织的发展方向和有效路径，对农村专业合作经济组织的内部结构、运行机制等进行大胆创新是农村专业合作经济组织保持强大生命力的源泉所在。

（一）农村专业合作经济组织在联结农民与市场中具有重要的功能作用

发展农村专业合作经济组织是在社会主义初级阶段我国农村发展集体经济、开展适度规模经营，实现农村二次飞跃的必由之路。其现实意义和历史意义不可低估。四川是中国农村改革最早的发源地之一，农民曾经为实行家庭联产承包责任制、实现中国农村第一次飞跃作出过艰苦探索和巨大贡献，这些都已载入史册。大力发展农村专业合作经济组织有利于深化农村经营体制改革、推动农村生产关系变革，促进农村的二次飞跃。

发展农村专业合作经济组织是创新农村经营体制，提高农民进入市场的组织化程度，推进农业产业化经营，增加农民收入的重要手段和组织保证，意义重大而深远。四川省仁寿县农村专业合作经济组织较好地坚持了"民办、民管、民受益"的原则，做到了引导不命令，指导不包办，规范不限制，服务不指责，坚持在发展中不断完善，着力建立健全内部运行机制，特别是利益联结机制；同时还积极探索"支部＋协会"的做法，围绕无公害农产品和绿色食品产业的建设目标，以重点龙头企业和专业大户为依托，积极引导农民建立"自我经营、自我服

务、自我发展"的农村专业合作经济组织，让农民从生产、加工、储运、销售等环节获得更多的后续效益，积极引导和支持各种农村专业合作经济组织规范、健康发展，农村专业合作经济组织的作用日趋凸显，走出了一条新的农村经济发展、农民增收之路。

培育农村专业合作经济组织有利于推动农村产业结构调整。农村结构调整的关键是调优、调出特色、调出规模、调出效益，形成"一村一品"、"一乡一业"的地方，大多数都有农村专业合作经济组织的贡献。仁寿县文宫镇能够成为"中国枇杷之乡"，枇杷协会起了重要作用。农村专业合作经济组织为分散的农户提供了一个联合起来进入市场的机会，其积极意义是显而易见的。农村专业合作经济组织在联结农民与市场中具有重要的功能作用。

培育农村专业合作经济组织，有利于加快农业技术的普及。农村专业合作经济组织一般都是根据市场的要求引进和推广农业技术，有比较明确的针对性。有的还与大专院校和科研机构建立了固定的技术联系，促进了农产品质量的提高。全国科协表彰的"百强农技协会"中，四川省有 14 个，仁寿县占一个。农村专业合作经济组织在仁寿县已有三十多年的发展历史。早在 20 世纪 80 年代，仁寿县早期的葡萄协会就被世界粮农组织专家德尔曼引入学术专著，称为他发现的中国第一家协会组织，引起国家农业部专家的高度关注。近年来，仁寿县切实坚持"民办、民管、民受益"的"三民"原则和"自愿联合、自我管理、自我服务、自我发展"的"四自"运行机制，把农村专业合作经济组织的发展作为农业产业化的带动主体，列入重要议事日程，为农村专业合作经济组织的发展提供技术支撑、政策和资金扶持，在开展"政技结合"的基础上，积极推广"支部＋协会"模式，干部受到教育，农民得到实惠。把千家万户的农民与千变万化的市场紧密结合起来，提高了农民进入市场的组织化程度。过去，文宫枇杷由于单家独户的小生产、分散经营、生产技术不规范和销售渠道不畅，农民不少年头增产不增收。1999 年枇杷协会成立后，统一按国家枇杷生产标准生产，统一商标，统一包装，统一销售质量标准，统一广告宣传，文宫枇杷连年畅销无阻，在全国10 多个省市设立了营销网点，与我国香港及东南亚的一些国家和地区建立了销售关系。农民终于尝到了农业产业化的甜头。

延伸产业链条，完善二次返利机制，为助农增收起到了促进作用。充分发挥协会产、供、销一体化功能，延伸产业链条，实现农产品的增值。完善二次返利机制，增加农户收入。仁寿县团结羊业协会积极组织出栏商品羊，远销广州、海口、深圳等地，每头羊可增加收入 20%；曹家优质梨协会以高出市场价每斤0.03 元的价格包销商品梨，并将利润的 2/3 返还入会农户；文宫枇杷协会以高出市场价 20% 的价格承销会员枇杷，会员人均可增加收入 3000 元。2009 年，方加镇水产养殖协会认真分析市场，大胆决策，把有条件的 50 户养殖大户的 1500 亩鲜鱼囤积到 2010 年春节后销售，每斤鱼价提高 1.6 元，每亩多获利 700 元，仅此一项全镇增加 210 万收入。

（二）仁寿县农村专业合作经济组织发展现状分析

仁寿县地处四川盆地中南部，辖区面积 2606 平方千米，有耕地 120 万亩，辖 60 个乡镇，人口 162 万人，其中农业人口 135 万人，是四川省典型的丘陵农业大县，四川第一、全国第三人口大县，全省首批扩权强县试点县。

目前，仁寿县有各类农村专业合作经济组织 185 个、会员 35 996 户，带动农户 97 056 户，占农户总数的 23.05%。从主营和服务范围看，有种植业 53 个、养殖业 34 个、加工业 4 个、农产品流通业 10 个；建立协会党支部 8 个，有党员 175 人，挂靠乡镇机关或村党支部建立协会党小组 48 个，有党员 218 人，31 名村党支部书记、党员村主任兼任协会理事长。仁寿县有 3 个协会被命名为"四川省百强协会"，有 4 个协会被命名为"眉山市 7 强协会"，有 5 个协会获得市"十佳"协会称号，团结乡羊业股份合作协会被中国科协评为全国 50 个"明星协会"之一，文宫枇杷协会被中国科协评为中国"百强协会"。

1. 现代农业基地建设取得重大突破

仁寿县积极推进"成仁"合作 和"双流·仁寿"合作，全力打造成都市农产品配送基地。29 个特色效益农业基地和十大园区已新增水果种植面积 2.8 万亩、竹木 1.43 万亩、水产 0.2 万亩、高端大棚蔬菜 1000 亩、花卉 200 亩；新增肉牛 1.1 万头，出栏生猪 9.28 万头、肉鸡 13.68 万只、肉兔 11.58 万只、肉鸽 62 万只；基本建成百年梨乡和中华渔村 2 个特色农业产业园区。2009 年，仁寿县粮食总产量达 41.3 万吨，出栏生猪 208.46 万头，水果总面积达 57.9 万亩，蔬菜总面积达 28 万亩，水产养殖面积达 21.25 万亩，一村一品专业村达 174 个，农民专业合作社总数达 185 个，市级以上龙头企业总数达 24 个。

2. 加快现代农业基地建设，构建仁寿县"成都市农产品配送基地"

仁寿县围绕"粮、猪、果、菜"特色优势产业，强力打造成都市农产品配送基地，规划启动了 29 个特色效益农业基地建设，形成了"2＋3＋5"十大农业园区格局。即："一园一线"示范区、"中国枇杷园" 2 个市级示范园，"百年梨乡"、"中华渔村"、"杜家水产" 3 个观光园，"中国清见之乡"、"玉泉生猪殖园"、"华仁枣园"、"肉鸽产业园"、"方家花椒园" 5 个产业点。

（1）现代农业园区在规模发展上取得突破。到 2012 年，29 个特色效益农业基地规划水果面积达到 11.5 万亩，蔬菜面积达到 7.3 万亩，林竹和木质林面积达到 3.51 万亩，商品鱼和鱼苗鱼种基地达到 1.4 万亩，生猪年出栏达到 21 万头，小家畜禽年出栏达到 170 万只，基地覆盖村达到 162 个、覆盖农户到 8.6 万户。

（2）现代农业园区建设取得突破。加快"2＋3＋5"十大农业产业园区建设，

"中国枇杷园" 2010 年新发展枇杷 6500 亩、水产品 3000 亩、竹子 2000 亩，建成核心配送基地面积 2 万亩，发展适度规模养殖户 1200 户，完成 190 千米村社道路硬化，4900 户农房风貌改造，33 个聚居点建设；进一步规范 "一园一线" 示范区管理，新发展花卉园林、休闲观光农业、名优水产品等 3000 亩以上，园区规模流转土地已达到 1.1 万亩；大力发展节会经济，壮大百年梨乡、中华渔村、杜家渔村乡村旅游，中国清见之乡、玉泉生猪殖园、华仁枣园、肉鸽产业园、方家花椒园 5 个产业点建设形成亮点。

（3）在品牌质量上取得突破。坚持推进农业标准化生产，提升农产品档次，制定绿色食品标准化生产规程，抓好 110 万亩无公害生产基地建设，积极创建无公害、绿色和有机食品。大力发展设施栽培，积极推广新品种、新技术、新标准，加强农业生产用肥、用药监管和指导，加快县农产品质量检测站建设，确保出境农产品质量，打造仁寿农产品品牌。仁寿县枇杷荣获 "国家绿色食品生产基地"、"国家农业标准化示范基地" 和 "国家地理标志保护登记认证" 称号，"曹家" 牌梨获得了国家 A 级绿色食品认证和国家地理标志保护登记论证，水产品总量长期保持四川省第二位，生猪生产连续获得 "全国生猪调出大县" 奖励。

（4）在推进保障上取得突破。建立财政投入长效机制，打捆整合涉农项目和资金加强基地建设，继续推行部门帮扶联系重点乡镇、重点村制度。

3. 突出区域特色，培育支柱产业，为农业结构调整起到引导作用

仁寿县农村专业合作经济组织充分发挥技术、信息、流通和行业优势，紧紧围绕 "会员增收，协会增劲，产品创优" 工作目标，不断向产业化、专业化、优质化和社会化方向发展，在农村经济发展中发挥了重要的作用。

仁寿县依托 "南梨北枇" 的产业发展格局，引导农民群众建立了一大批 "梨协"、"枇协" 等组织，这些农村专业合作经济组织的发展又促进了 "南梨北枇" 战略的快速推进。曹家乡优质梨协会组织果农对 7 万株老梨树进行高位嫁接品改，指导农民利用房前屋后、田边地角散种或成片种植优质梨，曹家乡已发展金花梨、丰水梨、黄金梨 7000 余亩 120 万株，年产水果 1000 多万千克，人均水果收入 2000 元以上；同时该协会还积极开展技术传播，向附近的兆加、钟祥等乡镇讲授梨子栽培和管理技术。文宫枇杷协会狠抓枇杷的产前、产中、产后系列化服务，积极发展壮大协会组织，促进了仁寿县枇杷产业的发展。文宫枇杷协会已建立 5 个分会，辖 120 个会员小组，技术传授已辐射到全县 40 多个乡镇和周边县市。目前，仁寿县已发展优质梨子 10 万亩，优质枇杷 12 万亩，"梨子"、"枇杷" 已成为仁寿县的两大支柱产业。

4. 大力推广新品种和新技术，为加快农业科技进步起到重要的推动作用

仁寿县羊业股份合作协会引进当今世界上最优良的南非 "波尔" 羊在团结乡建立良种繁育场，波尔羊与本地母羊杂交后，每窝产羔由原来的 1 ~ 2 头增加

到 3~4 头，协会的繁育场已列为四川省、眉山市和仁寿县良种羊繁殖基地。曹家优质梨协会采取多种形式加大新技术培训，每月对会员进行新技术培训。

农村专业合作经济组织的发展离不开专业技术人才，仁寿县在推进农村专业合作经济组织发展的时候出台了鼓励政策，积极鼓励科技人员到农村专业合作经济组织任职、兼职或担任技术顾问，从事各种技术开发、技术承包、技术服务的，允许按贡献大小取得相应报酬；对直接创办各类农村专业合作经济组织的，经组织人事部门批准，可保留原身份、职级、编制，享受工资晋升、财政统发工资待遇，对参与的有突出贡献的农业科技人员实行必要的奖励。

近年来，仁寿县各级涉农部门加大了对各农村专业合作经济组织成员尤其是骨干成员的培训。2009 年通过农村专业合作经济组织开展各级各类培训 39 次，培训人员共 3530 人次，通过协会成员带动了周边群众发展生产。

5. 积极引导，培育农村专业合作经济组织成长

由于仁寿县农村经济发展还处于市场经济的初级阶段，农业生产大多经济还属于小农经济的生产模式，农户对于合作的认识不够，因此，仁寿县农村专业合作经济组织大多由政府涉农部门引导成立。在全县的农村专业合作经济组织中，由科协牵头成立的组织有 27 个，供销社牵头成立的组织有 2 个，农业服务部门牵头成立的组织有 9 个，政府相关部门的引导极大地推动了农村专业合作经济组织的发展。

抓持续发展，壮大农村专业合作经济组织力量。长期以来，农村专业合作经济组织的注册问题一直是阻碍其发展的一个主要因素。以前，农村专业合作经济组织的成立首先需要一个部门作为其主管部门，而大多数政府部门为了减少自身的工作并不愿作为这些民间机构的主管单位，造成专业合作经济组织难以出生。其次，需要面对民政部门严格的审批，大多数农村专业合作经济组织找到主管部门以后也难以获得民政部门的批准。目前，仁寿县在农村专业合作经济组织的注册方面进行了大刀阔斧的改革，注册的时候不再需要先找一个主管部门，只需要按照行业在相关涉农部门备案即可，民政部门在机构审批方面也设置了"绿色信道"，对农村专业合作经济组织的成立大开绿灯；同时在审批注册费用方面将以前 300 元的注册费用减少到 100 元，降低了专业合作经济组织成立的门槛。

6. 加大投入力度，重点支持农村专业合作经济组织建设

目前，仁寿县农村专业合作经济组织的经济实力还较弱，为了扶持其健康发展，政府通过各种方式给予了资金支持。首先，通过各种项目，利用配套项目资金重点扶持一些有带动力的组织；其次，各级涉农政府部门从自身的办公经费中千方百计节省资金，支持农村专业合作经济组织的发展；最后，协调县域内金融机构给一些重点组织贷款，缓解会员的资金需求。如为了推动黄金梨的发展，政府协调全县农村信用社给黄金梨协会发放小额信贷供给 110 万元，极大地缓解了

协会会员的资金需求，推动了协会的发展。

7. 推行"支部＋协会"，发挥党和政府与农民群众密切联系的桥梁和纽带作用

把支部建在协会里，协会为农户提供信息、物资、技术、加工、营销等实实在在的系列服务，农民群众对基层党支部的信赖和依赖感明显增强。龙马镇民英村党支部，根据村民发展项目的不同，分类建立了协会小组，由协会为农民免费提供技术服务，在四川省农科院专家的指导下，协会成功地攻克了困扰群众多年的"梨枣只开花不挂果"的技术难关。目前，龙马镇民英村年出栏山羊5000余只、商品兔20万只，兴办1万只以上养鸡场2个、发展梨枣500亩。昔日成堆的农村遗留问题迎刃而解，党群干群关系明显改善。

8. 仁寿县农村专业合作经济组织发展中存在的主要问题

一是部分农村专业合作经济组织在发起时具有明显的地域性和"草根性"特征，没有形成符合合作经济规则的决策机制和利益分配机制。二是农村专业合作经济组织发展中缺乏相应的发展配套政策。三是农村专业合作经济组织发展的组织体系不够完善。现有协会重复组建。四是农村专业合作经济组织的运作不够规范。五是没有形成合作组织成员控制的决策机制和利益分配机制。

（三）加快仁寿县农村专业合作经济组织发展的对策

发展农村专业合作经济组织的总体思路是：在家庭承包经营制的基础上，以民办为核心、以民管为原则、以章程为依据、以利益为纽带、以市场需求为导向，以增加农民收入为目标，在巩固试点成果和总结各地经验的基础上，稳步办好一批农村专业合作经济组织；发挥资源优势，围绕主导产业、绿色产品和名牌产品，提升合作组织的档次和总体水平，着力打造一批规模较大、运作规范、经济效应好、带动作用明显、与国际惯例接轨的农村专业合作经济组织。充分发挥农村专业合作经济组织在农村社会化服务体系及农业产业化经营中的示范作用，自下而上地、循序渐进地、实事求是地引导农村专业合作经济组织健康发展。

1. 完善农村专业合作经济组织结构和管理体制

农村专业合作经济组织在其组织章程中明确规定要设立会员大会、理事会、监事会、财务部门以及各种管理部门，但在实际操作中，却没有完全做到。有些协会设立会员大会，但几乎没有发挥任何作用。设立理事会、监事会，但监事会的人都是由理事会的人兼任。一些财务人员、管理人员都由理事会的人兼任。具体来讲就是：协会中会长1名，副会长2名，秘书长1名。另外，监事会3人，财务人员2人，田间管理2人，技术指导2人，包装管理2人都是由理事会成员兼任的，除设立理事会和监事会与会员大会外没有再设其他任何职能部门。理事大都身兼数职，协会的大小事务完全由理事掌控。应健全内部管理制度，搞好规范运作。

信息公开透明化，避免道德风险。作为营销会员的公司对市场行情的了解程度比农户多，他们与农户获取的信息严重不对称，而经济人通常会追求自身利益的最大化。所以，在信息不对称以及组织管理体制不健全的情况下，极有可能产生营销会员谎报市场行情的道德风险，从而导致自利性交易。

应加强信息传递，尽力做到信息流通顺畅。协会组织每年应召开信息发布会，邀请有关人士参加会议并向会员介绍市场信息；介绍种植面积、产量和销售价格等。农村信息封闭，迫切需要加强信息流通，让农户了解市场，避免由于信息不对称导致农户利益受损的状况发生。

会员大会本应是农村专业合作经济组织的最高权力机构，但却没有发挥它应有的作用，会员的权利大多仅限于知晓权，而组织的大小事务全由几个核心会员掌握，许多农村专业合作经济组织都出现了由几个人做主，几个人说了算的现象。所以，应提高广大会员在组织中的参与度，真正体现出合作性，将农村专业合作经济组织办成真正的农民自己的组织。

2. 做好服务，在引导发展中有所作为

农村专业合作经济组织是农民自我组织、自我管理、自我服务、自我受益向民间自助性经济组织，党委和政府只能引导、服务和支持，不能用行政手段干预农村专业合作经济组织的具体事务。但这并不是说政府和职能部门可以对此项工作放任不管、无所作为，而是要切实搞好服务，加强引导：协调好部门关系，帮助解决实际困难；负责监督检查，坚决纠正侵害农村专业合作经济组织利益的行为。

（1）应借助原有的组织资源和人力资源参与农村专业合作经济组织的创建。一方面应以乡镇或村组为单位的发展模式大大降低农村专业合作经济组织的管理成本，村组干部自身也是农村专业合作经济组织的积极分子，这种双重的身份既有利于农村专业合作经济组织方便地联系农户，也有利于政府对农村专业合作经济组织的指导与整合；另一方面应依托政府原有涉农服务体系，如乡镇农业服务中心、农技站、农经站、畜牧站等，也同样能简化农村专业合作经济组织的运作程序，不少这样的涉农机构负责人或技术员也在农村专业合作经济组织中任职。在县级主管部门中，应通过一些名义上的组织形式同农村专业合作经济组织对接，如专家委员会、技术顾问、产业发展办公室、项目办等。通过上述种种方式，政府在组织和人员上都同农村专业合作经济组织产生了直接或间接的关联，从而以不同方式介入到农村专业合作经济组织的组建和发展过程。虽然最近的发展趋势是一些政府官员特别是乡镇领导开始从农村专业合作经济组织管理层中退出，但是其实际影响并没有受到明显削弱。

（2）需要不同形式的优惠和扶持政策。地方政府通常可以运用行政权力降低农村专业合作经济组织的组建成本，通过税收减免提高农村专业合作经济组织的生存和发展能力，或者给予直接的财政资金扶持为农村专业合作经济组织创造更良好的发展环境。应该看到，地方政府这方面的扶持政策虽然非常有效但同时又比较有限，因为这种扶持往往表现为一种特殊的行为倾向，即注重给单个特定农村专业合作经济组织以特定的扶持手段，而不是致力于从整体上为农村专业合作经济组织发展建立公开公平的行为规则。由于扶持政策的覆盖面受到限制，其政策影响的范围和力度也就必然会大打折扣。但就地方政府而言，这种个别的扶持往往使农村专业合作经济组织倾向于获取政府的庇护，从而也强化了地方政府对其发展的实际影响。

（3）意识形态整合。在组织机构层面上，表现为各种形式的表彰评比活动，这些评比结果既是上级政府政策倾斜的依据，也是县级相关部门和乡镇政府政绩考核的标准。通过这种方式，地方政府向农村专业合作经济组织传达了它的基本态度和价值标准。在组织管理者层面上，则表现为对农村专业合作经济组织中的民间精英在制度上的接纳和社会身份的赋予，以强化其对政府的认同。比如，选举为本地人大代表和政协委员等。

（4）间接的利益分享。既然农村专业合作经济组织的发展符合地方政府的现实需要，那么管理部门在支持农村专业合作经济组织发展的过程中合理谋求自身利益就是完全正常的现象。在农村专业合作经济组织培育方面，一般是通过对现有组织资源和人力资源的让渡，在不同层面上参与或者整合到农村专业合作经济组织的某些产业环节，进而从中分享利益。由农业技术服务中心介入农村专业合作经济组织的技术推广过程，通过化肥、农药、饲料、优良品种的供应，以及优质农产品的销售来获取一定的经济收益。

3. 在优化环境上下工夫

在家庭承包经营的基础上，以民办为核心、以民管为原则、以章程为依据、以利益为纽带、以市场需求为导向、以增加农民收入为目标，在巩固试点成果和总结各地经验的基础上，稳步办好一批农村专业合作经济组织；发挥资源优势，围绕主导产业、绿色产品和名牌产品，提升农村专业合作经济组织的档次和总体水平，着力打造一批规模较大、运作规范、经济效应好、带动作用明显、与国际惯例接轨的农村专业合作经济组织。充分发挥农村专业合作经济组织在农村社会化服务体系及农业产业化经营中的示范作用，自下而上地、循序渐进地、实事求是地引导农村专业合作经济组织健康发展。

健全和完善内部运行机制，促进规范运作。我们要把农村专业合作经济组织真正办成社会弱势群体农民自己的组织，坚持农民是农村专业合作经济组织的所有者、控制者。要明确农村专业合作经济组织的经营目标是为广大成员服务，满足成员的需要；农村专业合作经济组织必须实行经济民主制，成员的权利与义务平等，一人一票。

创造优质高效的政务环境。要简化办事手续，提供优质便捷的服务。在发展初期可不予登记，只需报乡镇人民政府备案，当其发展到一定阶段后，只要符合法律规定的条件，不须报批，即可进行工商注册、取得法人资格。注册登记由工商部门统一负责，不搞多头登记。要杜绝乱收费、乱摊派、乱罚款，扶助其发展壮大。严厉打击欺行霸市、巧取豪夺等违法犯罪行为。努力营造人人讲信用、事事守合同的良好风气。继续鼓励科技人员、企事业单位工作人员深入农村帮扶、领办、协办新型农村专业合作经济组织。要对农村专业合作经济组织实行政策倾斜，研究制定更加优惠、更加具有吸引力的税收、投入、土地使用权合理流转等政策，放宽农村专业合作经济组织兴办实体的准入条件，允许经营与技术服务相配套的农用物资和产品。要给予必要的项目资金扶持，安排一定经费用于培训基层干部和农村专业合作经济组织成员，培养一批懂合作制基本理论和具体操作方法，有较强经营能力的骨干；对从事农业基础设施建设、农产品深加工和科技推广项目的农村专业合作经济组织，要在资金上进行重点扶持。对规模大、跨区域联合、带动农户多、动作较规范、农民增收效果明显的农村专业合作经济组织，也要给予重点扶持。要争取农业银行和农村信用社等金融部门积极安排专项贷款，为做大做强农村专业合作经济组织提供更多的信贷支持，使其最大限度地发挥带动农户、组织农民和助农增收的作用，进一步提高农村专业合作经济组织的运行质量。

4. 健全利益分配机制

仁寿县农村专业合作经济组织尚处于建立、起步阶段，要充分发挥榜样的作用。在实际工作中，可以选择主导产业、龙头企业、种养能手等作为农村专业合作经济组织带头人和推动工作的突破口，重点加以培养，起到带动和辐射作用。

为充分发挥农村专业合作经济组织在帮助农民增加收入、加快农村现代化中的重要作用，应紧紧围绕推进农业产业化经营进程，在规范运作、发展壮大、利益联结、优化环境上下工夫，不断推进仁寿县农村专业合作经济组织健康发展。

在规范运作上下工夫。基层党组织要尊重农村专业合作经济组织的自主性，把工作的着力点放在"引导"上来，放到"规范"上去。要坚持分类指导，自愿为先，合作为重，妥善处理先发展与后规范的关系、对内讲联合与对外讲效益的关系；改进工作方法，不搞行政命令，不搞"拉郎配"，不带官办色彩，力求在政府引导、能人领办、多方服务、自我发展上有新的作为。要根据不同区域资源优势，科学规划，引导农村专业合作经济组织制订符合实际的产业发展计划，形成区域特色。对已经建立的农村专业合作经济组织，要帮助完善好章程、内部管理制度和利益分配机制，协同其研究制定和调整产业发展方向，帮助搞好日常管理，及时协调处理合作双方可能出现的利益纷争。要引导协会成员学会民主办会、自我管理、自我服务，使之逐步走向规范化、制度化。

在发展壮大上下工夫。要遵循客观规律，立足本地特色产业去引导，区别产业发展基础和技术水平的高低去引导，根据龙头企业带动力的强弱去引导，成熟一个发展一个，不断扩大农村专业合作经济组织在广大农村的覆盖面，增加会员人数，扩大服务范围，让更多的农民牵起手来闯市场。要引导农村专业合作经济组织走向新的联合，创立名优品牌，谋求更高层面的发展，通过提供服务档次，提高盈利能力，不断壮大自己，既提高对农民的吸引力，又提高对市场风险的抵御力。当前，"公司＋农产"已成为农业产业化经营的重要模式，而农村专业合作经济组织是实现这种模式的有效途径，加之农村专业合作经济组织本身就有从小"龙头"向龙头企业发展的内在趋势，因此，农村专业合作经济组织一定要从最初的只为农民提供技术和销售服务起步，逐步发展成为兴办经济实体。在农村专业合作经济组织兴办经济实体自身实力不足的情况下，可采取发展龙头企业为会员、龙头企业入股等形式解决。

由于农村专业合作经济组织是农民合作经济组织与公司治理相结合的模式，所以，收益分配一般都是按股分红或按惠顾量分红，很少有将两者结合起来的。甚至有的根本没有分红，仅给会员农产品卖价。研究协会的三种会员都只在自己的生产环节获得利润，作为营销会员的公司收入就是自己的卖价与农民卖价之间的差额。有的协会并没有按生产会员与协会的交易量进行利润返还，使得营销会员获得巨大的经济利益，而作为生产者的农户并未获得农产品的增值价值。所以，农村专业合作经济组织的利益分配机制应多样化。按股分红与按劳分配都应有所体现。按股分红刺激成员投资的积极性，但应避免"靠钱吃利息不干事"的现象发生，应按交易量分红和按劳分配促进会员参与协会活动的积极性。

5. 突出抓好新农村和环境建设大变样

扎实推进"中国枇杷园"省级新农村示范片基础设施和新型村落民居建设，2010年完成省考核指标40%的任务，力争做到三年任务两年完成。全力构建国道213线、省道106线等县内重点交通干道沿线乡容村貌整治示范工程，扎实推进沿国道213线的"百里新村长廊"建设。

6. 突出抓好农村基础设施建设

加强粮食生产能力建设，完成3.7万亩标准粮田建设，实施土地整理新增高产稳产农田2.5万亩。全面完成26座震损水库及病险水库除险加固，整治渠系300千米，治理旱山村5个，维修改造提灌站40座，治理水土流失20平方千米。加快农村道路交通建设，实现100%的乡镇和60%以上的村通油路或水泥路，100%的乡镇有客运站点、通客车。

7. 突出抓好农村社会事业发展

稳步推进新农保试点工作，做到应保尽保。扎实做好城乡低保，完成一乡一个农村敬老院建设，五保对象集中供养率在90%以上。推进农村扶贫开发，帮助 4000 名农村贫困人口脱贫，完成 37 个贫困村新村扶贫项目建设。加大统筹城乡力度，仁寿县城镇化率提高 2% 达到 33.5%。仁寿县文明村（镇）创建率达到 75% 以上，新农合参合率达 95% 以上，人口自然增长率控制在 2.8‰ 以内，符合政策生育率达 85%。

8. 加大相关培训力度

建立和完善农民的教育培训制度。培养人才是农村专业合作经济组织得以发展的基础。对农民的教育培训制度可以考虑从以下两个方面进行：一方面，要为农村有志青年创造学习条件，采取组织到职业高中学习农业技术、经营管理等知识，有条件的地方可以把乡镇文化站作为阵地，开设长期夜校，聘请农技人员有计划、有步骤地传授农技知识。发达地区大部分县"一村一品运动"的人才培养就是采取这种方式，效果非常好。另一方面，要把现有种养能手、龙头企业家、商品经济能人等作为培训重点，经常以座谈会、研讨会、情况汇报会等形式进行交流研讨，有计划地开展中长期业务知识和经济管理知识学习，介绍国外农村专业合作经济组织发展情况，并选派优秀带头人到发达国家学习考察，使他们吸收到发展农村专业合作经济组织的新思想、新经验、新技术和新观念。

四、广安市广安区创新机制、大力发展现代农业园区

2008 年，四川省广安市广安区按照"项目建园、市场运作、公司经营、滚动发展"的思路，综合应用现代农业科技成果、生产手段和经营管理，整合投入各类涉农项目资金 5400 余万元，以广安区观塘镇为核心的广安现代农业园区，辐射带动近 300 平方千米的新农村产业发展，惠及全区 12 个乡镇近 30 万农民群众。2009 年，园区总产值达 1.5 亿元，农民人均纯收入实现 6282 元，比 2008 年增加 2730 元。

广安区观塘核心园区距广安市城区 10 千米，涉及观塘镇煤坪、八里、河星、望坝、望八 5 个村 39 个组、1719 户 6648 人，面积 5200 亩，辐射带动护安镇、观塘镇、代市镇、虎城乡 47 个村 221 个组，涉及群众 5 万余人。该区被国家农业部确定为首批 50 个国家现代农业示范区。

广安现代农业园区自 2008 年启动建设，坚持"三转三同促三化"，即推动土地向规模经营流转、社会资本向农村流转、农村劳动力向城镇和第三产业流转，加速基础设施、公共服务、社会保障同覆盖，促进农村社区化、农民市民化、农业产业化。强化"三个整合六个结合"，即整合土地资源、政策资源、项目资源，产业与市场、业主与农民、种植与养殖、生产与生态、园区与新农村、农业与旅游相结合，整合各类涉农项目资金打捆投入 5400 万元，新建油化环线公路 6.15 千米，生产便道 13 千米，排灌沟渠 186 千米，提灌站 1 个，集中供水塔 1 座，水产及休闲

垂钓池 16 个、蓄水池 13 口，改建塘堰 26 口；管网管沟土石方（砼）开挖 6940 千米，安装铺设 PE 管材及管件 36 500 米；建无土温控联体式钢架大棚 40 个，标准钢架大棚 4000 余个，按可控制、可追溯的标准化要求组织生产。

广安现代农业园区共引进香港、台湾、重庆等海内外龙头企业 15 户，定位"六大基地"，即新品种新技术试验示范基地、蔬菜制种基地、种苗繁育基地、出口创汇基地、农超对接基地、休闲体验基地。配套发展优质龙安柚、优质葡萄、花卉等种植业，以及水产养殖、4 万羽优质蛋鸡养殖和年出栏 5000 头 DLY 商品猪养殖等畜禽水产养殖业。

广安现代农业园区 2009 年产值达 2.4 亿元，带动发展种养大户 307 户，农民人均收入 6282 元，辐射带动周边乡镇发展优质蔬菜 5.3 万亩，已成为现代农业发展的产业示范区、现代设施农业的标准展示区、体制机制创新的政策孵化区、农民快速致富的增收样板区。

广安聚丰现代农业出口创汇生产基地由广安聚丰贸易有限公司投资 500 余万元，于 2008 年 12 月在广安区观塘镇煤坪村租赁土地 200 余亩建成。①该基地坚持以市场为主导，盯着市场建、围着市场转，依托广安聚丰贸易有限公司常年从事农副产品进出口业务、熟悉海外市场需求的优势，积极开拓港、澳等海外蔬菜市场，在找好市场的基础上高标准建设基地。②该基地以自身建设为辅，拓展带动"订单"基地为主，在生产中注重以市场为导向，不断提高农产品科技含量。聘有高级农艺师 1 人，初、中级农艺师 8 人，对基地实行标准化生产管理，统一品种、统一标准、统一收购、统一包装、统一销售，确保了基地设施、技术水平及产品质量均达到出口要求。③该基地为进一步拓展市场，于 2010 年 3 月建成了蔬菜冷藏、加工车间，拓展"订单"基地 520 余亩，带动区域内 200 余农户发展精细高端蔬菜，有效地解决了当地 400 余名农村剩余劳动力就业，以强大的示范带头作用，引导农民发展现代农业，带动更多农民群众快速增收。2009 年实现出口额 300 万美元，广安聚丰贸易有限公司也被广安市商务局授予"对外贸易先进企业"荣誉。

广安市鲲鹏农业科技开发专业合作社大型果蔬气调库于 2010 年 2 月动工修建，总投资 1400 万元，占地面积 8 亩，计划建设 1 个预冷车间、1 个分选车间、1 个冷藏车间、3 个保鲜库、4 个气调库，总容量达 1200 吨，预计 2010 年 6 月竣工投产，年产值可达 1000 万元，利润近 200 万元。经过气调贮藏的果蔬具有以下特点：①能很好地保持果蔬原有的形、色、香味；②果实硬度高于普通冷藏，适于长途运输和外销；③贮藏时间比普通冷藏可延长贮藏期两三倍，一般农产品在气调库中可储藏半年；④果实腐烂率低、自然损耗（失水率）低。气调库建成后，将大幅提升园区种植行业应对市场变化的能力，有效调节市场风险，解决了新鲜果蔬"旺季烂、淡季断"的矛盾，提高了果蔬竞争力，增加了果蔬附加值。长途运输损耗严重等问题也将得以化解，有利于占领和扩大成渝等周边大市场的份额，促进种植企业及农户规模种植，进一步推动园区产业发展。

（一）广安区建设现代农业园区中坚持"四大"理念

1. 用工业的理念规划

用抓工业的理念发展现代农业，聘请西南大学为广安区现代农业园区高起点、高标准编制规划，结合园区产业发展，对园区进行产业功能分区，为建立蔬菜制种、种苗繁育、出口创汇、农超对接、休闲观光、试验展示"六大"基地，实现园区产业化发展奠定坚实的基础。

2. 用整合的理念建设

打破园区建设原有单一项目投放模式，有效整合"土地、政策、项目"资源，依托土地整理和中低产田土改造项目，新增有效耕地600亩，提高了土地集约化水平和使用效率。打捆投入农业综合开发、移民后扶、标准粮田建设、扶贫连片开发等涉农项目10余个、项目资金5400余万元，集中向园区投放，带动业主及农户自主投入，实现园区聚源增效。

3. 用科技的理念创新

聘请西南大学、四川省农科院农业专家成立专家顾问团和专家咨询机构，将园区建成西南大学、四川省农科院的新技术、新品种试验基地和孵化平台。积极搭建业主与专家、专家与政府的沟通平台，向农民和各类产业经营主体提供先进、实用的农业科技信息和现代农业技术，提高园区现代农业科技示范效应。为广安现代农业发展提供强大的智力支持。

4. 用市场的理念引领

坚持"项目围绕产业建，产业围绕市场走，市场围绕需求走，需求围绕价值走"，用市场的理念引导园区产业发展和产品生产，创立"优舒"农产品品牌，提高园区农产品商品率，申请园区及农产品有机认证，大力发展园区农产品加工，延伸农业产业链条，提高园区农产品产业附加值和市场竞争力，广泛运用网络拓展营销渠道，做优产品争创市场。

（二）广安区建设现代农业园区中定位"六大"基地

1. 蔬菜制种基地

瞄准国外高端蔬菜制种市场的巨大潜力和市场价值，引进春叶农业有限公司，在园区建立了600亩蔬菜制种基地，为韩国蔬菜制种企业定向生产优质海椒、西红柿等高端蔬菜种子，培育广安高端蔬菜制种产业。

2. 种苗繁育基地

结合全区现代农业产业化发展需求，充分发挥园区温控大棚及灌溉管网等现代农业设施装备作用，统一培育、统一供苗、统一培训技术，为全区农业产业化发展繁育优质种苗，提高全区现代农业科技和产业化发展水平。

3. 出口创汇基地

引进聚丰贸易有限公司，建成 200 亩高端蔬菜出口创汇基地，通过了国家无公害农产品认证，配套建设了现代化蔬菜加工车间，延伸了产业链条，提高了农产品附加值，拓展了利润空间，产品主要销往我国港、澳、台地区。

4. 农超对接基地

依托广安旭日农业公司在园区建立了 200 亩优质高端蔬菜，通过该公司建立的营销网络，将农产品销往伊藤洋华堂、家乐福等大型超市，真正实现农超对接、订单生产。

5. 休闲观光基地

大力改善园区基础设施条件，优化园区人居环境，规划建设了田园居等休闲农家乐，建成了占地 120 亩的休闲垂钓水产养殖中心和集生产、科教于一体的 300 亩观光葡萄园，吸引城市居民到园区体验田园风光。

6. 新品种试验展示基地

以"发挥示范带动效应、扩大示范效果、加快新品种推广应用"为目标，在园区内建成 30 亩新品种试验展示基地，基地建成后，将进一步完善全区蔬菜良种研究开发和推广应用，为蔬菜新品种展示搭建一个平台，为广安现代农业发展树立一个展示窗口，为全区农业高科技快速高效转化探索一条新路。

（三）广安区建设现代农业园区中突出"两大"特色

1. 突出现代农业科技特色

大力推广有机化肥、有机农药、防虫灯、生物导弹及测土配方施肥等现代农业新技术，提高园区科技含量和科技水平，为园区发展有机农产品奠定坚实的科技基础。充分运用园区的现代农业设施的装备优势和科技优势，将园区建成全区现代农业发展的孵化器和试验平台，推动园区集约化、规模化、科技化、标准化生产，辐射带动全区现代农业大发展。

2. 突出低碳循环经济发展特色

积极引导业主、农民采取绿色环保的生产模式，大力发展"猪—沼—菜（果）"循环经济及林下种草、林下养畜（禽）立体农业，广泛使用沼气、天然气等燃料，减少二氧化碳排量，改善园区生态环境，实现生态效益和经济效益有机相连。

（四）广安区建设现代农业园区中创新"三大"机制

1. 土地集中流转机制

成立土地流转服务中心，搭建业主与农户互动平台。在充分尊重园区农户意愿的前提下，由土地流转中心将园区内零散的土地积聚整合，并与农户签订土地流转协议，对流转土地统一调整后，根据园区业主实际需求，有计划、有目的地向业主推荐流转土地，并签订土地租让协议，园区 5200 亩土地全部实现集中流转。

2. 农业公司经营机制

组建了广安鑫泰农业开发有限公司，除对园区内的蔬菜生产大棚、灌溉管网设施等设施设备对外承租收取租金外，还积极运用市场化手段，经营蔬菜育苗、蔬菜制种、休闲观光等农业产业，为园区持续发展、农户二次分利积累资金。

3. 产业工人培育机制

广泛开展新型农民培育，并按照工作能力和技术水平的不同，将园区的农业产业工人分为五个星级实行企业化管理。根据星级不同、岗位差异实行按星定岗、按岗计酬、高星高酬，将农民工培育为现代产业工人。

（五）广安区将现代农业园区建设与新农村建设有机结合

广安区委、区政府在规划建设广安现代农业园区伊始，为让逐渐富裕起来的村民过上新农村美好生活，实现发展成果与人民共享，将现代农业园区建设与新农村建设有机结合。按照社会主义新农村"生产发展、生活宽裕、乡风文明、村容整洁、管理民主"的总体要求，坚持"大、快、好"（即：气派大、规模大；变化快、进度快；形象好、效果好）的建设思路和"宜改则改、宜拆则拆"的原则，因地制宜，科学规划，民主管理，群众决策，采取农户筹、政府补、银行贷等多种筹资形式，实施配套设施、公共服务、乡风文明"三同步"推进。

1. 环境改善，配套设施同步跟进

遵循宜改则改、宜拆则拆的原则，对社区居民统一规划，广泛开展"改水、改厨、改厕、改圈、改良习惯"及"建业、建家、建环境"等活动，建立集中供水站，大力实施庭院美化工程，推进社区绿化、净化、美化，配套完善水、电、气、路灯及排污道、垃圾站、信息网络等功能设施，设立室内及室外停车场，优化人居环境，给居民提供良好的居住条件。

2. 体系健全，公共服务同步覆盖

在完善社区公用设施的同时，同步配套建成"两站两室两市一园一校一场"（即便民服务站、卫生医疗站、警务室、调解室、生活超市、农资超市、幼儿园、小学校、文化健身广场）农村社区综合服务中心，统筹发展农村社会事业，深入推进新型农村合作医疗保险、新型农村社会养老保险，健全公共服务体系，让社区居民共享改革发展成果。

3. 社区和谐，乡风文明同步提升

大力实施精神文明联片建设，积极培育文明细胞，开展星级文明户争创活动，配套建成社区广播室、图书室、文化墙、科普宣传栏等文化设施，通过编唱道德"三字经"，组建腰鼓宣传队和开展"文化三下乡"等活动，培育新型农民，满足群众日益增长的文化生活需要，社区"知礼崇德、和睦互助、健康文明"蔚然成风。

五、蓬溪县发展生态绿色农业，推进农业发展方式转变

四川省蓬溪县按照"生态立县"的思想理念，转变农业发展方式，立足发挥生态优势，利用丘陵地区的资源，大力发展生态农业，建立起生态环境、生态标准、生态方式"三位一体"的生态农业生产体系和市场体系，生态农业发展取得突破进展，大力发展现代农业，有力地推进蓬溪县经济跨越发展。

（一）蓬溪县发展生态绿色农业的探索

蓬溪县是革命老区，1929 年，旷继勋在蓬溪县大石牛角沟宣布起义，建立了中国工农红军四川第一路军和四川第一个红色政权——蓬溪苏维埃政府，被载入中国革命史！蓬溪县位于四川盆地中部，是川中丘陵地区的农业县，人口 80 万，其中农业人口 66 万，是革命老区。但该县与很多革命老区一样，是农业大县也是财政弱县。如何解决发展中的困难和问题，推进农业大县向农业强县转变？蓬溪县积极探索，确立了"生态立县"的发展战略，大力发展绿色经济，致力于发展生态农业，有力地促进了农民增收。

生态农业是农业发展的新型模式，是农业可持续发展的重要途径。生态农业的生产以资源的永续利用和生态环境保护为重要前提，充分发挥资源潜力和物种多样性优势，促进农业持续稳定地发展，实现经济、社会、生态效益的统一。

发展生态农业能够降低农业成本，提升农产品的附加值，提高农民收益，并为农村大量富余劳动力创造农业内部就业机会。发展生态农业能够把环境建设同经济发展紧密结合起来，保护和改善生态环境、维护生态平衡的同时，提高农产品的安全性，使农业和农村经济得到可持续发展，在最大限度地满足人们对农产品日益增长的需求的同时，提高生态系统的稳定性和持续性，增强农业发展后劲。

当前，蓬溪县生态绿色农业发展初见成效。全县 50 万亩耕地整体认证为无公害农产品生产基地，全县绿色产品的良种覆盖率达 75% 以上，"吉星贡"、青刀豆、蓬溪仙桃、观音茶等无公害农产品和绿色食品达到 17 个，带动种植养殖农户人均增收 200 元以上。高坪茶叶基地通过国家标准化生产示范区验收，香叶尖茶叶获得了四川省绿色食品认证，永红矮晚柚获得了国家有机食品认证，建成全国最大的原生态鹅养殖加工外销基地，天宫堂现代农业园、九叶青花椒基地、万亩观音茶基地创建为省级农业生态园。蓬溪县以生产无公害、原生态、有机农产品为重点，积极发展生态种植业、生态畜牧业，已经建成食用菌、有机米、观音茶、九叶青花椒、蓬溪仙桃、青刀豆等生态农产品种植养殖基地 21 万亩，有力地促进了农民增收。

1. 发展循环农业

蓬溪县把发展以现代畜牧业为核心的循环农业摆在突出位置，重点探索以生猪养殖为核心的"猪—沼—果—草—鹅—鱼"和以蘑菇种植为基础的"稻—菇—菜—菜—菜"、"灯光诱蛾—鱼、蛙、禽"等循环农业模式。目前已初步建成华亨泰丰、华盛、中通3个PIC生猪养殖循环农业示范园，在大石镇乌木嘴村建起了"稻—菇—菜—菜—菜"两年五熟制的现代种植业循环模式示范园。华亨泰丰循环农业园建生物发酵床2万平方米、沼气池2000立方米、鱼塘5个30亩，栽植果树花卉100亩，采用了标准化、无公害养殖与利用现代生物工程技术、循环经济理论和节能降耗技术相结合，实现上联畜牧业、下联种植业与农业休闲观光，现代养殖业功能区、现代种植业功能区、现代休闲功能区，各区封闭运行，相对独立，循环利用，互为补充，生态、环保、安全、效益相统一。大石镇乌木嘴村的现代种植业循环模式示范园，充分利用了农作物秸秆等废弃物，提高复种指数，运用设施栽培，采用国际先进种植技术，大幅提高了亩产值，达到高产、优质、高效、生态、安全的目的。据初步测产统计，整个周期亩产值在3万元左右，是单一栽培粮食作物年亩产值1840元的16.3倍。

蓬溪县把原生态鹅产业作为实实在在的惠民产业。2008年实现出栏原生态鹅15万只、建成10万只种鹅基地，制定了详细的发展规划、标准、流程，建立了质量安全可追溯体系。2009年，全县发放5万只鹅苗，落实原生态鹅养殖示范点100个，建成5个原生态鹅种鹅基地。先后成立蓬溪县鹅业协会和30余个原生态鹅合作社。据初步估算，每户农户不需要青壮年劳动力，单是老人和妇女一年就可饲养4拨共1000只以上，纯收入可达8万元以上。

蓬溪县从2003年起就开始探索实施的PIC生猪产业，在经过5年多探索后，在乌木嘴循环农业基地，利用种植蘑菇后余下的优质有机废料直接还田，进行高效精品蔬菜作物生产，进行"稻—菇—菜—菜—菜"两年五熟制循环农业生产，形成了以生猪养殖业为核心的"猪—果—草—鹅—鱼"的生态循环农业模式，实现一个周期亩产值3.2万元以上，该模式推广后带动了农村人均增收65元。在华亨泰丰现代农业基地，以生态农业、循环农业理念发展原生态菜蔬种植、优质花卉培育等为体系的现代农业，实现产值上亿元。

2. 发展生态农业

蓬溪县充分挖掘生态资源优势，开展了向国家申报全县50万亩耕地为无公害农产品生产基地的整体认证工作，兼顾长远发展利益，以发展原生态鹅为突破口，逐步引导农民和业主严控产地环境、投入品使用，积极施用生物肥料、农药、饲料等，建好生态农业的"第一车间"。将规模养殖场的粪便转化为有机肥，从而变废为宝，达到零排放零污染的目标。在发展原生态鹅工作中，畜牧、农业和公司按照统一供种、统一技术指导、统一质量标准、统一回收产品的要求，公司统一提供原生态鹅苗，并由公司统一发放原生态鹅苗和脚环。对饲养原生态鹅的每个养殖户实施登记造册并将该养殖户饲养原生态鹅的情况以及脚环号码录入电脑，实行电脑识别系统管理。养殖户必须按照《遂宁市原生态鹅的生产标准》和《遂宁市原生态鹅的生产流程》进行饲养。经过公司自检、质检部门抽检以及北京、上海、成都等五星级饭店主厨品鉴，蓬溪县原生态鹅达到高端消费市场的品质要求。

树立绿色发展理念，坚持走绿色经济发展道路，蓬溪县 50 万亩耕地整体认证为无公害农产品生产基地；高坪茶叶基地通过国家标准化生产示范区验收，香叶尖茶叶获得了四川省绿色食品认证；永红矮晚柚获得了国家有机食品认证。

在发展生态农业过程中，面对土地流转的瓶颈，蓬溪县建起了土地流转合作社，让农民以土地入股分红，既盘活了土地、获得补偿和红利，还通过在园区打工增加了收入。

目前，蓬溪县建立土地流转合作社 32 个，流转土地面积 15 万亩，通过这种模式引进投资 500 万元以上的农业企业 9 家，培育壮大农业企业 24 家，农户进入产业化经营达 60%，探索出生猪寄养的"6＋1"和土地寄种等"公司＋专合组织＋基地＋农户"的产加销一体化经营新模式，打造了一批知名品牌的产品，延长了农产品的营销链条。

建设现代农业示范带，努力探索丘陵地区发展生态循环农业的新模式。在发展农业产业化经营中，蓬溪县抓科技支撑建设的突破，积极协调与四川农业大学、四川畜牧科学院与蓬溪县开展县校（院）合作，建成生猪、鹅、水果、蔬菜、茶叶五个农业科技专家大院；抓创新机制的突破，提出了"一套领导班子、一个项目秘书、一个牵头单位、一个项目实施单位、一个龙头企业或业主、一个示范基地"的领导、统筹协调、服务等机制，整合项目资金，助推全县农业农村经济和社会事业发展取得新成效。

近年来，蓬溪县巩固了 PIC 生猪曾祖代、祖代、父母代种猪场，完善了品改体系，累计发展规模养殖大户 8000 余户，新发展 10 个年出栏万头生猪的标准化养殖场。2009 年出栏生猪 105 万头，其中外销 PIC 生猪 31 万头，被列为全国生猪调出大县。出栏天府白鹅、樱桃谷鸭、文井土鸡等小家禽畜 1200 万只，畜牧业产值占农业生产总值的 50% 以上。

结构不合理，一直是蓬溪种植业的短板。从 2007 年起，蓬溪县加大了产业结构调整的力度，发展优质粮油、优质蘑菇、优质茶叶、药材等种植产业化基地达 52 余万亩；发展"一村一品"示范村 10 个。

2009 年蓬溪县发展特色高效外向型农业取得新成效，率先拉开了有机稻示范基地建设，建成四川省最大的法国青刀豆种植园，建立野香瓜驯化园 50 亩，落实鲈鱼养殖核心示范基地 2000 亩，辐射带动全县绿色水产品养殖 3 万亩。

2009 年蓬溪县的粮食总产量达到 35 万吨，油料总产量达到 4 万吨，产粮大县和优质油料种植基地县地位得到巩固。2009 年蓬溪县的粮油安全落实到位，小春粮油产量可望与 2008 年持平或略微增长。全县有各类水利工程 5200 多处，常年蓄水量为 1.1 亿立方米，控灌面积为 36.6 万亩。

3. 发展外向型农业

蓬溪实施请进来、走出去的外向型农业发展战略。按照引"大"引"强"的招商引资策略，引进外资企业 1 家、5 家国家级龙头企业入驻，22 家企业计划投资 50 亿元，建设食用菌、菊苣及精品蔬菜等 10 个现代农业示范园区，示范带动原生态鹅、生态兔、精品蔬菜、花卉外向型农业农业走向市场；开展优质、特色、绿色农产品进大都市、进大市场、上飞机的"十百千"活动和"三进"工程。在北京成功地举办了"首届全国遂宁一品原生态鹅烹饪创新大赛"，将原生态鹅、红参水果胡萝卜打进北京、上海等大都市的大超市。与重庆市渝中区联办"蓬溪仙桃"推荐会，蓬溪仙桃价格翻番，种果农户户均增收 1 万元以上。组织 6 家龙头企业分别参加航空食品展、中国西部农博会和上海农博会，均大获成功。上海农博会呈现六大亮点：一是蓬溪产品成为会展"四川第一卖"；二是矮晚柚评为最受上海人民欢迎的优质农产品；三是蓬溪超级红薯、青花椒等产品卖出天价，手工粉条销售价 10 元/斤，水果胡萝卜 10 元/斤，原生态鹅蛋 8 元/个，矮晚柚苗 20 元/株、矮晚柚果 30 元/个、矮晚柚盆景 1500 元/盆；四是本来只展示、不销售的产品一抢而空；五是回头客多；六是签约的产品多，参展企业均找到"长三角"地区合作伙伴。

（二）蓬溪县发展生态绿色农业的总体发展战略及发展目标

1. 蓬溪县发展生态绿色农业的总体发展战略

中共蓬溪县委十一届八次全体会议提出发展生态农业、打造绿色经济的安排部署。将绿色经济理念贯穿于全县经济社会发展全过程，充分利用生态环境良好、生态资源丰富的有利条件，以现代循环农业为理念，以推广和应用生态农业技术为手段，以打造绿色、有机食品为目标，以增加农民收入建设生态和谐家园为中心，推进传统农业向现代循环农业转变。

蓬溪县坚持以党的十七大精神为指导，牢固树立和落实科学发展观，以全局的、长远的、可持续的观念发展县域经济，将绿色生态理念贯穿于蓬溪县经济社会发展全过程，统揽产业发展，以发展现代农业、促进农业增效和农民增收、建设和谐新农村为目标，突出原生态、集约化、标准化、品牌化，强力推进传统农业向生态农业、循环农业、外向型农业转变，建立和完善生态农业的组织管理体系、生产管理体系、农业投入品管理体系、技术服务体系、监督管理体系、产业化经营体系，打造无公害、绿色、有机食品品牌，拓展农产品营销市场，不断提升现代农业发展水平。

2. 蓬溪县发展生态绿色农业的发展目标

围绕"粮油、畜牧、果蔬、茶药和林竹"为中心，突出抓好十大产业（即优质粮食、优质油料、优质果蔬、优质药材、优质茶叶、良种繁育、青花椒、竹子八大种植业产业化项目和生猪、天府白鹅二大养殖业产业化项目）、无公害化生产、标准化作业、规模化经营。

逐步打造无公绿色有机食品品牌，2010 年实现蓬溪县无公害农产品生产基地整体认证工作，绿色食品生产基地面积达 20 万亩，其中绿色茶叶基地 1 万亩、绿色蘑菇基地 1 万亩、绿色蔬菜基地 3 万亩、绿色水果基地 1 万亩、绿色花椒基地 5 万亩、绿色粮食基地 7 万亩。出栏生猪 200 万头，原生态鹅 500 万只，建成全国最大的原生态鹅生产基地，创建香叶尖茶叶、蔬菜、蘑菇、粮油、原生态鹅、PIC 猪肉 6 个系列 10 个以上品种绿色食品，打造 5 个以上省级以上名优农产品品牌，使 PIC 生猪、原生态鹅、粮油、蘑菇、茶叶、九叶青花椒六大支柱产业产值在 36 亿元以上，占农业总产值 40 亿元的 90% 以上，促进农民人均纯收入年均增长 15% 以上。到 2020 年，人均生产总值达到当年遂宁市平均水平，在 2000 年基础上翻两番以上；以打造四川省最大的绿色经济示范区、全国最大的原生态鹅产业基地、四川省最大的 PIC 猪繁育制种和商品猪输出基地、川中最大的农副产品深加工基地、全国知名的书法文化旅游目的地为载体，加快绿色经济县、新兴工业县、特色文化县建设步伐，到 2020 年建成富裕蓬溪、文明蓬溪、和谐蓬溪！

（三）蓬溪县发展生态绿色农业的路径选择

1. 创新生态农业的产业化经营模式

建立健全"政府引导、市场主导、龙头企业带动、农村专业合作经济组织纽带、农民主体、金融支持"的合作共赢产业化运作模式。龙头企业、农村专业合作经济组织和农户要在平等互利的基础上，通过产销合同、股份合作、联合经营、二次返利等多种形式构建紧密的利益联结体。选择部分产业，积极探索龙头企业与农村专业合作经济组织在平等协商的基础上签订产销合同，农村专业合作经济组织再与农户签订合同，组织农户按订单生产的运作模式推动产业发展。龙头企业要给农村专业合作经济组织适当的工作经费，县财政安排的产业化专项资金要支持农村专业合作经济组织。养殖业要切实抓好大型养殖企业的引进，积极推广中通公司生猪寄养模式，降低企业和农户的风险。青花椒要着力抓好大户发展，大力推广基层干部带头种植或与农民合股种植，蘑菇要以小户发展为主，推行农民联户种植，层架式栽培等方式来促进产业发展。

2. 建立土地流转机制

促进龙头企业和大户的规模化发展。全面推广大石镇天宫堂村土地流转合作社和土地委托代耕制经验，引导农村土地向经营业主和大户集中，推行规模经营。着力抓好国道 318 线蓬溪段、蓬红路、蓬文路、省道 304 线蓬溪段、成南高速公路以及铁路沿线的土地流转合作社的组建工作，通过土地流转合作社，集中土地吸引业主投资，发展设施农业、生态农业、文化休闲和观光旅游农业。

3. 切实推进生态种植业示范基地建设

结合全县气候、土壤水资源条件，积极探索丘陵地区发展生态种植业的模式，指导农民建设专业化、规模化、优质化、标准化农产品生产基地，提供无公害、绿色、有机食品的专用农产品加工原料。在红江、金桥、荷叶等涪江流域乡镇建设 3 万亩特色生态种植示范带，分别是万亩川白芷、瓜蒌等 GMP 中药材基地、万亩绿色蔬菜基地、万亩有机水果基地。以重庆科正公司、永红矮晚柚公司、华亨泰丰公司、中通公司或引进的生态加工龙头企业为主体，发展国道 318线、省道 304 线万亩无公害蔬菜基地、万亩无公害水果基地，加强大石镇乌木嘴村公益性生态农业科学示范园建设。以 "66422" 工程为载体，按照 "百亩攻关、千亩展示、万亩示范" 的模式，在省道 304 线建万亩生态油菜高产示范片，在蓬红线段建设万亩生态玉米高产示范片。

4. 切实推进生态畜牧业示范基地建设

利用现代生物工程技术、循环经济理论和节能降耗技术，重点探索规模养殖场的粪便转化模式，发展层架式菇房、加工有机肥、沼气等方式来解决污染问题，推进生态养殖业快速发展。抓好中通公司、华亨泰丰公司、康弘公司、兴旺公司等 16 个生态猪场建设，以此带动规模养殖生态猪大户 1 万户，发展年出栏 10 万头生猪的生态养殖乡镇或生态养殖区；抓好文井、赤城、蓬南等乡镇的生态鸡苗种场建设，以此推动年出栏 1000 万只文井土鸡的生态鸡养殖。

5. 切实推进生态观光农业示范带建设

抓好国道 318 线蓬溪段的生态观光农业示范带建设，巩固现有林地、草地，发展经济林木 1 万亩。突出抓好天宫堂现代休闲观光农业建设，园区内绿地率达 60% 以上，绿色覆盖率达 40% 以上，发展花卉苗木面积达 300 亩以上，园区建设要具有休闲、观光、度假、科技示范等多种功能，使聚集的规模农家乐不少于 10 户，达到县评定 "AAA" 级以上标准的 "农家乐" 不少于 2 家。

6. 抓好农业标准化生产，打造农产品精品名牌

引导农副产品加工龙头企业，严格按照无公害食品、绿色食品、有机食品技术标准和技术规程组织生产。认真做好无公害农产品（食品）、绿色食品、有机食品的申报认证工作，使县内更多的农产品获得国家级认证。树立品牌意识，抓好优质农产品商标注册工作，搞好生态农产品的包装、设计，树立品牌形象，发挥品牌效益，鼓励和引导龙头企业成为品牌战略的实施主体，着力打造具有蓬溪特色和知名度的名优品牌，争创四川名牌、中国名牌、世界名牌；同时加强品牌宣传和保护工作。

7. 抓好农业风险防范机制建设

加强自然灾害和重大动植物病虫害预测预报和预警应急体系建设，提高农业防灾减灾能力。积极发展农业保险，按照"政府引导、政策支持、市场运作、农民自愿"的原则，建立完善农业保险体系；加大宣传和组织动员力度，切实抓好农业政策性保险工作。鼓励龙头企业、农村专业合作经济组织帮助农户参加商业性农业保险，提高农民参与蘑菇、黄姜、青花椒、PIC 生猪、天府白鹅、原生态鹅等特色产业抵御市场风险和疫情风险的能力。

8. 加大招商引资力度

立足现有资源优势，切实搞好生态农业招商引资，着力引进有经济实力、有发展前景的农副产品加工企业入住蓬溪，鼓励企业、业主投资生态农业的产业化生产与加工项目。

参考文献

1. 温家宝．关于当前农业和农村工作的几个问题［M］．北京：新华出版社，2006．

2. 辛文，等．科学发展观与四川战略发展重点研究［M］．成都：四川人民出版社，2005．

3. 陶武先．现代农业的基本特征与着力点［J］．北京：中国农村经济，2004(3)．

4. 李善同．西部大开发与地区协调发展［M］．北京：商务印书馆，2003．

5. 周天勇．农村土地制度改革的模式比较和方案选择［N］．北京：中国经济时报，2004－02－26．

6. 郭晓鸣．四川农村发展报告［M］．成都：四川人民出版社，2010．

7. 陈锡文，韩俊．如何推进农村土地使用权合理流转［N］．北京：中国经济时报，2002－04－20．

8. 吴振坤．市场经济学［M］．北京：中共中央党校出版社，2000．

9. 杨治．产业经济学导论［M］．北京：中国人民大学出版社，2004．

10. 张晓山．合作社的基本原则与中国农村的实践［M］．北京：农业合作经济经营管理，2003(6)．

11. 林善浪．中国农业发展问题报告［M］．北京：中国发展出版社，2003．

12. 牛若峰．农业产业一体化经营的理论框架［M］．北京：中国农村经济，1997(5)．

13. 金碚，等．竞争力经济学［M］．广州：广东经济出版社，2003．

14. 陈宣庆，等．统筹区域发展的战略问题与政策研究［M］．北京：中国市场出版社，2007．

15. 周起业．区域经济学［M］．北京：中国人民大学出版社，2001．

16. 程漱兰．中国农村发展：理论与实践［M］．北京：中国人民大学出版社，2003．

17. 孙翠兰．区域经济与新时期空间经济发展战略［M］．北京：中国经济出版社，2006．

18. 胡大立，等．中西部地区民营经济发展问题研究［M］．北京：中国经济出版社，2005．

19. 陶晞晦．四川跨世纪重大经济问题研究［M］．成都：四川人民出版社，2000.

20. 郑晓幸，傅泽平，等．丘陵经济发展大思路［M］．成都：四川人民出版社，1997.

21. 廖晓勇，张先婉．川中丘陵区坡坎资源的数量结构与分布特征［J］．北京：山地学报，2000（4）.

22. 王盛章．中国县域经济及其发展战略［M］．北京：中国物价出版社，2002.

23. 陈至发．农村人力资本供求非均衡性对农民增收的影响与对策［J］．农业经济问题，2004（1）.

24. 叶玉琴．农业产业化经营中龙头企业价值链的构成及管理探讨［M］．农村经济问题，2005（11）.

25. 冯海发．中国农村经济发展模式与范例全书［M］．北京：人民日报出版社，1999.

26. 李江．论以工哺农的途径［J］．农业经济问题，2006（1）.

27. 黄亚均，袁志刚．宏观经济学［M］．北京：高等教育出版社，2002.

28. 洪文生．区域品牌建设的途径［J］．发展研究，2005（3）.

29. 傅泽平．四川丘陵地区工业强县的战略布局与路径选择研究［M］．成都：四川人民出版社，2008.

30. 邓宗良，陈晓华．破解三农难题构建和谐社会，北京：新华出版社，2005.

31. 郭杰忠．积极探索社会主义新农村建设的路子［J］．老区建设，2005（7）.

32. 李正东．世界农业问题研究［M］．北京：中国农业出版社，2005.

33. 刘少伯．中国农业发展战略［J］．市场研究，2001（2）.

34. 张丁，等．农户土地承包经营权流转的影响因素分析［J］．北京：中国农村经济，2007（2）.

35. 伍山林．农业产业化的国际经验研究［M］．北京：中国农业出版社，2002.

36. 牛刚，等．论农产品多样性与农业可持续发展［J］．农业现代化研究，2001（3）.

37. 肖广岭．科技创新与区域发展［M］．北京：中国科学技术出版社，2004.

38. 冯景波．实现农村富余劳动力有效转移的途径与对策［J］．农业经济问题，2004（3）.

39. 武力．论农业产业化的概念、内涵和形式［M］．农村经济研究，1998（2）.

40. 黄根喜．推进农业产业化发展的思考［J］．农业经济问题，2006（3）.

41. 黄亚均，袁志刚．宏观经济学［M］．北京：高等教育出版社，2002.

42. 曾咏梅．论合作经济在农业产业化进程中的地位和作用［J］．九江师范专科学校学报：哲社版，2005(2).

43. 靳相木，胡继连．有中国特色的农业产业化理论［J］．调研世界，2000(7).

44. 王双进，等．农业信息化进程中农村信息市场建设［J］．华中农业大学学报：社科版，2005(4).

45. 曹俊杰，刘国华．发展现代农业：国际经验与中国模式［J］．世界经济与政治论坛，2004(4).

46. 刘晓越．中国农业现代化进程研究与实证分析［J］．统计研究，2004(2).

47. 程同顺．中国农民组织化研究初探［M］．天津：天津人民出版社，2003.

48. 欧阳志云，王如松．生态系统服务功能、生态价值与可持续发展［J］．世界科技研究与发展，2002(5).

49. 汪晖．城乡结合部的土地征用：征用权与征地补偿［J］．中国农村经济，2006(2).

50. 向德楷，杨崇德．中国农村合作经济［M］．北京：中国财政经济出版社，2002.

51. 刘斌．中国三农问题报告［M］．北京：中国发展出版社，2004.

52. 李茂岚，吴志宏，王海啸．提高农民组织化程度势在必行［J］．太原：山西农村经济，2004(3).

53. 楼惠新，张建新．论经济发达地区土地流转问题［J］．农业现代化研究，2002(5).

54. 李毅，赵兴罗．我国农村土地流转困难的原因及对策［J］．中州学刊，2009(9).

55. 申恒胜．农村土地流转的理论、经验及预测［J］．东南学术，2009(4).

56. 华桂宏．论我国农业经济组织创新的特征、模式与功能［J］．南京经济学院学报，2005(6).

57. 傅晨．新一代农业合作社：合作制度创新源泉［J］．中国农村经济，2003(1).

58. 张雨．农民专合组织利益机制的探讨［J］．农村合作经济经营管理，2005(7).

59. 李中华．入世与中国农村合作经济组织的使命［J］．农业经济问题，2002(9).

60. 李小宁．政府经济学［M］．北京：团结出版社，2000.

61. 杨新元．把握实质 抓住根本——扎实推进四川新农村建设［J］．农业经济问题，2007（1）．

62. 刘金山．内生性与农业市场组织创新［J］．中国农村观察，2001（5）．

63. 温铁军．三农问题与世纪反思［M］．上海：上海三联书店，2003．

64. 蒋远胜．浅谈四川社会主义新农村建设的内容与标准［J］．农业经济问题，2007（1）．

65. 孙亚范．合作社组织文化及其对我国农村合作经济组织创新的启示［J］．农村经济管理，2006（7）．

66. 吕刚，杨婷，庞玉宇，薛志忠．"顺庆模式"积极破解三农难题［N］．四川经济日报，2009－04－29．

67. 周志祥．农村发展经济学［M］．北京：中国人民大学出版社，2001．

68. 张进选．家庭经营制：农业生产制度长期的必然选择［J］．农业经济问题，2005（5）．

69. 李单晶．探索"顺庆模式"记忆三大印象［N］．四川经济日报，2009－07－14．

70. 杨卫军．取消农业税对农村基层政府的影响［J］．财政与税务，2005（9）．

71. 黄汉权．新农村建设的进展、问题及建议［J］．中国经贸导刊，2006（12）．

72. 钟晓东．国外发展现代农业的经验及启示［J］．上海农村经济，1999（1）．

73. 季虹．论农地使用权的市场化流转［J］．农业经济问题，2001（10）．

74. 陈会英，周衍平．中国农业技术创新问题研究［J］．农业经济问题，2002（8）．

75. 林国先．市场化制度变迁与中国农村发展［M］．北京：中国环境出版社，2006．

76. 周曙东，吴沛良，赵西华，等．市场经济条件下多元化农技推广体系建设［J］．中国农村经济，2003（4）．

77. 张宏艳．发展有机农业 遏制农业面源污染［J］．乡镇经济，2005（8）．

78. 刘婵娟．日本环保型持续农业技术的推广现状［J］．世界农业，2005（3）．

79. 张宝文．积极发展生态农业 努力防治面源污染［J］．中国农业信息快讯，2006（7）．

80. 陈奇榕，陈奇平．依靠科技创新促进农业结构的调整［J］．科技管理，2001（3）．

后 记

四川丘陵地区 68 个县（市、区），有 21 个百万以上的人口大县，在四川经济发展中处于重要地位。四川丘陵地区大多数县是农业大县、人口大县。加快四川丘陵地区发展现代农业是四川经济发展新跨越，加快西部经济发展高地建设的客观要求。研究四川丘陵地区发展现代农业问题，有利于推进农业现代化，提升四川丘陵地区的竞争力，有利于统筹城乡发展，加快城乡一体化进程。

改革开放以来，四川丘陵地区农业持续、稳定、健康发展，新农村建设开局良好，农民收入持续增加，农村经济改革进一步深化。当前，在四川丘陵地区发展现代农业中，加快社会主义新农村建设、发展农业产业化经营、农民增收、农民素质提高、农业可持续发展、农村科技创新等是需要解决的主要问题，也是本书研究的主要内容。本书阐述了四川丘陵地区由传统农业向现代农业转变和发展现代农业的必要性，分析了四川丘陵地区农业发展的现状和存在的主要问题。本书提出了四川丘陵地区发展现代农业中深化农业结构调整，构建现代农业产业体系，推进传统农业向现代农业转变、发展现代农业的对策思路。

本书是中共四川省委党校、四川行政学院的重大理论和现实问题研究招标课题的研究成果。2007 年以来，为了对四川丘陵地区发展现代农业提出切实可行的战略思路，为加快四川丘陵地区经济发展、推进四川经济发展新跨越提供有价值的参考资料，笔者多次深入四川丘陵地区调查研究。特别感谢南充市顺庆区委、区政府、富顺县委、县政府、仁寿县委、县政府、广安市广安区委、区政府、蓬溪县委、县政府的大力支持；感谢中共四川省委党校、四川行政学院科研处的支持和帮助。本书在撰写过程中参考了大量文献，在此一并致谢。本书在出版过程中，得到了西南财经大学出版社的大力支持，对西南财经大学出版社和本书责任编辑涂洪波同志表示诚挚的谢意！

吴志强　傅泽平

2011 年 3 月于成都市光华村